F. F. Bruce

Zeitgeschichte des Neuen Testaments

Teil I:

Von Babylon bis Golgatha

R. BROCKHAUS VERLAG WUPPERTAL

Englischer Originaltitel: New Testament History
Erschienen bei Thomas Nelson and Sons Ltd, London
Deutsch von Gerhard Raabe

1975
Umschlaggestaltung: Ralf Rudolph, Ratingen (unter Verwendung eines Fotos von Strock-Anthony)
Druck: Herm. Weck Sohn, Solingen

ISBN 3-417-00523-X

INHALT

ERSTES KAPITEL

Von Kyros zu Augustus

1.

Die spätesten Geschichtsbücher der hebräischen Bibel behandeln die Zeit, in der Judäa — wie das übrige westliche Asien — zum Perserreich gehörte. Der letzte Herrscher, den sie namentlich erwähnen, ist „der Perser Darius" (Neh 12, 22) — entweder Darius II. (423—405 v. Chr.) oder wohl eher Darius III. (336—331 v. Chr.), der letzte König von Persien.

Wenn wir das Neue Testament aufschlagen, stellen wir fest, daß eine andere Weltmacht den vorderen Orient, ja den gesamten Mittelmeerraum beherrscht: die neutestamentlichen Schriften sind von Anfang bis Ende in den Zusammenhang des Römerreiches eingebettet. Die Geschichte, die sie berichten, von den letzten Jahren des vorchristlichen Zeitalters bis zum Ende des ersten nachchristlichen Jahrhunderts, setzt durchgängig die allbeherrschende Gegenwart der römischen Machthaber voraus. Der dritte Evangelist verknüpft die Geburt Jesu mit einem vom römischen Kaiser Augustus erlassenen Dekret, „daß der ganze Erdkreis sich einschätzen lassen sollte" (Lk 2, 1). Jesus wuchs in einem Land auf, in dem die Frage, ob man den Römern den von ihnen geforderten Tribut zahlen sollte, ein brennendes theologisches und politisches Problem war; ein römischer Magistrat fällte über ihn das Todesurteil, und nach römischem Brauch wurde es vollstreckt.

Die nächst Jesus hervorragendste Gestalt der neutestamentlichen Zeitgeschichte ist Paulus. Römischer Bürger von Geburt, trug er die christliche Botschaft aus ihrem palästinischen Ursprungsland in die östlichen Provinzen des Römerreiches, bis er in die Hauptstadt Rom selber gelangte; bevor er unseren Blicken entschwindet, sehen wir ihn dort zwei Jahre lang ansässig, unter Hausarrest gestellt, doch ermächtigt, den christlichen Erlösungsweg allen zu verkünden, die ihn aufsuchen.[1] Und das Neue

[1] Apg 28, 30 f.; siehe Teil II, Kap. 12/4.

Testament endet hier nicht etwa. Nein, es berichtet noch von den darauffolgenden Jahrzehnten, in denen die römische Justiz das Christentum derart drangsalierte, daß ein Bekenner Christi damit rechnen mußte, „als Christ“[2] zu leiden, auch wenn niemand ihn einer strafbaren Handlung zu überführen vermochte. In der kraftvollen Bildersprache der Offenbarung wird das Römerreich als siebenköpfiger Drache geschildert, der Krieg führt gegen das Volk Gottes und gegen alle, die sich weigern, ihm göttliche Ehren zu bezeigen, das aber an der „Standhaftigkeit und dem Glauben der Heiligen“ scheitern wird, denen „um des Blutes des Lammes und um des Wortes ihres Zeugnisses willen“ (Offb 13, 10; 12, 11) der Endsieg sicher ist.

2.

Nach der Ermordung des letzten Perserkönigs hatte dieser Teil der Welt bis zur Ausbreitung der Römerherrschaft über den Vorderen Orient zum griechisch-mazedonischen Reich Alexanders des Großen und seiner Nachfolger gehört. Alexander der Große, der König von Mazedonien, dessen Vater Philipp Hellas durch diplomatisches und militärisches Geschick geeint hatte, fiel im Jahre 334 v. Chr. mit seinem Heer aus Mazedoniern und Griechen in Asien ein. Nachdem er binnen drei Jahren das gesamte Perserreich (einschließlich Ägyptens) erobert hatte, stieß er weiter nach Osten vor und gliederte seinem Reich das heutige Afghanistan und Westpakistan ein. Als politische Einheit ging das Reich Alexanders des Großen mit seinem Tode im Jahre 323 v. Chr. unter, doch der von ihm geschaffene Kulturraum hatte annähernd tausend Jahre Bestand — bis zum Emporkommen des Islams und den arabischen Eroberungszügen des siebten Jahrhunderts n. Chr.

Einige von Alexanders Heerführern teilten sein Reich nach seinem Tode unter sich auf und begründeten Dynastien, von denen sich manche bis ins erste vorchristliche Jahrhundert hinein behaupteten. Die in unserem Zusammenhang wichtigsten waren die ptolemäische Dynastie, die Ptolemäus I. im Jahre 323 v. Chr. in Ägypten gründete (Hauptstadt: Alexandrien), und die von Seleukus I. 312 v. Chr. begründete seleukidische Dynastie mit der Hauptstadt Antiochien. Judäa gehörte bis zum Anfang des zweiten vorchristlichen Jahrhunderts zum Ptolemäerreich; 198 v. Chr. verleibten die Seleukiden es nach ihrem Sieg bei Paneion

---

[2] 1 Petr 4, 16; siehe Teil II, Kap. 15/2.

nahe den Jordanquellen (dem Cäsarea Philippi des Evangelienberichts)[3] für über fünfzig Jahre ihrem Reich ein.

Judäa genoß unter diesen hellenistischen Dynastien (wie schon vorher unter den Persern) ein beträchtliches Maß an innerer Autonomie. Das Land wurde von einem Statthalter regiert, und das Volk mußte den fremden Herren Steuern zahlen, aber Judäa selber — das Gebiet um Jerusalem — war ein Tempelstaat, dessen Verfassung im Priester-Kodex des Pentateuchs festgelegt war.[4] Als Oberhaupt der Tempelverwaltung leitete der Hohepriester zugleich die inneren Angelegenheiten des jüdischen Zwergstaates. Viele Juden lebten außerhalb Judäas — in Babylonien und Kleinasien, in Alexandrien und Antiochien — und trugen mit ihren Spenden zur Unterhaltung des Jerusalemer Tempels und seiner Verwaltung bei, aber nur die in Judäa ansässigen Juden unterstanden unmittelbar der Jurisdiktion des Hohenpriesters. Dieser war stets ein Zadokide — ein Nachkomme des Zadok, der Oberpriester an dem Tempel gewesen war, den König Salomo um 960 v. Chr. erbaut hatte.

Kurze Zeit nach der Eingliederung Judäas ins Seleukidenreich geriet dieses im Ägäisraum mit der expansiven Macht Roms aneinander und erlitt im Jahre 190 v. Chr. in der Schlacht bei Magnesia eine vernichtende Niederlage. Der darauffolgende Friede von Apamea (188 v. Chr.) beraubte die Seleukiden nicht nur ihrer blühenden Provinzen in Westkleinasien, sondern erlegte ihnen auch eine gewaltige, in zwölf Jahresraten abzuzahlende Kriegsentschädigung auf. Die Zahlungsfrist mußte schließlich verlängert werden, und viele Ereignisse der folgenden Jahre lassen sich auf den Zwang zurückführen, das Geld für den Kriegsschadenersatz aufzubringen. Als Jason, der Bruder des zadokidischen Hohenpriesters Onias III., Antiochus IV. (175—163 v. Chr.) große Geldsummen anbot, wenn er ihn anstelle seines Bruders zum Hohenpriester mache, konnte es sich der Seleukide gar nicht leisten, diese Bestechungsgelder auszuschlagen, zumal Jason sich erbot, die Hellenisierung Judäas voranzutreiben. Als einige Jahre später (171 v. Chr.) ein noch eifrigerer

[3] Mk 8, 27; siehe S. 192 f. Paneion und der Bezirk Paneas, zu dem es gehörte (vgl. das heutige Banias), wurden von den Griechen nach dem Gott Pan benannt, dem sie (nebst den Nymphen) die dortige Grotte weihten, in der Nahr Banias, einer der drei Quellflüsse des Jordans, entspringt. Wahrscheinlich hatten die Einwohner den Ort immer schon als heilige Stätte angesehen; vielleicht ist dies das Baal-Gad von Josua 11, 17. Siehe S. 30.

[4] Vgl. Esr 7, 14, wo „Esra, der Priester, der wohlbewandert ist im Gesetze des Himmelsgottes" (was vielleicht soviel wie Minister für jüdische Angelegenheiten in der Persischen Reichskanzlei bedeutet), von Artaxerxes den Auftrag erhält, „eine Untersuchung anzustellen über die Verhältnisse in Juda und Jerusalem nach dem Gesetze deines Gottes, das du bei dir hast".

Hellenisierer namens Menelaus, der kein Zadokide war, dem König noch größere Geldsummen bot, wenn er *ihn* anstelle von Jason zum Hohenpriester einsetze, ging Antiochus auch darauf ein, und von da an sollte nie wieder ein Zadokide in Jerusalem als Hoherpriester amtieren.

Antiochus IV., der sich den Beinamen Epiphanes zulegte — er sollte anzeigen, daß er der menschgewordene Zeus Olympios sei —, versuchte, die Verluste seines Vaters im Ägäisraum durch die Annexion Ägyptens wieder wettzumachen, wurde aber an der Schwelle des Erfolgs durch das Eingreifen Roms zum Stillstand gebracht (168 v. Chr.). Als sich diese Nachricht verbreitete, wurde in Judäa der Versuch unternommen, sich des vom König zum Hohenpriester eingesetzten Menelaus zugunsten des abgesetzten Jason zu entledigen. Antiochus sah darin einen Akt der Rebellion und behandelte Jerusalem auf dem Rückmarsch von Ägypten als aufrührerische Stadt, ließ die Stadtmauern schleifen und konfiszierte den Tempelschatz. Da er die Loyalität Judäas, das an der ungeschützten Südwestgrenze seines Reiches lag, unbedingt sichern mußte, riet man ihm überdies, die Tempelverfassung aufzuheben, die Ausübung der jüdischen Religion zu unterdrücken, Jerusalem eine neue Verfassung als hellenistische Stadt zu geben und allen Befürwortern einer kompromißlosen Assimilation das Jerusalemer Bürgerrecht zu verleihen. Der Tempel, wo Menelaus immer noch herrschte, wurde dem Zeus Olympios geweiht, den man mit der syrischen Gottheit Ba'al Schamem, dem „Herrn des Himmels", gleichsetzte. Drei Jahre lang — von Dezember 167 bis Dezember 164 v. Chr. — beherrschte dieses „verwüstende Scheusal", dieser „Greuel der Verwüstung"[5] (hebr. *schiqqus meschomem,* ein Spottwortspiel zu dem Namen Ba'al Schamem) die heilige Stätte.

Diejenigen Juden, denen die Treue zum Glauben ihrer Väter über alles ging, verweigerten den seleukidischen Erlassen den Gehorsam. Viele von ihnen starben als Märtyrer; andere griffen zu den Waffen und folgten dem Ruf des Mattathias, eines schon bejahrten Priesters hasmonäischer Abkunft, und seiner fünf Söhne, des militärisch hochbegabten Judas Makkabäus und seiner Brüder. Letzterer besiegte mehrere seleukidische Heere, die weitaus stärker und besser ausgerüstet waren als seine Partisanentruppe, und nötigte dadurch Antiochus, dem es vor allem um die Wiedergewinnung seiner verlorenen Gebiete jenseits des Euphrat ging und der nicht daran interessiert war, sich in Judäa weiterhin zu engagieren, sich mit ihm zu vergleichen. Die Unterdrückung der jüdischen

---

[5] Gr. *bdelygma erēmōseōs* (1 Makk 1, 54; vgl. Dan 11, 31 [8, 13; 9, 27; 12, 11]; Mk 13, 14). Siehe Teil II, Kap. 4/3.

Religionsausübung wurde eingestellt und die Anbetung des Gottes Israels im gereinigten Tempel gemäß der altüberkommenen Ordnung wiederaufgenommen (164 v. Chr.).[6]

Die Hasmonäer gaben sich freilich nicht damit zufrieden, ihrem Volk mit miltärischer Gewalt die Religionsfreiheit zurückzuerobern. Sie setzten den Kampf mehr als zwanzig Jahre lang fort, nutzten die Rivalitäten und inneren Streitigkeiten im Lager ihrer seleukidischen Feinde geschickt aus und erkämpften schließlich unter Simon, dem letzten überlebenden Sohn von Mattathias, 142 v. Chr. die nationale Autonomie.

Dieser langwierige Kampf, bei dem die jüdischen Führer immer wieder die Möglichkeit hatten, die seleukidischen Herrscher gegeneinander auszuspielen, war nicht dazu angetan, den idealistischen Schwung des Anfangs aufrecht zu erhalten. Das zeigte sich besonders deutlich, als Jonathan, der acht Jahre zuvor seinen Bruder Judas Makkabäus als Führer der aufständischen Juden abgelöst hatte, sich im Jahre 152 v. Chr. von Alexander Balas, dem seleukidischen Thronanwärter, zum Hohenpriester einsetzen ließ. Ein solches Vorgehen muß bei allen frommen Juden Ärgernis erregt haben, wurde doch die Nachfolge im Hohenpriesteramt durch das göttliche Gesetz und nicht durch weltliche Machthaber geregelt. Als die nationale Unabhängigkeit unter Simon wiederhergestellt wurde, der nach Jonathans Gefangennahme und Hinrichtung im Jahre 143 v. Chr. die Führung übernahm, ernannte die dankbare Volksversammlung Simon nicht nur zum Oberhaupt der Zivilverwaltung und zum militärischen Oberbefehlshaber, sondern beschloß auch, er solle „für immer Hoherpriester sein, bis ein glaubhafter Prophet erstehen würde" (1 Makk 14, 41). Simon wurde also in Ermangelung eines geeigneten zadokidischen Bewerbers (der Anwärter auf das zadokidische Hohepriestertum war zwanzig Jahre zuvor nach Ägypten gezogen, um dort einem neugegründeten jüdischen Tempel in Leontopolis vorzustehen[7]) als Gründer

---

[6] Die Wiedereinweihung des Tempels ist seither von den Juden jedes Jahr am 25. Kislew als Chanukka (Tempelweihfest) gefeiert worden — ein altes Wintersonnenwenderitual erhielt dergestalt nach einem schon viel früher für Israels heiliges Jahr festgelegten Muster eine neue historische Bedeutung (vgl. 1 Makk 4, 42—59; 2 Makk 1, 18; 10, 1—8; Joh 10, 22).

[7] Der Tempel von Leontopolis wurde von Onias IV., dem Sohn des 174 v. Chr. von Antiochus IV. abgesetzten Hohenpriesters Onias III., gegründet. Er wanderte um 161 v. Chr., als Alcimus in Jerusalem zum Hohenpriester eingesetzt wurde (vgl. 1 Makk 7, 5 ff.), nach Ägypten aus und wurde von Ptolemäus VI. willkommen geheißen, der ihm die Erlaubnis zum Bau des Tempels in Leontopolis gab. Hier bestand 230 Jahre lang, bis zu seinem Verbot durch Kaiser Vespasian kurz nach der Zerstörung des Jerusalemer Tempels (Ios. *bel. Iud.* VII, 423—432; *ant. Iud.* XIII, 62—73), unter einem zadokidischen Hohenpriester ein Opferritual, das dem von Jerusalem nachgebildet war. Trotz seiner

einer neuen Hohenpriesterdynastie anerkannt. Man konnte den Willen Gottes in dieser Angelegenheit nicht in Erfahrung bringen; das würde erst möglich sein, wenn der ersehnte Endzeitprophet[8] erschien, und so sollten Simon und seine Nachkommen bis dahin das Hohepriesteramt bekleiden.

Dies taten sie über hundert Jahre lang, und während drei Vierteln dieser Zeit herrschten sie über ein unabhängiges Judäa. Die Zeit der Hasmonäerdynastie war anfangs durch Wohlstand und nationale Hochstimmung gekennzeichnet. Die Seleukiden machten zwar noch einen Versuch, Judäa wieder in die Hand zu bekommen, verausgabten ihre Kräfte dann aber rasch in erfolglosen Feldzügen gegen die Parther und weiteren Thronstreitigkeiten. Den Hasmonäern, denen es erst jüngst nur mit Aufbietung aller Kräfte gelungen war, ihr Volk vor dem Untergang zu bewahren, eröffneten sich jetzt Expansionsmöglichkeiten, auf die sie in ihren kühnsten Träumen nicht zu hoffen gewagt hätten. Simons Sohn, Johannes Hyrkanus (134—104 v. Chr.), überrannte Idumäa, Samarien und einen Teil Galiläas und gliederte sie in sein Reich ein; seine Söhne Aristobul I. (104—103 v. Chr.) und Alexander Jannäus (103—76 v. Chr.), der den Titel „König" annahm, setzten den Eroberungszug ihres Vaters fort, bis sich das Reich Judäa von der Mittelmeerküste im Westen bis zum Ostjordanland im Osten erstreckte und fast die Ausdehnung des vereinigten Königreichs Davids und Salomos erreichte.

Diese Könige waren jedoch durch und durch charakterlos. Sie imitierten die Lebensweise kleinerer hellenistischer Herrscher, ohne jedoch für die hellenistische Kultur aufgeschlossen zu sein. Vor allem Jannäus erwies sich als fürchterlicher Vandale, indem er die an sein Königreich angrenzenden hellenistischen Städte der Reihe nach belagerte und zerstörte. Seine Zerstörungswut ließ sich nicht einmal als Eifer für Israels Gott und gegen die Abgötterei der Heiden entschuldigen; denn von allen Hohenpriestern Israels, von denen einige ihrem heiligen Amt wahrlich nicht zur Zierde gereichten, war keiner unwürdiger als er. Ihm ging es nur um die Mehrung seines Einflusses und um militärische Erfolge; von unstillbarem Machthunger besessen, setzte er die Unabhängigkeit seines

---

zadokidischen Hohepriesterschaft galt der Tempel von Leontopolis im allgemeinen selbst bei den ägyptischen Juden, von denen viele wie Philo regelmäßig nach Jerusalem „zum Tempel unserer Vorfahren" (*prov.* 64) pilgerten, als schismatisch. In der Mischna wird der Tempel von Leontopolis „das Haus des Onias" genannt; Priester, die dort Dienst taten, durften in Jerusalem nicht amtieren (*Menachot* 13, 10).

[8] Siehe S. 41 f. und Teil II, Kap. 1/6.

Volkes mehr als einmal aufs Spiel, vergeudete das Volksvermögen und büßte die Achtung und das Wohlwollen der Besten ein.[9]

Nach seinem Tod im Jahre 76 v. Chr. übernahm seine Witwe Salome Alexandra (ihr jüdischer Name Salome ist eine Verkürzung von *Schelom-Sijjon,* „Heil Zions") die Regierung;[10] ihr älterer Sohn, Hyrkanus II., der den für seine Familie kennzeichnenden Ehrgeiz gänzlich vermissen ließ, wurde Hoherpriester, während ihr jüngerer Sohn, Aristobul II., dessen übermäßige Energie die Trägheit seines Bruders mehr als wettmachte, ein militärisches Kommando erhielt. Ihre neunjährige Regierungszeit galt später als ein kurzes goldenes Zeitalter; als sie 67 v. Chr. starb, brach zwischen den Parteigängern ihrer beiden Söhne ein Bürgerkrieg aus. Hyrkanus war zwar ohne jeden Ehrgeiz, ließ sich aber von dem Idumäer Antipater, einem begabten Politiker, als Strohmann und Förderer der eigenen Pläne benutzen. Antipater erkannte, daß ihn allein die Zusammenarbeit mit den Römern, die damals im Begriff standen, in Westasien festen Fuß zu fassen, der Verwirklichung seiner ehrgeizigen Absichten näherbringen würde. Als die Römer im Jahre 63 v. Chr. Judäa besetzten, wußte er die Gunst der Stunde zu nutzen. Den Vorwand für ihr Eingreifen lieferte ihnen der Bürgerkrieg zwischen den beiden Hasmonäern. Beide Brüder baten den römischen Feldherrn Pompejus, der die Neugliederung Westasiens betrieb und damals gerade Syrien als römische Provinz organisierte, um Unterstützung. Er war sofort bereit einzugreifen, doch Aristobul und seine Anhänger wandten sich schon bald gegen ihn, und ihr Widerstand hatte zur Folge, daß Pompejus im Frühjahr 63 v. Chr. Jerusalem besetzte und nach dreimonatiger Belagerung den stark befestigten Tempelbezirk stürmte. Judäa büßte seine Unabhängigkeit ein und wurde römisches Herrschaftsgebiet.

3.

Nach Syrien begab Pompejus sich, nachdem er einen langwierigen Krieg zwischen Rom und Mithridates VI., dem König von Pontus, zu einem erfolgreichen Ende geführt hatte.

Im Jahre 120 v. Chr. wurde Mithridates, damals ein Knabe von zwölf Jahren, Erbe eines Königreiches, das einstmals eine Satrapie des Perserreichs gewesen war und sich entlang der Südküste des Schwarzen Meeres

[9] Siehe S. 61; 79 f.
[10] Siehe S. 80.

(nach dem es benannt war) vom unteren Halys ostwärts bis Kolchis erstreckte. Alexander der Große verleibte es seinem Reich ein, doch erlangte es in den Kämpfen zwischen seinen Nachfolgern seine Unabhängigkeit wieder. Als Attalus III., der letzte König von Pergamon, im Jahre 133 v. Chr. sein Reich dem Senat und Volk von Rom vermachte, wurde Mithridates V. von Pontus Roms Alliierter. Er unterstützte die Römer in ihrem Krieg gegen Aristonicus, den Halbbruder des Attalus, der Ansprüche auf das Königreich Pergamon erhob, und erhielt von ihnen zum Dank einen Teil Phrygiens.

Als Mithridates V. im Jahre 120 v. Chr. von Mörderhand fiel, beeilten sich die Römer, von seinem jugendlich-unerfahrenen Nachfolger die Provinz Phrygien zurückzufordern, die sie seinem Vater geschenkt hatten. Mithridates VI. konnte allerdings diesen Verlust durch die Erweiterung seines Herrschaftsgebiets im Osten ausgleichen. Seine Nachbarn im Westen und Süden — Bithynien, Galatien und Kappadokien — lagen im Einflußbereich Roms und waren seinem Zugriff entzogen, doch konnte er seine Macht ostwärts nach Armenien und entlang der Ost- und Nordküste des Schwarzen Meeres ausdehnen und die Krim seinem Reich einverleiben. Er verbündete sich mit Tigranes, dem König von Armenien, dem er seine Tochter zur Frau gab, sowie mit den Herrschern von Parthien und Iberien. Als bedeutender und energischer Staatsmann verstand er es, seinen Herrschaftsbereich so weit auszudehnen, daß er der mächtigste Monarch in Asien wurde — weitaus mächtiger als die einander bekriegenden seleukidischen Kronprätendenten und mächtig genug, um das Römerreich herauszufordern.

Mit Rom geriet Mithridates aneinander, als es ihn daran hinderte, die Throne von Kappadokien und Bithynien mit eigenen Marionetten zu besetzen. Der neue, von den Römern unterstützte Herrscher von Bithynien drang mit ihrem Einverständnis in Mithridates' Herrschaftsgebiet ein; als Mithridates' Proteste sich als fruchtlos erwiesen, besetzte er im Jahre 88 v. Chr. Kappadokien und Bithynien, besiegte in der letztgenannten Provinz ein römisches Heer und machte sich zum Herrn über die Provinz Asia. So stark war der Haß der Bevölkerung auf die Römer, die sie vierzig Jahre lang unterdrückt hatten, daß sie, als Mithridates Asias Städten befahl, sämtliche dort ansässigen Römer und Italiker zu töten, bereitwilligst mit ihm kooperierten; es wird berichtet, es seien damals an einem Tage 80 000 Menschen erschlagen worden.

Athen und andere Stadtstaaten in Griechenland glaubten, jetzt sei auch für sie die Gelegenheit gekommen, das römische Joch abzuschütteln, und begrüßten Mithridates als neuen Befreier.

Die unvermeidliche Folge war ein Kampf auf Leben und Tod zwischen Rom und Mithridates, der sich dann auch über ein Vierteljahrhundert hinzog. Zuerst rückte Sulla im Jahre 87 v. Chr. gegen den König von Pontus ins Feld. Er brachte seinen Heeren in Griechenland eine Niederlage bei und machte die griechischen Städte wieder Rom untertan; dann trug er den Krieg nach Asien und zwang Mithridates, seine sämtlichen Eroberungen in der römischen Provinz Asia wieder herauszugeben und ihm eine Entschädigungssumme zu zahlen (84 v. Chr.).

In den darauffolgenden Jahren kam es in Kleinasien zu weiteren Kämpfen zwischen Mithridates und römischen Streitkräften, die nächste Hauptphase des Krieges wurde indes im Jahres 75 v. Chr. durch die Einverleibung Bithyniens ins Römische Reich eingeleitet. Mithridates marschierte als Streiter für die Rechte eines Prinzen aus dem ehemaligen Königshaus, der Anspruch auf den Thron erhob, in Bithynien ein. Lucius Lucullus, der inzwischen auf römischer Seite das Kommando führte, gelang es, Mithridates gänzlich aus Kleinasien zu vertreiben und bis nach Armenien zu verfolgen, wo er Zuflucht gefunden hatte. Doch Lucullus' Truppen meuterten, und gegen Ende des Jahres 67 v. Chr. hatte Mithridates sein angestammtes Herrschaftsgebiet Pontus erneut in Besitz genommen.

Im darauffolgenden Jahr beschloß der römische Senat, den Krieg gegen Mithridates um jeden Preis zu beenden und Gnaeus Pompejus die Leitung der Operationen zu übertragen; damit er den Krieg zu einem erfolgreichen Abschluß bringe, wurde ihm der Oberbefehl über sämtliche römischen Streitkräfte im Osten gegeben. Pompejus galt als der gegebene Mann für diese Aufgabe, war es ihm doch ein Jahr zuvor gelungen, das östliche Mittelmeer von den Seeräubern zu befreien, die dort lange ihr Unwesen getrieben hatten und deren Anschläge auf die Getreideversorgung Roms die Hauptstadt mit einer Hungersnot bedrohten. Dank der ihm übertragenen außerordentlichen Machtfülle und seines ungewöhnlichen strategischen Geschicks konnte Pompejus seine Operationen gegen die Seeräuber innerhalb von drei Monaten abschließen. Durch die Lex Manilia des Jahres 66 v. Chr. wurde seine Macht bestätigt und erweitert. Bei Pompejus' Ankunft in Kleinasien übergab Lucullus ihm das Kommando über die dort befindlichen römischen Heere. Mithridates wurde aus Pontus vertrieben und zog sich, da ihn sein Schwiegersohn nicht nach Armenien hereinlassen wollte, auf seine Besitzungen auf der Krim zurück (65 v. Chr.), wo er zwei Jahre später Selbstmord beging.

Ganz Westasien war jetzt Pompejus' Zugriff preisgegeben. Tigranes erklärte sich für besiegt und wurde von Pompejus als König von Armenien bestätigt, mußte Rom indes sämtliche Gebiete ausliefern, die er sich in Kappadokien, Kilikien und Syrien angeeignet hatte. Pontus wurde römische Provinz. Im Jahre 64 v. Chr. wurde nach dem Zusammenbruch des letzten Restes der seleukidischen Macht auch Syrien als römische Provinz organisiert, und die angrenzenden Fürstentümer, darunter auch Judäa, mußten Rom als Oberherrn anerkennen.

4.

Den Römern ging in ihren neuen Besatzungsgebieten der Ruf voraus, ein äußerst raubgieriges Volk zu sein. Mithridates hatte sich während seines fünfundzwanzigjährigen Krieges gegen die Römer alle Mühe gegeben, seine Verbündeten und Nachbarn gegen sie einzunehmen. Als Beispiel für seine romfeindliche Propaganda ist ein Brief überliefert, den er um das Jahr 69 v. Chr. an Arsaces XII., König von Parthien, richtete:

> Für die Römer gibt es von alters her nur einen einzigen Grund, mit allen Nationen, Völkern und Königen Krieg zu führen, nämlich ihre bodenlose Gier nach Macht und Reichtum . . . Weißt Du nicht, daß die Römer, nachdem gegen Westen der Ozean ihrem Vordringen Einhalt gebot, ihre Waffen hierher gewendet haben? Und daß sie von allem Anfang an nur Geraubtes besitzen, Haus, Weib, Land und Reich? Daß sie einst ein zusammengelaufenes Volk waren ohne Vaterland und Eltern, geschaffen zum Unheil der Welt; daß sie kein menschliches und kein göttliches Recht hindert, Bundesgenossen und Freunde, nah und fern Wohnende, Schwache und Mächtige auszuplündern und zu verderben, und daß sie alles, was ihnen nicht dienstbar ist, am meisten aber Königreiche, für feindlich halten?[11]

Daß dies keine pure Erfindung war, wird in den Bekundungen um das Gemeinwohl besorgter Römer offenbar. So führte beispielsweise Cicero in der Rede, in welcher er für die Übertragung unbeschränkter Vollmachten an Pompejus zur endgültigen Beendigung des Krieges gegen Mithridates eintrat, folgendes aus:

> Es läßt sich kaum schildern, Quiriten, wie verhaßt wir bei den auswärtigen Völkern wegen des zügellosen Gebarens und der Ungerechtigkeiten derer sind, die wir in den letzten Jahren mit einer Kommandogewalt dorthin entsandt haben. Denn welcher geweihte Ort, meint ihr, sei unseren Beamten in diesen Ländern heilig, welche Stadt unverletzlich, welches Haus verschlossen und verwahrt genug gewesen? Man muß schon nach reichen und wohlversehenen Städten suchen, gegen die man wegen der Aussicht auf Plünderung einen Kriegsgrund geltend machen könnte . . .

---

[11] Sall. *hist.* frag. IV, 69,1—23 (ed. A. Kurfess, *C. Sallustius Crispus*, Bibliotheca Teubneriana, Leipzig 1954, S. 162—164; Übersetzung W. Eisenhut).

> Was glaubt ihr: daß ihr eure Heere zum Schutze der Bundesgenossen gegen den Feind ausschickt? Oder gegen die Bundesgenossen und Freunde, unter dem Vorwand, es gehe gegen den Feind? Welche Stadt in Asien vermag der Anmaßung und dem Hochmut nicht etwa eines Oberbefehlshabers oder Legaten, sondern auch nur eines einzigen Militärtribunen Genüge zu tun?[12]

Um die römische Herrschaft für die unterworfenen Völker einigermaßen erträglich zu gestalten, bedurfte es ganz offensichtlich einer übergeordneten Instanz, die der Raubgier der Provinzstatthalter Zügel anlegte.

Die Wirksamkeit von Mithridates' Propaganda in Westasien läßt sich aus dem Widerhall ablesen, den sie in dem kurz vor der Besetzung Judäas durch die Römer im Jahre 63 v. Chr. verfaßten Qumran-Kommentar zum Buch Habakuk findet; dort werden die chaldäischen Eindringlinge des Habakuk als die „Kitti'im" oder „Kittim" umgedeutet, in welchen man unschwer (wie auch in Dan 11, 30) die Römer wiedererkennt:

> Furcht und Schrecken vor ihnen liegt auf allen Völkern. Und mit Absicht ist all ihr Sinnen darauf gerichtet, Böses zu tun, und mit List und Trug gehen sie mit allen Völkern um . . . Sie zerstampfen das Land mit ihren Rossen und mit ihren Tieren. Und von fernher kommen sie, von den Inseln des Meeres, um alle Völker zu fressen wie ein Geier, ohne Sättigung zu finden. Und in Grimm und Wut, in glühendem Zorn und wütendem Schnauben reden sie mit allen Völkern . . . Sie spotten über viele und verachten Angesehene; über Könige und Fürsten machen sie sich lustig und spotten über viel Volk . . . Sie bringen ihren Zeichen Opfer, und ihre Kriegswaffen sind Gegenstand ihrer Verehrung . . . Sie verteilen ihr Joch und ihre Fronlast, ihre Speise, auf alle Völker Jahr um Jahr, so daß sie viele Länder verwüsten . . . Sie vernichten viele mit dem Schwert, Knaben, Männer und Greise, Weiber und Kinder, und sogar mit der Frucht im Mutterleibe haben sie kein Erbarmen.[13]

In den Augen des Qumran-Kommentators sollten die Kittim jedoch das Gottesgericht gegen die Hasmonäer vollziehen, die das Amt des Hohenpriesters, das von Rechts wegen den Söhnen des Zadok zustand, usurpiert hatten — wenn er auch der Ansicht zuneigte, die Kur könne sich als schlimmer erweisen denn die Krankheit.

Auch in den *Psalmen Salomos* (um 50 v. Chr.) figurieren die Römer als die Vollzieher des Gottesgerichts gegen die Hasmonäer; allerdings wird hier den letzteren nicht zum Vorwurf gemacht, daß sie sich widerrecht-

---

[12] Cicero, *Pro Lege Manilia* 65 f. (66 v. Chr.). (Übersetzung M. Fuhrmann.)

[13] 1 QpHab III, 4—VI, 12 (zu Hab 1, 7—17). (Übersetzung E. Lohse.) Die „Kittim" des Habakuk-Midraschs sind auch als die seleukidischen Streitkräfte unter Antiochus IV. interpretiert worden; vgl. z. B. H. H. Rowley, „The Kitim and the Dead Sea Scrolls", *PEQ* 88 (1956), S. 92 ff. Siehe S. 118.

lich das zadokidische Hohepriesteramt aneigneten, sondern daß sie „Davids Thron verwüsteten" (*PsSal* 17, 8).

Du aber, Gott, warfst sie nieder und nahmst ihren Samen aus dem Lande
hinweg,
Indem ein Ausländer gegen sie auftrat, der nicht von unserem Geschlecht
war.
Nach ihren Sünden vergaltst du ihnen, Gott,
Daß ihnen zuteil ward, was sie verdient haben.
Gott hat sich ihrer nicht erbarmt;
Er hielt Untersuchung in ihrem Geschlecht und ließ keinen von ihnen
los.
Getreu ist der Herr in allen seinen Gerichten,
die er auf Erden übt.[14]

Der „Ausländer, der nicht von unserem Geschlecht war", ist Pompejus, in dessen Triumphzug Aristobul II. und seine Söhne, zusammen mit vielen anderen edelgeborenen Juden, im Jahre 65 v. Chr. als Gefangene mitgeführt wurden. Doch wie der Qumran-Kommentator beklagt auch der Psalmist die Grausamkeit der Römer:

Der Gottlose hat unser Land von seinen Bewohnern entblößt;
Jung und Alt und ihre Kinder zumal haben sie weggenommen.
In seinem grimmen Zorn schickte er sie weg bis ins Abendland,
Und die Obersten des Landes gab er preis der Verspottung, schonungs-
los.
In seiner Barbarei tat der Feind Vermessenes,
Und sein Herz war ferne von unserem Gott.[15]

Ein Willkürakt des Pompejus empörte die Juden ganz besonders: Als er den Tempelbereich in Jerusalem erstürmt hatte, verschaffte er sich gewaltsam Einlaß in den Tempel und drang sogar in das Allerheiligste, den Thronraum des Gottes Israels, ein, der das ganze Jahr über fest verschlossen blieb und nur ein einziges Mal, am Versöhnungstag, vom Hohenpriester betreten wurde, der dort in Jahwes unsichtbarer Gegenwart für das Volk ein Sühneopfer darbrachte. Daß ein heidnischer Soldat ungeachtet der Proteste der Priester hier eindrang, galt den Juden als unerhörtes Sakrileg. Als fünfzehn Jahre später der von Julius Caesar bei Pharsalus in Thessalien besiegte Pompejus nach Ägypten floh und bei seiner Landung von Mörderhand fiel, erinnerte sich mancher seiner Freveltat und stellte fest, daß ihn die göttliche Rache endlich ereilt habe. Zu ihnen gehörte einer aus dem Kreis, in dem die *Salomo-Psalmen* entstanden:

---

[14] *PsSal* 17, 8—12. (Übersetzung R. Kittel.)

[15] *PsSal* 17, 13—15. Aus der Nähe betrachtet, nahmen sich die Römer anders aus als in der idealisierenden, einige Jahrzehnte früher verfaßten Schilderung des ersten Makkabäerbuches (8, 1—16).

Es dauerte nicht lange, da stellte mir Gott seinen Übermut dar,
Ihn selbst durchbohrt an den Bergen Ägyptens,
Verachteter als der geringste zu Land und zu Wasser,
Seinen Leichnam umhergetrieben auf den Wogen in gewaltiger Brandung,
Und niemand begrub ihn, denn er gab ihn der Verachtung preis.[16]

5.

Nach der Eroberung Judäas durch Pompejus wurde Hyrkanus II. im Amt des Hohenpriesters und als nomineller Führer der Nation bestätigt, doch war diese jetzt den Römern tributpflichtig und büßte die Herrschaft über die benachbarten griechischen und samaritanischen Gebiete ein, die die Hasmonäer erobert und ihrem Königreich einverleibt hatten.

Während der nächsten dreißig Jahre wurden Judäa und die Provinz Syrien, der es angegliedert war, auf Grund ihrer Lage an der Ostgrenze des römischen Einflußbereichs in die imperiale Politik und in Roms Beziehungen mit den Nachbarreichen Ägypten und Parthien hineingezogen. Antipater, der der wahre Machthaber hinter Hyrkanus' Thron blieb, agierte sehr geschickt und verstand es, sich den Römern in wachsendem Maße nützlich zu machen, vor allem dem Julius Caesar, als dieser im Winter 48/47 v. Chr. in der Burg von Alexandrien belagert wurde.

In Anerkennung seiner Verdienste machte Caesar Antipater zum abgabefreien römischen Reichsbürger und verlieh ihm den Titel eines Prokurators von Judäa. Er durfte die Mauern von Jerusalem, die Pompejus hatte schleifen lassen, wieder aufbauen; Judäas Tributzahlungen wurden ermäßigt und den Juden eine Anzahl weiterer Konzessionen eingeräumt.

Caesars Ermordung im Jahre 44 v. Chr. war ein harter Schlag für die Juden, doch unterstützte Antipater weiterhin die Vertreter Roms im Orient, wer immer das auch gerade sein mochte. Er fiel selber im Jahre 43 v. Chr. von Mörderhand, doch setzten seine Söhne Phasael und Herodes die väterliche Politik fort, und als die Anhänger Caesars unter der Führung von Oktavian, Caesars Adoptivsohn, und Antonius das Heer der Anticaesarianer 42 v. Chr. bei Philippi besiegten und der östliche Teil des Reiches dem Antonius anheimfiel, wurden Phasael und Herodes zu Tetrarchen von Judäa ernannt.

Im Jahre 40 v. Chr. wurden die Provinzen Syrien und Judäa von den Parthern besetzt, die den Hasmonäer (und Sohn Aristobuls II.) Antigo-

---

[16] *PsSal* 2, 30—32.

nus als Priesterkönig der Juden in Jerusalem auf den Thron hoben. Phasael wurde gefangengenommen und getötet; Herodes flüchtete nach Rom, wo ihn der Senat auf Antrag von Antonius und Oktavian zum König der Juden erklärte.

Die Rückeroberung Judäas war nicht leicht; sie wurde im Oktober 37 v. Chr. abgeschlossen, als Herodes mit Unterstützung römischer Truppen Jerusalem nach dreimonatiger Belagerung einnahm. Antigonus wurde in Ketten nach Antiochien geschafft und dort auf Herodes' Ersuchen hingerichtet.

Herodes' dreiunddreißig Jahre währende Regierungszeit begann somit unter Umständen, die kaum dazu angetan waren, ihm die Ergebenheit seiner Untertanen zu sichern. Obwohl er die hasmonäische Prinzessin Mariamne (eine Großtochter der beiden feindlichen Brüder Hyrkanus II. und Aristobul II.) zu seiner Königin erwählte und, um sie heiraten zu können, seine erste Gattin Doris verstieß, sahen die Juden weiterhin in ihm einen idumäischen Emporkömmling, der das Königtum über die Leiche des rechtmäßigen Königs, Antigonus, hinweg an sich gebracht hatte.

Herodes erwies sich gleichwohl als tüchtiger, wenn auch rücksichtsloser Herrscher und gab den Römern zu keiner Zeit Anlaß, seine Ernennung zum König der Juden zu bereuen. Im In- und Ausland vertrat er stets die römischen Interessen und sah in der Tat keinerlei Widerstreit zwischen den Belangen Roms und denen seines Königreichs und seiner Untertanen. Nach seiner Auffassung entsprach ihren Interessen, einschließlich der Bewahrung ihrer religiösen Freiheit, am ehesten die Integration in den römischen Machtbereich.

Beträchtliche Sorgen verursachten ihm in den ersten Jahren seiner Regierung die begehrlichen Blicke, die Kleopatra VII. von Ägypten auf sein Reich warf. Zwar war er mit Antonius befreundet, doch stand dieser gleichzeitig so sehr unter dem Einfluß der Kleopatra, daß die Gefahr drohte, sie würde schließlich ihren Willen durchsetzen und Judäa ihrem Reich einverleiben, wie es ihre Vorfahren, die ersten Ptolemäer, getan hatten. In der Tat gelang es ihr, sich die Einkünfte einiger besonders wohlhabender Teile Judäas, namentlich Jerichos und des umliegenden Gebiets, zu sichern. Sie bemühte sich auch, Zwietracht zwischen Herodes und seinem Nachbarn im Osten, dem König der nabatäischen Araber, zu säen, in der Hoffnung, davon zu profitieren.

Die Freundschaft zwischen Kleopatra und seiner Schwiegermutter Alexandra, der Tochter Hyrkanus' II., machte Herodes' Stellung während dieser Jahre noch unsicherer, als sie ohnehin schon war. Nach der Absetzung und Hinrichtung des Antigonus konnte Hyrkanus II. nicht erneut Hoherpriester werden, weil jener ihm die Ohren hatte abschneiden lassen, um zu verhindern, daß er jemals das heilige Amt zurückerlange. Der nächste Anwärter unter den Hasmonäern war Mariamnes Bruder, der damals siebzehnjährige Aristobul III. Auf Alexandras Betreiben ernannte Herodes den Knaben im Jahre 36 v. Chr. zum Hohenpriester. Einige Monate später kam Aristobul jedoch bei einem Badeunfall ums Leben, und Herodes geriet in den Verdacht, seine Hand dabei mit im Spiel gehabt zu haben. Die Mutter des Knaben war fest von Herodes' Schuld überzeugt und bestürmte in ihrer Empörung Kleopatra, sie möge Antonius veranlassen, das angebliche Verbrechen aufzudecken. Antonius befahl Herodes zu sich nach Laodizea in Nordsyrien, sprach ihn jedoch von der Mordanklage frei, indem er zu Kleopatra bemerkte, wer die Würde und Macht eines Königs besitze, müsse nach Recht und Billigkeit auch freien Gebrauch davon machen dürfen.[17] Wie hätte ausgerechnet Kleopatra einer solchen Logik widersprechen können!

Die wachsende Spannung im Römerreich zwischen Antonius und Kleopatra auf der einen und Oktavian auf der anderen Seite entlud sich im Jahre 31 v. Chr. in der Schlacht bei Actium in Westgriechenland, die mit der vollständigen Niederlage der Erstgenannten endete. Sie flohen nach Ägypten, wo sie beide im darauffolgenden Jahr Selbstmord begingen. Oktavian war jetzt der unumstrittene Beherrscher des Römerreichs und als solcher der Vertreter der römischen Macht, mit dem Herodes es von nun an bis an sein Lebensende zu tun hatte. Schon bald nach seinem Sieg von Actium bestellte Oktavian ihn zu sich nach Rhodos. Herodes war mehr als bänglich zumute, wußte doch jedermann, daß er Antonius' Freund gewesen war. Er versuchte nicht, Oktavian gegenüber seine frühere Freundschaft mit Antonius zu leugnen, versicherte ihm aber, er werde in ihm einen ebenso zuverlässigen Freund und Verbündeten finden wie seinerzeit Antonius. Oktavian erkannte seinerseits, daß es Rom nur zum Besten dienen würde, wenn Herodes König der Juden blieb, und bestätigte ihn daher in seinem Königtum. Er erhielt das Gebiet um die Stadt Jericho zurück, das Kleopatra ihm genommen hatte, und bekam überdies eine Anzahl griechischer Städte an der Mittelmeerküste und zu beiden Seiten des Jordans.

---

[17] Ios. *ant. Iud.* XV, 76.

6.

Im Januar 27 v. Chr. legte Oktavian nach der Befriedung des gesamten Römerreichs „den Staat wieder in die Hände des Senats und des römischen Volkes".[18] Er selbst erhielt auf Zuruf hin den Titel *princeps* („der Erste im Staate") und empfing neben anderen Ehrungen den Namen Augustus, den er fortan allein führte. In Wirklichkeit behielt er sämtliche Zügel fest in der Hand, doch war er sich bewußt, daß ihm die Restauration der Formen und Bezeichnungen der alten Republik in psychologischer und diplomatischer Hinsicht mancherlei Vorteile bringen würde.

Als Augustus den Staat wieder in die Hände des Senats und des römischen Volkes legte, gab er auch die Provinzen zurück, von denen viele damals von ihm unmittelbar unterstehenden Beamten verwaltet wurden. Er wurde sogleich gebeten, die Verantwortung für die Verwaltung einiger der wichtigsten dieser Provinzen zu übernehmen, und erklärte sich dazu bereit. Es heißt oft, er habe diejenigen Provinzen direkt verwaltet, welche die Anwesenheit eines stehenden Heeres erforderten, während die friedlicheren Provinzen der Jurisdiktion des Senats unterstellt worden seien. Das ist im großen und ganzen richtig, wenn auch nicht völlig zutreffend. Augustus war der Oberkommandierende des römischen Heeres, folglich lag es nahe, daß Provinzen, die römisches Militär zur Verteidigung gegen äußere Feinde (wie zum Beispiel entlang den Grenzen von Rhein, Donau und Euphrat) oder zur Sicherung im Innern brauchten, von ihm durch einen seiner Beamten verwaltet wurden. Doch selbst jene Provinzen (wie Asia und Achaja), die nominell dem Senat unterstanden und von Prokonsuln regiert wurden, die der Senat ernannt hatte, standen in Wirklichkeit unter der Kontrolle des Augustus und seiner Nachfolger. Den Willen des Prinzeps zu ignorieren, konnte sich weder der Senat leisten, wenn er einen Prokonsul ernannte, noch der Prokonsul bei der Verwaltung seiner Provinz.

Die Provinzen, in denen Legionstruppen stationiert werden mußten (wie Galatien und Syrien), wurden von einem kaiserlichen Legaten, dem *legatus pro praetore,* verwaltet. Im Jahre 6 n. Chr. wurde Judaä römische Provinz, und in den folgenden Jahren lagen dort nicht Legions-, son-

[18] Sein eigener Leistungsbericht findet sich in den *Res gestae divi Augusti,* die er kurz vor seinem Tode (14 n. Chr.) abschloß und die in dem zweisprachigen *Monumentum Ancyranum* überliefert sind: „in consulatu sexto et septimo, po[stquam b]ella [civil]ia exstinxeram, per consensum universorum [potitus reru]m om[n]ium, rem publicam ex mea potestate in senat[us populique Rom]ani [a]rbitrium transtuli" (§ 34).

dern Auxiliartruppen in Garnison, und deshalb hatte dort kein kaiserlicher Legat die Regierung inne, sondern ein dem Ritterstand angehörender Beamter geringerer Rangstufe, der *praefectus* oder *procurator*.[19]

Die Prokonsuln von Asia und Africa waren normalerweise ehemalige Konsuln, die Prokonsuln der anderen senatorischen Provinzen ehemalige Prätoren. In beiden Fällen gehörten die Prokonsuln dem Senatorenstand an. Das gleiche gilt von den kaiserlichen Legaten, die entweder ehemalige Konsuln oder ehemalige Prätoren waren.

Ägypten wurde von einem Präfekten regiert, den der Prinzeps persönlich ernannte; er hatte eine Legionsgarnison unter seinem Kommando, kam aber stets aus dem Ritterstand.

Eine Anzahl Gebiete, namentlich im Osten, wurde, bei voller Wahrung der römischen Interessen, von eingeborenen „Klientelkönigs"-Dynastien regiert. Judäa unter den Herodiern von 40 v. Chr. bis 6 n. Chr. und erneut von 41—44 n. Chr. ist ein Beispiel, ein weiteres ist Kappadokien, über das eine eingeborene Dynastie herrschte, bis Tiberius 17 n. Chr. nach dem Tod des hochbetagten Königs Archelaus den größten Teil des Landes annektierte und als römische Provinz organisierte. Südöstlich von Kappadokien und nördlich von Syrien lag Kommagene, dessen König Antiochus III. fast zur gleichen Zeit wie Archelaus starb; sein Königreich wurde zur Provinz Syrien geschlagen. Zwanzig Jahre später gab Caligula es indessen seinem Sohn Antiochus IV. zurück und gestattete diesem, seine Herrschaft im Westen bis zur Ostgrenze von Galatien auszudehnen sowie einen Küstenstreifen zwischen Pamphylien und Kilikien in Besitz zu nehmen. Drei Jahre später büßte Antiochus IV. sein neues Königtum wieder ein, aber Claudius gab es ihm, als er 31 n. Chr. Kaiser wurde, zurück, und er regierte noch lange Zeit als Freund und Verbündeter Roms.

Einige Städte in den römischen Ostprovinzen genossen einen Sonderstatus und waren mehr oder weniger unabhängig von der Provinzialverwaltung. So existierten zum Beispiel römische Kolonien — Siedlungen römischer Bürger, die eine der stadtrömischen nachgebildete Munizipalverfassung erhielten und zwei Höchstmagistrate, *duoviri* oder, wie sie sich oft lieber betiteln ließen, Prätoren hatten. Diese Kolonien wurden

---

[19] *Praefectus Iudaeae* ist der Titel des Pontius Pilatus auf der seinen Namen aufweisenden Inschrift, die 1961 bei der Ausgrabung des Theaters in Cäsarea entdeckt wurde; vor der Regierungszeit des Claudius führten die Statthalter von Judäa den Titel *procurator* wahrscheinlich noch nicht. Siehe A. N. Sherwin-White, *Roman Society and Roman Law in the First Century*, Oxford 1963, S. 6 ff.

bisweilen entlang den großen Straßen an strategisch wichtigen Punkten zwecks Sicherung der imperialen Interessen Roms gegründet; mitunter bildeten sie auch eine günstige Möglichkeit, ausgedienten Soldaten eine Bleibe zu geben. So gaben Antonius und Oktavian nach der Besiegung des (von Brutus und Cassius angeführten) Heeres der Caesarmörder bei Philippi 42 v. Chr. dieser alten mazedonischen Stadt eine neue Verfassung als römische Kolonie, nannten sie *Colonia Iulia* und siedelten ihre Veteranen dort an. Elf Jahre später siedelte Oktavian nach seinem Sieg über Antonius bei Actium in der neuen Kolonie eine Gruppe Italiker an, die auf Antonius' Seite gekämpft hatten und ihr Land jetzt an Oktavians Veteranen abtreten mußten, und erweiterte den offiziellen Namen der Kolonie in *Colonia Augusta Iulia Philippensis.* Obschon in der Apostelgeschichte mehrere römische Kolonien erwähnt werden, ist Philippi doch die einzige, die Lukas ausdrücklich als solche erwähnt. Ihre Bürger sind sich ihrer überlegenen Würde als Römer durchaus bewußt, und ihre beiden Höchstmagistrate, die den hochtrabenderen Titel Prätoren führen, werden, wie es bei solch höheren römischen Beamten Brauch war, von ihren Liktoren begleitet; mit den Ruten der Liktoren, die in Bündeln *(fasces)* getragen wurden, wurden Paulus und Silas ausgepeitscht.[20]

Eine weitere römische Kolonie war Korinth. Die Stadt hatte ein Jahrhundert lang verlassen dagelegen und wurde im Jahre 46 v. Chr. von Caesar als Kolonie neu gegründet und erhielt die amtliche Bezeichnung *Laus Iulia Corinthus;* es zählte zu den Kolonien, in welchen Caesar einen Teil des wachsenden stadtrömischen Proletariats ansiedelte.

Bevor die Römer darangingen, einen großen Teil des Orients als Provinzen ihres Reiches zu organisieren, hatte sich zu verschiedenen Zeiten eine Anzahl griechischer Stadtstaaten mit ihnen verbündet, die auch später noch einen Sonderstatus als freie oder föderierte Städte genossen. So war beispielsweise Athen, großenteils mit Rücksicht auf seine ruhmvolle Vergangenheit, eine autonome, tributfreie *civitas foederata* und als solche von der Regierung der Provinz Achaja, in welcher es lag, unabhängig. Das in der Provinz Asia gelegene Ephesus war eine freie Stadt *(civitas libera)* mit eigenem Senat und eigener Volksversammlung und sonnte sich in seinem religiösen Nimbus als „Tempelpflegerin *(neōkoros)* der Artemis".[21] Solche Vorrechte waren indessen ausschließlich vom Wohlwollen der Römer abhängig, wie aus dem Bericht über die tumultuöse Versammlung im Theater zu Ephesus am Ende von Kapitel 19 der Apostel-

---

[20] Apg 16, 22; die Liktoren werden *rabduchoi* „Rutenbündelträger", genannt (Apg 16, 35.38). Siehe Teil II, Kap. 9/1.
[21] Vgl. Apg 19, 35; siehe Teil II, Kap. 25/3.

geschichte erhellt. Der Sekretär des *dēmos* gibt durch die Ausdrucksweise, deren er sich in seiner vermittelnden Rede bedient, zu erkennen, daß er in großer Sorge ist, die römischen Behörden könnten die Stadt zur Strafe für das aufrührerische Verhalten ihrer Bürger ihrer Privilegien berauben; „Wir stehen in Gefahr, des Aufruhrs angeklagt zu werden wegen des heutigen Tages, weil kein Grund vorhanden ist, mit dem wir über diese Zusammenrottung Rechenschaft ablegen könnten“ (Apg 19, 40).

Die Geschichte, ja die Existenz einiger orientalischer Städte war derart mit ihrer kultischen Bedeutung verflochten — manche waren um einen Tempel herum entstanden —, daß sie Sonderverfassungen als Tempelstädte hatten. Solch eine Stadt war Hierapolis in Syrien, das Zentrum des Kultus der Atargatis (der „syrischen Göttin“ des Lukian). Eine weitere war Jerusalem. Sowohl das Perserreich wie die Ptolemäer und Seleukiden, die nacheinander die Nachfolge Alexanders des Großen antraten, hatten die Stadt samt dem umliegenden Gebiet von Judäa als Tempelstaat anerkannt, doch Antiochus Epiphanes hatte ihre Sonderverfassung aufgehoben. Laut dieser Verfassung stand der Hohepriester an der Spitze der innerstaatlichen Verwaltung, während die Reichsinteressen von einem persischen und später einem griechischen Statthalter wahrgenommen wurden. Eine ähnliche Regelung trat nach dem Jahre 6 n. Chr. erneut in Geltung, und zwar wurden die inneren Angelegenheiten Judäas dem Hohenpriester anvertraut, der dem Hohen Rat präsidierte, während der Prokurator über die Interessen Roms, die stets die Aufrechterhaltung der öffentlichen Ordnung einschlossen, zu wachen hatte. Die Römer achteten die Heiligkeit der Stadt; so durften beispielsweise aus Rücksicht auf die Bedenken der Juden gegen jegliche „Schnitzbilder“, die sich auf das zweite Gebot des Dekalogs gründeten, keine römischen Miltärstandarten mit dem Bild des Kaisers in die Stadt gebracht werden. Zufälligerweise hob die übliche griechische Form des Namens Jerusalem (*Hierosolyma* = „Stadt des Salem“ oder „Wohnung des Friedens“) anscheinend den heiligen Charakter der Stadt hervor, ist sie doch in Analogie zu Komposita gebildet, deren erstes Glied *hieros*, „heilig“, ist.[22]

---

[22] Nach dem phantasievollen alexandrinischen Schriftsteller Lysimachus hieß die Stadt ursprünglich „wegen der diesbezüglichen Neigungen der Juden“ Hierosyla (aus gr. *hierosylos*, „Tempelräuber“, wie in Apg 19, 37). „Sie änderten den Namen später, nachdem sie dort die Macht erlangt hatten, um die darin enthaltene schändliche Beschuldigung zu tilgen, und nannten die Stadt Hierosolyma und sich selber Hierosolymiten“ (zitiert von Josephus *Apion* I, 311). Tacitus erwähnt eine Theorie, nach der die Juden auf der Insel Kreta beheimatet waren; die Solymer, ein von Homer (*Iliad* VI, 184; Odyssee V, 282) erwähnter kretischer Volksstamm, „sollen die Stadt Hierosolyma gegründet und nach ihrem eigenen Namen genannt haben“ (*hist.* V, 2).

ZWEITES KAPITEL

Die Teilung des Herodesreiches

1.

Die Beseitigung der heimtückisch-habgierigen Kleopatra und die Anerkennung seiner Herrschaft durch den unumstrittenen Gebieter über die Mittelmeerwelt gewährte Herodes keine Atempause, vielmehr trat eine Fülle neuer Probleme an die Stelle jener, die der Sieg von Actium aus dem Wege geräumt hatte.

Allerdings behandelten ihn nicht nur der Kaiser, sondern auch der vertraute Freund und Schwiegersohn des Prinzeps, Marcus Agrippa, viele Jahre hindurch mit Wohlwollen. Herodes verwaltete sein Reich mit großem Geschick und bewies, daß er den Titel „verbündeter König“[1] verdiente. Als Aelius Gallus im Jahre 25 v. Chr. auf Augustus' Geheiß den erfolglosen Zug gegen die in Südarabien ansässigen Sabäer unternahm, stellte Herodes ihm 500 Mann Hilfstruppen zur Verfügung.[2] Tatsächlich vertraute Augustus ihm derart rückhaltlos, daß er sich nach der Unterdrückung des Aufstandes in den ostjordanischen Gebieten nördlich des Jarmuk[3] entschloß, ihre Befriedung dadurch zu sichern, daß er sie in Herodes' Reich eingliederte (23—20 v. Chr.), das damit fast dieselbe Ausdehnung erlangte wie tausend Jahre zuvor das Reich Israel unter David und Salomon.

Auch wenn sich Herodes weiter nicht hervorgetan hätte, wäre er allein durch seine Bauunternehmen in die Geschichte eingegangen. Einige seiner Bauwerke dienten der Verteidigung. So baute er zu Beginn seiner Regierungszeit in Jerusalem die nordwestlich des Tempelgebiets gelegene hasmonäische Festung Baris wieder auf und benannte sie seinem Freund und Gönner Antonius zu Ehren Antonia. Weitere Verteidigungsanlagen entstanden in Jerusalem und in Jericho, Festungen in Masada (am Westufer des Toten Meeres), Machairus (östlich des Toten Meeres), Herodeion (nahe Jerusalem), einem anderen Herodeion (an der nabatäischen Gren-

[1] *Rex socius*. Josephus, *ant. Iud.* XVII, 246, bezeichnet Herodes als „Freund und Verbündeten“ des Augustus, doch ist ungewiß, ob er sich wirklich *socius et amicus populi Romani* nennen durfte.
[2] Ios *ant. Iud.* XV, 317; Strab. XVI, 4, 23.
[3] Die Trachonitis, Batanäa, Auranitis und Ituräa genannten Gebiete.

ze) und Alexandreion (nahe Jericho). Herodes gründete ferner mehrere neue Städte: Antipatris und Phasaelis wurden nach Mitgliedern seiner Familie benannt, Agrippeion oder Agrippias (das wiederaufgebaute Anthedon) nach dem Freund des Kaisers, Agrippa, Sebaste (das restaurierte Samaria) und Caesarea (vorher Stratonsturm) an der Mittelmeerküste nach dem Kaiser selbst. Die Bauzeit für Caesarea, das einen großen künstlichen Hafen bekam und die wichtigste Hafenstadt des Landes wurde, währte zwölf Jahre (22—10 v. Chr.).

Durch seine Bauwerke machte Herodes sich weit über Judäa hinaus einen Namen. Er errichtete Tempel oder andere öffentliche Gebäude in Athen, Sparta, auf Rhodos und in anderen Großstädten der griechischen Welt; die Hauptstraße von Antiochia in Syrien versah er mit einem neuen Pflaster und einem Säulengang. Seine strenggläubigen jüdischen Untertanen verübelten es ihm zwar sehr, daß er sowohl in fremden Ländern wie auch in den hellenistischen Städten Judäas heidnischen Gottheiten Tempel errichtete, sie konnten ihm indessen nicht vorwerfen, er wende mehr Mittel dafür auf als für den Tempel des Gottes Israel in Jerusalem. Der Wiederaufbau des Nationalheiligtums war sein größtes Bauunternehmen. Er setzte es zu Anfang des Jahres 19 v. Chr. ins Werk: eintausend Leviten wurden dafür ausgebildet und erwiesen sich als derart tüchtig, daß die Tempelopferdienste die ganze Zeit hindurch ohne Unterbrechung vollzogen werden konnten. Der äußere Vorhof wurde erweitert und mit Säulengängen umgeben und das gesamte Tempelgebiet mit prächtigen Durchgängen und anderen Bauten ausgestattet. Der ganze Gebäudekomplex erlangte Weltberühmtheit. Die erste Phase des Wiederaufbaus, nach deren Abschluß die offizielle Weihung erfolgte, dauerte zehn Jahre. Danach blieb jedoch noch sehr viel zu tun: erst 63 n. Chr., sieben Jahre vor der Zerstörung, wurden die Bauarbeiten beendet.

Der von Natur aus verschwenderische Herodes muß Riesensummen für seine Bauten und für seine Hofhaltung ausgegeben haben. Er verfügte über beträchtliche private Einkünfte; u. a. bekam er (seit 12 v. Chr.) die Hälfte des Ertrages der Kupferminen auf Zypern, wofür er Augustus 300 Talente zahlte.[4] Einen großen Teil seiner Ausgaben muß er jedoch aus Steuererträgnissen finanziert haben. Er war sich vermutlich bewußt, wie schwer seine Untertanen an dieser Last zu tragen hatten, und bemühte sich hin und wieder, sie zu erleichtern. So erließ er ihnen im Jahre 20 v. Chr. ein Drittel ihrer Steuern und sechs Jahre später ein Viertel. Als das Land 25 v. Chr. von einer schweren Hungersnot heim-

---

[4] Ios *ant. Iud.* XVI, 128.

gesucht wurde, sorgte er unverzüglich für Abhilfe und ließ sogar aus dem Palastgeschirr Münzen schlagen.[5] Beliebtheit bei seinen jüdischen Untertanen verschaffte ihm jedoch keine dieser Maßnahmen. Je mehr er ihnen gegenüber sein Judentum betonte, desto weniger verzeihlich erschienen ihnen seine Verbeugungen vor der heidnischen Religion. Wenn er den Tempel Jahwes in Jerusalem wiederaufbaute, war es um so unerträglicher, daß er anderwärts Götzentempel errichtete. Was bedeutete es schon, daß er darauf bestand, Sylläus, der nabatäische Wesir, könne seine Schwester Salome nur heiraten, wenn er sich zuvor beschneiden lasse, andererseits aber in Batanäa in einem heidnischen Tempel sein Standbild aufstellen ließ?[6]

Pharisäern, die ihm ihre Bedenken mitteilten, begegnete er stets mit der schuldigen Achtung, und führende Pharisäer wie Pollio und Samaias[7] konnten sich nicht über Geringschätzung beklagen, ja, er verzichtete sogar auf ihre Bestrafung, als sie ihm den Treueid, den er im Jahre 17 v. Chr. von allen seinen Untertanen forderte, verweigerten.[8] In seinen späteren Jahren empörte ihn die Widerspenstigkeit der Pharisäer jedoch in steigendem Maße. Diejenigen Pharisäer — d. h. fast ihre gesamte Partei —, die sich zehn Jahre später weigerten, dem Kaiser und Herodes einen neuen Treueid zu schwören, wurden sämtlich gemaßregelt.[9] Als gegen Ende seiner Regierungszeit eine Anzahl pharisäischer „Theologiestudenten", von ihren Lehrern aufgestachelt, den riesigen goldenen Adler, den Herodes über das Portal der Jerusalemer Tempelvorhalle hatte setzen lassen — in ihren Augen eine flagrante Verletzung des zweiten Gebotes — herunterrissen, bestrafte er sie hart.[10]

Außerordentlich unglücklich wirkte sich Herodes' Familienleben aus. Seine Verbindung mit der hasmonäischen Prinzessin Mariamne vermochte sein Ansehen in Judäa nicht zu erhöhen, bewirkte aber, daß die Kinder aus dieser Ehe, da sie hasmonäisches Blut in den Adern hatten, Sympathien genossen, die die Juden ihrem Vater versagten. Zwei von ihnen, Aristobul und Alexander, setzte Herodes schon frühzeitig zu sei-

---

[5] Ios. *ant. Iud.* XV, 299—316.

[6] *OGIS* 415: die Inschrift (aus Si'a) lautet: *[ba]silei Herōdei kyriō Obaisatos Saodou ethēka ton andrianta tais emais dapana[is]*. Der Stifter gehörte offenbar zu den 3000 idumäischen Kolonisten, die Herodes dort angesiedelt hatte (Ios. *ant. Iud.* XVI, 285).

[7] Man hat die beiden versuchsweise mit Abtalion und Schemaja identifiziert, die in *Pirqe Abot* 1, 10 f. als die beiden führenden Schriftgelehrten in der Generation vor Hillel und Schammai erwähnt werden. Siehe S. 77.

[8] Ios. *ant. Iud.* XV, 370.

[9] Ios. *ant. Iud.* XVII, 42.

[10] Ios. *ant. Iud.* XVII, 151—167.

nen Erben ein. Ihre Mutter ließ der krankhaft eifersüchtige Gatte hinrichten, als sie noch kleine Jungen waren (29 v. Chr.), sie selbst aber wurden in Rom für ihr künftiges Amt erzogen. Später verdächtigte Herodes sie jedoch, eine Verschwörung gegen ihn im Schilde zu führen, und ließ sie ebenfalls hinrichten (7 v. Chr.).

Herodes' Argwohn gegen Mariamnes Söhne wurde von deren älterem Halbbruder Antipater geschürt, seinem Sohn aus der Ehe mit seiner ersten Frau Doris, die er dreißig Jahre zuvor verstoßen hatte, um Mariamne zu heiraten. Als Mariamnes Söhne aus dem Wege geräumt waren, sah sich Antipater am Ziel seiner Wünsche und trat als Thronfolger an ihre Stelle, ja, sein Vater machte ihn praktisch zum Mitkönig.[11]

Doch schon bald begann Herodes, auch Antipater zu mißtrauen, den er verdächtigte, ihm nach dem Leben zu trachten. Anstelle von Antipater wurde daher einer seiner Halbbrüder zum Kronprinzen ernannt — Herodes, der Sohn von Mariamne II. (der Tochter des Hohenpriesters Simon Boethus, die Herodes im Jahre 23 n. Chr. an Stelle der Hasmonäerin Mariamne heiratete). Im Jahre 5 n. Chr. fiel dieser Sohn jedoch ebenfalls in Ungnade, Herodes trennte sich von Mariamne II. und enthob ihren Vater seines Amtes als Hoherpriester.[12] Zum Thronerben ernannte er nunmehr seinen jüngsten Sohn, Antipas.[13] Dieser entstammte der Verbindung mit einer Nebenfrau, einer Samaritanerin mit Namen Malthake. Antipas hatte einen älteren Bruder, Archelaus, doch überging Herodes ihn damals, da Antipater ihm Mißtrauen gegen ihn eingeflüstert hatte.

Herodes litt zu dieser Zeit bereits an der Krankheit, an der er im März des Jahres 4 v. Chr. starb. Vier oder fünf Tage vor seinem Tode ließ er Antipater hinrichten und änderte das Testament noch einmal dahin, daß sein Reich nunmehr zwischen dreien seiner Söhne aufgeteilt werden sollte: Antipas sollte als Tetrarch über Galiläa und Peräa herrschen, sein Vollbruder Archelaus Judäa (einschließlich Samaria und Idumäa) sowie die Königswürde bekommen, während Philippus, ein Sohn aus Herodes' Ehe mit Kleopatra von Jerusalem, zum Tetrarchen des Gebietes ernannt wurde, das Herodes von Augustus östlich und nordöstlich des Sees Genezareth erhalten hatte.[14]

---

[11] Ios. *ant. Iud.* XVII, 3.
[12] Ios. *ant. Iud.* XVII, 53, 78. Siehe S. 66.
[13] Ios. *bel. Iud.* I, 646, II, 20; *ant. Iud.* XVII, 146, 224.
[14] Ios. *ant. Iud.* XVII, 188 f.

2.

Das Testament des Herodes mußte erst noch von Augustus bestätigt werden. Archelaus, Antipas und später Philippus machten sich daher nach Rom auf den Weg, um ihre Ansprüche geltend zu machen. Antipas versuchte, Archelaus die Königswürde streitig zu machen und wurde dabei von mehreren Mitgliedern der königlichen Familie wie auch von anderen unterstützt — und zwar, wie Josephus berichtet, nicht so sehr, weil diese Antipas besonders schätzten, sondern weil sie Archelaus haßten.[15]

Während die Brüder in Rom ihre Ansprüche durchzusetzen versuchten, wurden in Palästina mehrere Umsturzversuche unternommen. Eine kritische Situation entstand in Galiläa, wo ein Empörer namens Judas, dessen Vater Hiskia vierzig Jahre zuvor von Herodes ins Gefängnis geworfen und zum Tode verurteilt worden war, einen Überfall auf den Palast von Sepphoris inszenierte und sich der dortigen Waffenkammer bemächtigte.[16] Diese Revolte brach erst zusammen, als Varus, der kaiserliche Legat von Syrien, mit zwei Legionen nach Süden marschierte, um die Aufständischen zur Räson zu bringen und das Land zu befrieden.

Augustus hörte sich an, was ihm die Vertreter verschiedener Bevölkerungsgruppen, darunter eine Adelsabordnung aus Judäa, die die Beseitigung der herodäischen Herrschaft und die Einsetzung eines römischen Statthalters forderte, zu sagen hatten, und bestätigte dann im großen und ganzen die Bestimmungen des von Herodes hinterlassenen Testaments, bat allerdings den Archelaus, er möge nicht auf der Königswürde bestehen, sondern sich mit der eines Ethnarchen zufrieden geben. Antipas und Philippus regierten ihre Tetrarchien 42 bzw. 37 Jahre lang so vorzüglich, daß Rom alle Ursache hatte, mit ihnen zufrieden zu sein. Dagegen erwies sich Archelaus in Judäa als ein derart tyrannischer Ethnarch, daß Augustus ihn nach neunjähriger Herrschaft im Jahre 6 n. Chr. absetzte und ins Exil schickte, da er befürchten mußte, daß im ganzen Land der Aufstand losbrechen würde, falls er ihn in seinem Amt beließe. Archelaus hatte sämtliche Charakterfehler seines Vaters, aber nur wenig von dessen administrativen und diplomatischen Fähigkeiten geerbt. Wie sein Vater zeichnete er sich durch großen Baueifer aus. Er beseitigte die Schäden, die der Jerusalemer Tempel kurz zuvor erlitten hatte, baute den Palast zu Jericho wieder auf, der während eines Aufstandes im Jahre

---

[15] Ios. *ant. Iud.* XVII, 227.
[16] Siehe S. 102.

4 v. Chr. Schaden genommen hatte, errichtete ein Aquädukt zur Bewässerung der Palmenhaine nördlich der Stadt und gründete in derselben Gegend eine Siedlung, die er nach sich selber „Archelais" benannte.

Die Juden waren empört über seine Heirat mit der kappadokischen Prinzessin Glaphyra, der ehemaligen Frau seines Halbbruders Alexander, eines der Söhne der Mariamne. (Glaphyra hatte nach Alexanders Tod im Jahre 7 v. Chr. den König von Mauretanien, Juba, geheiratet, doch war diese Ehe geschieden worden.) Die Heirat mit der Witwe eines verstorbenen Bruders war nach jüdischem Recht verboten, außer als Fortsetzung einer kinderlos gebliebenen Ehe gemäß dem alten „Levirats"-Ehegesetz. Dieses bestimmte, daß der überlebende Bruder oder nächste Verwandte die Witwe heiraten solle, um ein Kind zu zeugen, das dann das Erbe des Toten anzutreten hatte.[17] Da die Ehe Alexanders mit Glaphyra aber nicht kinderlos geblieben war, kam diese Vorschrift nicht in Betracht.

Die Absetzung des Archelaus erfolgte, nachdem zwei Gesandtschaften — eine aus Judäa und eine aus Samaria — in Rom eingetroffen waren, die beide ungewohnte Einigkeit in ihren Beschwerden über Archelaus' tyrannische Herrschaft und ihrer Forderung nach seiner Entfernung bekundeten. Er wurde daraufhin verbannt — nach Vienna im Rhônetal —, und Judäa zur römischen Provinz erhoben, über die fortan ein vom Kaiser ernannter Präfekt oder Prokurator herrschte, der befugt war, Todesurteile zu fällen,[18] und eine Anzahl Hilfstruppen unter seinem Kommando hatte (6 n. Chr.).

3.

Die Tetrarchie des Philippus war laut Lukas 3, 1 „die Landschaft Ituräa und Trachonitis". Nach Josephus gehörten dazu auch Auranitis, Gaulanitis, Batanäa und der Bezirk um Paneas;[19] seine Tetrarchie umfaßte, mit

---

[17] Vgl. 5 Mo 25, 5 ff.; Rt 3, 9 ff.; Mk 12, 19 ff.

[18] Coponius empfing vom Kaiser Vollmacht *mechri tou kteinein* (Ios. *bel. Iud.* II, 117; vgl. *ant. Iud.* XVIII, 2). P. Winter, *On the Trial of Jesus*, Berlin 1961, S. 75 ff., hat bezweifelt, daß sich der römische Prokurator von Judäa unter Ausschluß des Synedriums das Recht, Todesurteile zu fällen, vorbehielt. Die Annahme, Rom sei von seiner üblichen Praxis und Politik abgegangen und habe dem Hohen Rat Blutgerichtsbarkeitsbefugnisse eingeräumt, ließe sich aber nur aufgrund ganz eindeutiger Zeugnisse rechtfertigen (vgl. A. N. Sherwin-White, *Roman Society and Roman Law in the New Testament*, Oxford 1963, S. 37). Siehe S. 205.

[19] *bel. Iud.* II, 95; *ant. Iud.* XVII, 189.

anderen Worten, ein kleines Gebiet westlich des oberen Jordan, nördlich des Hule-Sees, und ein sehr viel größeres östlich des Jordanflusses, zwischen der Tetrarchie Abilene des Lysanias im Norden und der Dekapolis im Süden.

Als Hauptstadt wählte Philippus das am östlichen, heute Nahr Banyas genannten, Quellfluß des Jordan gelegene Paneion.[20] Es wird berichtet, Philippus habe nachgewiesen, daß die angebliche Jordanquelle ihr Wasser durch einen unterirdischen Zufluß aus dem Phiala-See erhalte, indem er Spreu in den See habe werfen lassen, die man dann in Paneion wieder zum Vorschein kommen sah.[21] Man hält gewöhnlich den heute Birket Ram genannten, etwa 6½ km östlich von Banyas gelegenen See für die Phiala, doch wird von den modernen Geographen eine Verbindung zwischen dem Birket Ram und der Grotte in Paneion bestritten.[22] Philippus gründete Paneion neu, erweiterte es und benannte es dem Kaiser zu Ehren Caesarea; um es von dem bekannteren Caesarea an der Mittelmeerküste von Judäa zu unterscheiden, nannte man die Stadt „Philippus' Caesarea" — auf lateinisch Caesarea Philippi.

Eine weitere Neugründung war die Stadt Bethsaida („Stadt des Fischfangs") am See Genezareth östlich der Mündung des Jordan; Philippus machte sie zu seiner Winterresidenz und benannte sie „Julias" nach Augustus' Tochter Julia.

Philippus' Untertanen waren in der Mehrzahl Heiden. Dieser Umstand ersparte ihm die vielen Schwierigkeiten, mit denen seine Brüder Archelaus und Antipas in ihrem Bemühen, die religiösen Gefühle ihrer Untertanen nicht zu verletzen, zu kämpfen hatten. So konnte er zum Beispiel Münzen mit den Köpfen der Kaiser Augustus und Tiberius prägen lassen, ohne befürchten zu müssen, daß er sich dadurch den Groll seiner Untertanen zuzog.[23]

Philippus war laut Josephus ein maßvoller und duldsamer Herrscher, der mildeste der Söhne des Herodes. Er hielt sich zumeist in seiner Tetrarchie auf. In Begleitung einiger vertrauter Freunde unternahm er regelmäßig Rundreisen, auf die er einen tragbaren Richterstuhl mitnahm; er entschied dann unverzüglich alle Rechtsfälle, die man ihm unterbreitete, fällte über die für schuldig befundenen Verbrecher den Urteilsspruch und ordnete die Freilassung aller zu Unrecht Angeklagten an, so daß sich niemand über die Verschleppung seines Falles beklagen konnte.

---

[20] Siehe S. 7.
[21] Ios. *bel. Iud.* III, 509—513.
[22] Vgl. E. Schürer, *GJV* 1, S. 429, Anm. 7.
[23] F. W. Madden, *History of Jewish Coinage*, London 1864, S. 100—102.

Er heiratete seine Nichte Salome, die Tochter seines Bruder Herodes Philippus[24] (des Sohnes der zweiten Mariamne, der Tochter des Hohenpriesters) und der Herodias (der Tochter des Aristobul, eines der unglücklichen Söhne der ersten Mariamne). Die häufigen Ehen zwischen Onkel und Nichte schufen bei den Herodäern verworrene Familienverhältnisse. Philippus' Ehe mit Salome blieb kinderlos.

Als er 34 n. Chr. in seinem Winterpalast zu Bethsaida Julias starb, wurde seine Tetrarchie der Jurisdiktion des Legaten von Syrien unterstellt. Seine junge Witwe heiratete ihren Vetter ersten Grades, Aristobul, den Sohn des Herodes von Chalkis, dem sie drei Söhne schenkte.[25]

4.

Daß Antipas die Interessen Roms zu wahren wußte, läßt sich zum Teil aus der Tatsache ersehen, daß über vierzig Jahre lang in den beiden Regionen seiner Tetrarchie weder Aufstände noch ernsthafte Unruhen ausbrachen. Der Aufruhr, der in Judäa aufflammte, als es im Jahre 6 n. Chr. römische Provinz wurde, griff anscheinend nicht auf Galiläa und Peräa über, obschon Judas, der damals an der Spitze des Aufstandes in Judäa stand, nach Lukas und Josephus in gewissem Sinne Galiläer war.[26]

Obwohl Antipas stets nur Tetrarch war, nannten ihn seine Untertanen informell „König", zumal wenn sie Aramäisch sprachen, hat doch der Ausdruck *malka* in dieser Sprache einen größeren Bedeutungsumfang als das lateinische Wort *rex* und sogar das griechische *basileus*. Das Markusevangelium, das ihn (wie nach seinem Vorbild in gewissem Grade auch Matthäus) als „König Herodes" bezeichnet,[27] spiegelt diesen ungenauen Sprachgebrauch wider, während Lukas und Josephus ihn „Herodes den Tetrarchen" nennen.[28]

Antipas war der tüchtigste der Söhne des Herodes. Er war wie sein

---

[24] Siehe S. 27. Josephus nennt ihn Herodes (*bel. Iud.* I, 557, 562 usw.; *ant. Iud.* XVII, 14, 19 usw.), Markus (6, 17) und Matthäus (14, 3) dagegen Philippus, ohne ihn jedoch mit dem Tetrarchen Philippus zu verwechseln, wie es die altrussische Interpolation zwischen *bel. Iud.* II, 168 und 169 tut.

[25] Ios *ant. Iud.* XVIII, 137 (s. a. Teil II, Kap. 11/1). Wenig spricht dafür, daß diese Salome, wie gewöhnlich angenommen wird, das kleine Mädchen (*korasion*) war, dessen Tanz dem Antipas so sehr gefiel (Mk 6, 22—28).

[26] Apg 5, 37; Ios. *bel. Iud.* II, 118; *ant. Iud.* XX, 102. Siehe S. 101.

[27] Mk 6, 14. 22. 25. 26. 27; Mt 14, 9. Mt 14, 1 wird er dagegen „der Vierfürst Herodes" genannt.

[28] Lk 3, 19; 9, 7; Apg 13, 1; vgl. Ios. *ant. Iud.* XVIII, 102, 109, 122 usw.

Vater der hellenistischen Kultur sehr zugetan und entfaltete ebenfalls großen Baueifer. Sein größtes Bauvorhaben war die Stadt Tiberias am Westufer des Galiläischen Meers, die er zu Ehren des Kaisers Tiberius „Tiberias“ nannte (um 22 n. Chr.). Fast nur Heiden ließen sich dort nieder; Antipas' jüdischen Untertanen galt sie nämlich als unrein, da sich auf dem Gelände früher eine Begräbnisstätte befunden hatte. Später vergaßen die Juden ihre Vorbehalte, und Tiberias erlangte als Zentrum rabbinischer Gelehrsamkeit Berühmtheit. Gegen Ende des ersten Jahrhunderts wurde der See, an dem die Stadt lag, nach ihr benannt.[29]

Antipas baute auch Sepphoris wieder auf, das in den auf die Erhebung des Jahres 4 v. Chr. folgenden Kämpfen zerstört worden war, und benannte es Augustus zu Ehren um. In Peräa baute er das im Jahre 4 v. Chr. von Aufständischen niedergebrannte Beth-Ramphtha (das alttestamentliche Beth-Haram) wieder auf, befestigte es als Grenzposten gegen das Nabatäerreich und nannte es Julias, später Livias (nach der Kaiserin Livia).[30] Zwischen Peräa und dem Nabatäerreich waren gewisse Gebiete strittig, und es kam die Zeit, wo Antipas die Befestigungen an der Grenze gegen Nabatäa sehr zustatten kamen.

Zu Beginn seiner Regierungszeit heiratete er eine Tochter des Nabatäerkönigs Aretas IV. (9. v. Chr. — 40 n. Chr.), entdeckte jedoch nach mehr als zwanzigjähriger Ehe sein Herz für seine Nichte und Schwägerin Herodias. Diese, die Tochter seines Halbbruders Aristobul, hatte ihren Onkel Herodes Philippus geheiratet, der jetzt als Privatmann lebte, obwohl sein Vater ihn dereinst zum Tronerben eingesetzt hatte. Auf einer Reise nach Rom logierte Antipas bei Herodes Philippus, verliebte sich in Herodias und machte ihr einen Heiratsantrag. Sie willigte unter der Bedingung ein, daß er sich von seiner nabatäischen Gemahlin trenne. Die Königin kam ihnen indessen zuvor; als sie Wind von der Angelegenheit bekam, verlegte sie ihren Sitz nach der nahe der nabatäischen Grenze gelegenen peräischen Palastfeste Machairus,[31] von wo aus sie sich bei der ersten Gelegenheit in das Reich ihres Vaters absetzte.

Nachdem die Nabatäerin fort war, verband Antipas sich mit Herodias. Diese Ehe mit der Frau seines Bruders muß seinen gesetzestreuen jüdischen Untertanen in höchstem Maße anstößig erschienen sein. Johannes

---

[29] Vgl. Ios. *bel. Iud.* III, 57; IV, 456; Joh 6, 1; 21, 1.
[30] Ios. *ant. Iud.* XVIII, 27.
[31] Ios. *ant. Iud.* XVIII, 112. In den gedruckten Josephus-Ausgaben ist die ursprüngliche Fassung *(eis ton Machairounta tō te patri autēs hypotelei)* dahin emendiert, daß Machaerus damals dem Aretas gehörte. Für diese Vermutung gibt es keine Belege.

der Täufer verdammte sie öffentlich (und wurde daraufhin enthauptet),[32] und Jesus mißbilligte sie. Als Jesus nach Markus 10, 11 ff. erklärte: „Wer seine Frau entläßt und eine andre heiratet, begeht ihr gegenüber Ehebruch. Und wenn *sie* ihren Mann entläßt und einen andern heiratet, begeht sie Ehebruch", mag er an Antipas und Herodias gedacht haben. Nach jüdischem Recht konnte eine Frau sich von ihrem Mann nicht scheiden lassen, wohl aber nach römischem Recht, und Herodias besaß wie alle Herodäer das römische Bürgerrecht. Die Frauen dieser Familie pflegten sich aber ohnehin über Recht und Gesetz hinwegzusetzen; mehr als fünfzig Jahre zuvor schickte Salome, die Schwester Herodes' des Großen, ihrem idumäischen Gatten Kostobar einen Scheidebrief, wobei sie sich, wie Josephus bemerkt, „nicht um die Gesetze der Hebräer kümmerte, sondern nach ihrem Gutdünken handelte".[33]

Am meisten empört über Antipas' Scheidung und Wiederverheiratung war jedoch König Aretas; sehnlichst wartete er auf eine Gelegenheit, sich an Antipas wegen dieser schweren Kränkung seiner Tochter zu rächen. Er sollte sie nach einigen Jahren bekommen.

In der Zwischenzeit schuf sich Antipas einen neuen Feind. Herodias hatte einen Bruder mit Namen Agrippa, der kurz nach dem Tode ihres Vaters im Jahre 7 v. Chr. zur weiteren Erziehung nach Rom geschickt wurde. Ihre Mutter Berenice war eine intime Freundin der Antonia, der Witwe des älteren Drusus (des Bruders von Tiberius); Agrippa selber befreundete sich mit ihrem ihm gleichaltrigen Sohn Claudius, dem künftigen Kaiser, wie auch mit dem jüngeren Drusus (Tiberius' Sohn) und anderen Mitgliedern der kaiserlichen Familie. Er stürzte sich jedoch derart in Schulden, daß er bei Tiberius in Ungnade fiel, und mußte sich, als sein Protektor Drusus im Jahre 23 n. Chr. starb, nach Idumäa zurückziehen. Als Herodias die zweite Frau ihres Onkels Antipas wurde, verwandte sie sich bei ihm für Agrippa und erwirkte, daß er eine Wohnung, Pension und ein Amt (als *agoranomos*) in Tiberias bekam. Er lag jedoch schon bald mit seinem Onkel im Streit und begab sich zu Flaccus, dem Legaten von Syrien, nach Antiochia. Binnen kurzem überwarf er sich auch mit diesem und ging nach Rom zurück, nachdem er seine alten Schulden zwar beglichen, zu diesem Zweck sich jedoch eine neue Schuldenlast aufgebürdet hatte. Er legte es nunmehr darauf an, Antipas bei Tiberius anzuschwärzen, doch kannte der alte Prinzeps seinen treuen Diener zu gut, um solchen Verleumdungen Glauben zu schenken.[34]

---

[32] Siehe S. 165 f.
[33] *ant. Iud.* XV, 259 f.
[34] Ios. *bel. Iud.* II, 178.

Agrippa wurde zum Vormund von Tiberius' Enkel, Tiberius Gemellus (dem Sohn des jüngeren Drusus), bestellt und befreundete sich innig mit Tiberius' Großneffen Gaius, dem späteren Kaiser Caligula. Als eine unbedachte Bemerkung von ihm über die Nachfolge im Prinzipat Tiberius zu Ohren kam, mußte Agrippa das letzte halbe Jahr der Regierungszeit des Kaisers im Gefängnis verbringen.

Ein gutes Beispiel für die Art und Weise, wie sich Antipas seinem kaiserlichen Oberherrn nützlich machte, stellt der Ablauf der Beziehungen Roms zu Parthien am Ende von Tiberius' Regierungszeit dar.

Im Jahre 35 n. Chr. empörten sich die Untertanen des Partherkönigs Artabanus III., vom Legaten von Syrien, Lucius Vitellius, angestachelt, wider ihren Herrscher und erhoben statt seiner Tiridates III. auf den Schild. Artabanus, der bei den benachbarten Skythen Zuflucht gesucht hatte, vermochte seinen Thron mit Hilfe seiner skythischen Bundesgenossen jedoch einige Monate später zurückzugewinnen, worauf Tiridates und seine Anhänger nun ihrerseits das Weite suchten[35].

Als Tiberius von der Wiedereinsetzung des Artabanus Mitteilung bekam, beschloß er, einen Freundschaftsvertrag mit ihm abzuschließen, und wies Vitellius an, zu diesem Zweck in Verhandlungen mit ihm einzutreten. Artabanus zeigte sich über diese Annäherungsversuche hocherfreut und traf mit Vitellius auf einer über den Euphrat (der Grenze zwischen den beiden Reichen) geschlagenen Brücke zusammen. Als sie sich über die Vertragsbestimmungen geeinigt hatten, veranstaltete Antipas in einem in der Mitte der Brücke errichteten Zelt ein Festbankett.[36]

Vitellius kehrte anschließend nach Antiochia und Artabanus nach Babylon zurück. Antipas beschloß, den Kaiser als erster von dem Vertragsabschluß in Kenntnis zu setzen, und schrieb ihm einen derart ausführlichen Brief, daß für Vitellius nichts mehr hinzuzufügen blieb. Als Tiberius Vitellius' amtlichen Bericht erhielt, ließ er ihm mitteilen, er sei dank Antipas' mustergültiger Dienstwilligkeit bereits über die ganze Angelegen-

---

[35] Tac. *ann.* VI, 31 ff.

[36] Ios. *ant. Iud.* XVIII, 96—104. Nach Sueton (*Gaius* 14) und Dio Cassius (LIX, 27) hatte Caligula bereits Tiberius' Nachfolge angetreten, als dieser Vertrag abgeschlossen wurde (vgl. J. P. V. D. Balsdon, *The Emperor Gaius*, Oxford 1934, S. 198, Anm. 2). E. M. Smallwood, „The Date of the Dismissal of Pontius Pilate from Judaea", JJS 5 (1954), S. 12 ff., bringt jedoch gewichtige Argumente für die These bei, daß dieser ganze Abschnitt der „Jüdischen Altertümer" über Parthien (XVIII, 96 ff.), einschließlich der Konferenz auf dem Euphrat, chronologisch vor den Bericht über den früheren Aufenthalt des Vitellius in Jerusalem (*ant. Iud.* XVIII, 90 ff.) gehört, der nach ihr nicht während des Passahfestes 36 v. Chr., wie Josephus behauptet, sondern gegen Ende jenes Jahres stattfand.

heit im Bilde. Vitellius ärgerte sich und fand schon bald Gelegenheit, seinen Groll an Antipas auszulassen.[37]

Gegen Ende des Jahres 36 n. Chr. fiel der Nabatäerkönig in Peräa ein — er hatte schon lange auf eine günstige Gelegenheit hierzu gewartet — und brachte einem Heer des Antipas eine vernichtende Niederlage bei. Mag sein, daß Josephus mit der Behauptung recht hat, etliche von Antipas' Untertanen hätten in dieser Niederlage das göttliche Strafgericht für seine Hinrichtung Johannes' des Täufers gesehen,[38] doch wäre es phantasielos zu folgern, daß diese Hinrichtung daher sehr viel später erfolgt sein müsse, als die Evangelisten angeben. Die Pharisäer und viele andere Juden waren überzeugt, daß Gottes Mühlen langsam mahlen; das göttliche Strafgericht hatte fünfzehn Jahre warten können, ehe es Pompejus für seine Schändung des Allerheiligsten in Jerusalem zur Rechenschaft zog,[39] da war es keineswegs verwunderlich, wenn es sieben Jahre zögerte, ehe es Rache für den Tod des Johannes übte.

Als ihm die Nachricht von Aretas' Überfall auf Peräa überbracht wurde, befahl Tiberius eine Strafexpedition gegen den Nabatäerkönig wegen seines Angriffs auf einen Verbündeten Roms. Das Kommando erhielt Vitellius; dieser traf die notwendigen Vorbereitungen und setzte sich zu Anfang des Jahres 37 n. Chr. mit zwei Legionen und einer Anzahl Auxiliartruppen von Ptolemais aus nach Petra, der Hauptstadt des Aretas, in Marsch. Um die Juden nicht durch den Anblick der Legionsstandarten zu kränken, ließ er seine Truppen entlang der Küstenstraße durch hauptsächlich heidnisches Gebiet marschieren, während er sich selber zusammen mit Antipas nach Jerusalem begab, um dort am 17./18. April das Passafest zu feiern. Vier Tage nach ihrer Ankunft in Jerusalem traf jedoch die Nachricht ein, daß Tiberius am 16. März gestorben sei.[40] Vitellius sagte daraufhin die Strafexpedition gegen Aretas ab. Er grollte Antipas, weil dieser seinerzeit alles darauf angelegt hatte, den Kaiser als erster von dem Vertrag mit den Parthern in Kenntnis zu setzen, und war nicht darauf versessen, dem Tetrarchen die Kastanien aus dem Feuer zu holen. Überdies mag er bereits Grund zu der Annahme gehabt haben, daß der neue Kaiser Tiberius' Sorge um Antipas' Wohlergehen keineswegs teilte.

---

[37] Ios. *ant. Iud.* XVIII, 104 f.
[38] *ant. Iud.* XVIII, 116 (siehe S. 157 f.).
[39] Vgl. *PsSal* 2, 30 ff. (zitiert auf S. 17).
[40] Ios. *ant. Iud.* XVIII, 122—124. Für das Todesdatum des Tiberius siehe Tac. *ann.* VI, 50. Die Todesnachricht konnte damals frühestens nach fünf Wochen in Judäa eintreffen; wegen der Einschaltung eines zweiten Adar in jenem Jahr fand das Passahfest 37 n. Chr. später als gewöhnlich statt.

DRITTES KAPITEL

Judäa unter römischen Statthaltern

1.

Nachdem Augustus im Jahre 6 n. Chr. Archelaus abgesetzt und verbannt hatte, sank Judäa zu einer römischen Provinz herab und wurde von einem Prokurator regiert, den der Kaiser persönlich ernannte und der ihm unmittelbar verantwortlich war. Mit der Prokuratur einer kleineren Provinz wie Judäa wurde gewöhnlich ein Angehöriger des (zwischen Senat und Volk stehenden) Ritterstandes betraut und nicht, wie im Falle der größeren und bedeutenderen Provinzen, ein Mann von senatorischem Range. Die dem Prokurator unterstehenden Streitkräfte waren Auxiliartruppen, keine Legionssoldaten. Trat eine kritische Situation ein, deren er mit seinen Hilfsstreitkräften nicht Herr zu werden vermochte, so konnte ihm der Legat von Syrien, dessen Oberaufsicht der Prokurator von Judäa anscheinend unterstand, Legionäre zur Verfügung stellen. Jener übte seine Oberaufsicht aber nur aus, wenn der Prokurator ernsthafte Schwierigkeiten mit seinen Untertanen hatte, wie es Pilatus im Jahre 36 n. Chr., Cumanus 52 n. Chr. und vor allem Florus widerfuhr, unter dem sich 66 n. Chr. die Juden gegen Rom erhoben.

Zur Zeit der Absetzung des Archelaus war P. Sulpicius Quirinius Legat von Syrien; er war beauftragt, den Nachlaß des Archelaus zu liquidieren und eine Volkszählung durchzuführen, um festzustellen, wieviel Tribut die neue Provinz der imperatorischen Kasse zahlen könnte.[1] Diese Steuerregistrierung provozierte den Aufstand unter Judas dem Galiläer und rief die Partei der Zeloten ins Leben.[2] Nach der Unterdrückung der Erhebung und dem Abschluß der Zählung wurde Coponius zum ersten Präfekten von Judäa eingesetzt.

Zusätzlich zu den anderen Vorrechten, die schon Archelaus und vor

---

[1] Ios. *bel. Iud.* II, 118, 433; *ant. Iud.* XVIII, 355; XVIII, 1 f., 26; XX, 102. Die Stelle Lk 2, 2, die den Quirinius im Zusammenhang mit früheren Zensusmaßnahmen erwähnt, übersetzt man am besten: „Diese Registrierung fand vor derjenigen statt, die vorgenommen wurde, als Quirinius Statthalter von Syrien war" (vgl. N. Turner, *Grammatical Insights into the Greek New Testament*, Edinburgh 1966, S. 23 f.).

[2] Siehe S. 101.

ihm Herodes besessen hatten, nahm Coponius das hohepriesterliche Gewand unter seine Obhut, das in der Festung Antonia, dem Hauptquartier der römischen Garnison in Jerusalem, in Verwahrung gehalten wurde. Gewöhnlich reichte eine Kohorte unter dem Befehl eines Militärtribuns als Garnison aus; an den großen Festen, wenn die Pilgermassen in Jerusalem zusammenströmten und mit Aufständen gerechnet werden mußte, erhielt sie Verstärkung, und bisweilen verließ der Statthalter dann sein Hauptquartier in Caesarea und verlegte seinen Sitz nach Jerusalem, wie es zum Beispiel Pilatus anläßlich des Passafestes tat, in dessen Verlauf Jesus verurteilt und gekreuzigt wurde.

Unter der Statthalterschaft des Coponius drang einmal eine Gruppe Samaritaner in der Passazeit in den Jerusalemer Tempel ein, als nach Mitternacht die Tore geöffnet wurden. Sie schändeten den heiligen Bereich, indem sie Totengebeine verstreuten; vermutlich wollten sie Hesekiels Visionsbericht über die Ebene der dürren Gebeine persiflieren, der bei den Juden zur Passazeit als Prophetenlektion vorgeschrieben war. Die Maßnahmen zur Sicherung des Tempels wurden daraufhin verschärft.[3]

Coponius wurde um das Jahr 9 n. Chr. durch Marcus Ambivius ersetzt,[4] der ungefähr drei Jahre später dem Annius Rufus Platz machte; letzterer versah das Amt beim Tode des Augustus (19. August 14 n. Chr.). Augustus wechselte seine Provinzstatthalter ziemlich häufig aus, sein Nachfolger Tiberius ließ sie dagegen längere Zeit in ihrem Amt. Als man ihn fragte, warum er dies tue, soll der Kaiser die Fabel von dem Verwundeten erzählt haben, der, von blutsaugenden Insekten geplagt, am Straßenrand lag. Als ein mitleidiger Passant sie verscheuchen wollte, bat er ihn, davon abzulassen, und erklärte ihm: „Die Fliegen sind schon gesättigt von meinem Blute und machen mir deshalb nicht mehr so viele Beschwerden als zuerst. Vertreibst du sie aber und kommen dann neue, hungrige heran, so werden sie, weil sie mich schon erschöpft antreffen, mich zu Tode aussaugen!“[5] Die Habgier vieler römischer Provinzstatthalter war notorisch.

Um das Jahr 15 n. Chr. herum sandte Tiberius den Valerius Gratus als Prokurator nach Judäa. Er blieb elf Jahre dort und setzte während dieser Zeit vier Hohepriester ab und berief vier neue, möglicherweise um sich

---

[3] Ios. *ant. Iud.* XVIII, 29 f. Über die Sicherheit des Tempels wachte die vom Tempelhauptmann (*sagan*; vgl. S. 71 f.) befehligte Tempelwache, eine ausgesuchte Schar Leviten, die 21 Posten besetzt hielt (drei weitere waren Priestern anvertraut). Vgl. Mischna, *Tamid* 1, 1; *Middot* 1, 1.

[4] Wir wissen nicht genau, wie sein Name lautete, da die Stelle Ios. *ant. Iud.* XVIII, 31 verderbt ist. Niese konjizierte Amphiboulos.

[5] Ios. *ant. Iud.* XVIII, 174 ff.

auf diese Weise zu bereichern. Der letzte Hohepriester, den dieser Prokurator ernannte, war Kajaphas Joseph (18—36 n. Chr.), der Schwiegersohn des Annas, der das heilige Amt bei der Ankunft des Gratus bekleidet hatte.[6]

2.

Auf Gratus folgte im Jahre 26 n. Chr. Pontius Pilatus, der einzige der frühen Prokuratoren von Judäa, über den wir Näheres wissen, und zwar nicht allein, weil er der Richter war, der nach dem neutestamentlichen Bericht das Todesurteil über Jesus fällte, sondern auch weil Josephus seine Amtstätigkeit schildert. Überdies findet sich eine Beschreibung seines Charakters und Verhaltens in einem Brief, den Herodes Agrippa der Ältere im Jahre 40 Philo zufolge an den Kaiser Caligula schrieb. Er wird dort als „von Natur aus unbeugsam, eigenwillig und unnachgiebig" geschildert.[7]

Diese Kennzeichnung ist in Agrippas Bericht über den Versuch des Pilatus enthalten, vergoldete Schilde im Jerusalemer Palast des Herodes anzubringen, was die Juden als Sakrileg betrachteten. Unter der Führung von vier Söhnen Herodes' des Großen protestierten die Bürger daher bei Pilatus, und als dieser sich weigerte, die Schilde entfernen zu lassen, wandten sie sich an Tiberius, der Pilatus anwies, sie in den Augustustempel zu Caesarea zu schaffen.[8]

Warum erregten die Schilde so großen Anstoß? Kein Bild war darin eingraviert — lediglich die Angabe, wann und wem sie geweiht waren. Wahrscheinlich hatten sie irgendeine religiöse Bedeutung, die mit der Stellung Jerusalems als einer ausschließlich der Anbetung des Gottes Israels geweihten Stadt unvereinbar war; der wahre Grund dürfte aber gewesen sein, daß dies kein Einzelfall war, sondern daß Pilatus entweder absichtlich oder aus purer Taktlosigkeit beständig die religiösen Gefühle seiner jüdischen Untertanen verletzte. Die Goldschilde wurden angeblich aufgestellt, um Tiberius zu ehren; die Juden glaubten jedoch, Pilatus verfolge in erster Linie die Absicht, sie zu kränken.

Zu Beginn seiner Statthalterschaft ließ er laut Josephus[9] unter dem Schutz der Nacht Standarten mit dem Bild des Kaisers nach Jerusalem

[6] Siehe S. 68 f.
[7] Phil. *leg.* 301.
[8] Phil. *leg.* 299—305.
[9] Ios. *bel. Iud.* II, 169—174; *ant. Iud.* 55—59.

schaffen. Keiner seiner Vorgänger hatte so etwas getan, denn die kaiserliche Politik respektierte die Heilige Stadt und das jüdische Verbot der Ausstellung von Bildern gemäß dem zweiten Gebot. Die Empörung der Einwohner kannte am nächsten Morgen keine Grenzen; sie belagerten Pilatus' Residenz, folgten ihm nach Caesarea und forderten unablässig die Entfernung der Bilder aus ihrer Stadt. Als Pilatus feststellen mußte, daß sie sich auch durch die Androhung eines Blutbades nicht einschüchtern ließen und in der gesamten Provinz der Aufstand losbrechen würde, wenn die Bilder nicht verschwänden, gab er widerwillig nach.

Einige Gelehrte haben die Ansicht vertreten, es handele sich hier um Josephus' Version des Zwischenfalls mit den Goldschilden, den Philo in seiner *Gesandtschaft an Caligula*[10] erwähnt; doch weichen die beiden Berichte in den Einzelheiten so sehr voneinander ab, daß man diese These besser fallenläßt. Falls sich der Vorfall mit den Goldschilden später ereignete als der mit den Standarten, dann erscheint der sofortige Widerstand gegen einen anscheinend so harmlosen Vorgang wie die Aufstellung der Schilde im Palast des Herodes verständlicher. Das Volk von Jerusalem wußte bereits, daß Pilatus die Heiligkeit der Stadt geringachtete, und argwöhnte, er beabsichtige erneut, sich darüber hinwegzusetzen.

Man hat die Vermutung geäußert, Pilatus' rücksichtslose Mißachtung althergebrachter jüdischer Vorrechte spiegele die Politik des Prätorianerpräfekten Sejan wider, der bis zu seinem Sturz im Jahre 31 n. Chr. mehrere Jahre lang der mächtigste Mann in Rom war. Sein Einfluß auf den Kaiser erreichte in den ersten Jahren von Pilatus' Statthalterschaft den Höhepunkt, und es ist durchaus möglich, daß dieser sein Kandidat war. Die Zeugnisse für eine judenfeindliche Politik des Sejan beschränken sich auf zwei Stellen in den Schriften Philos von Alexandria.[11] Zu Beginn seines Traktats über Flaccus, den Präfekten von Ägypten, unter dem im Jahre 38 n. Chr. die judenfeindlichen Ausschreitungen in Alexandria stattfanden,[12] schreibt Philo, Flaccus habe Sejans antijüdische Politik fortgeführt. In der *Gesandtschaft an Caligula* (159 f.) spricht er wiederum

[10] Vgl. Loeb-Edition der Werke Philos, Bd. X, London 1962, S. 151, Anm. c.
[11] Phil. *Flacc.* 1; *leg.* 159 f.; vgl. Eus. *hist. eccl.* II, 5, der unter Berufung auf Philo behauptet, Sejan habe Maßnahmen zur Vernichtung der gesamten jüdischen Rasse eingeleitet, und im gleichen Zusammenhang Pilatus' Anschlag auf den Tempel erwähnt. Vgl. die scharfsinnige Erörterung dieser Frage durch E. M. Smallwood, „Some Notes on the Jews under Tiberius", *Latomus* 15 (1956), S. 314—329; *Philonis Alexandrini Legatio ad Gaium*, Leiden 1961, S. 243 f.
[12] Siehe Teil II, Kap. 4/2.

von Sejans Judenfeindlichkeit, fügt jedoch hinzu, Tiberius habe nach Sejans Tod die Beschuldigungen, die dieser gegen die Juden von Rom gerichtet habe, sogleich als Verleumdungen und Lügen erkannt, als „Erfindungen Sejans, der das Volk vertilgen wollte; denn von ihm gerade wußte er, es würde sich als einziges oder als erstes ruchlosen Anschlägen und Unternehmungen widersetzen, an der Seite des Kaisers, sollte er das Opfer eines Verrats werden". Man muß berücksichtigen, daß Philo hier in erster Linie darlegen wollte, daß Caligulas Vorgänger den Juden Roms stets wohlgesinnt gewesen seien, und daß Vorfälle unter der Regierung des Tiberius, die auf das Gegenteil hinzuweisen schienen (wie etwa vielleicht die Vertreibung der Juden aus der Hauptstadt im Jahre 19 n. Chr.),[13] nicht auf eine persönliche Initiative des Kaisers zurückgingen, sondern seinem bösen Genius zur Last zu legen seien.

Dennoch ist Philos Behauptung, Sejan habe eine judenfeindliche Politik betrieben, wahrscheinlich nicht ganz aus der Luft gegriffen, und wenn er Pilatus tatsächlich protegierte, so fühlte sich dieser nach Sejans Sturz im Jahre 31 n. Chr. natürlich schutzlos. In solch einer Situation hätte ihn die kaum verhüllte Drohung, die die Hohenpriester beim Prozeß Jesu ausstießen: „Wenn du diesen freilässest, bist du des Kaisers Freund nicht; jeder, der sich zum König macht, widersetzt sich dem Kaiser" (Joh 19, 12), besonders empfindlich getroffen. Aus diesem Grunde hat man argumentiert, von den beiden wahrscheinlichsten Jahren für Jesu Kreuzigung, 30 und 33 n. Chr.,[14] komme wohl nur das letztgenannte in Betracht,[15] doch ist die Forschungslage nicht so eindeutig, daß man sich über die Argumente, die für das frühere Datum sprechen, von vornherein hinwegzusetzen vermöchte.

Ein weiterer Streit zwischen Pilatus und den Jerusalemer Behörden entstand, als der Prokurator zur Verbesserung der städtischen Wasserversorgung einen Aquädukt bauen ließ.[16] Dieser Aquädukt, durch den Wasser aus dem südlichen Bergland nach Jerusalem gelangte, stellte Pilatus' einzige wirklich positive Leistung für die Stadt dar. Er war vor allem für den Tempel vorteilhaft, da dort ständig große Wassermengen gebraucht wurden, nicht nur für die rituellen Waschungen, die für die Priester vorgeschrieben waren, sondern auch, um den ganzen Bezirk nach den Tierschlachtungen und -opfern, die dort unablässig stattfanden,

---

[13] Siehe S. 142.
[14] Vgl. G. Ogg, *Chronology of the Public Ministry of Jesus*, Cambridge 1940, S. 243 ff.
[15] Vgl. Bo Reicke, *Neutestamentliche Zeitgeschichte*, Berlin 1965, S. 136.
[16] Ios. *bel. Iud.* II, 175—177; *ant. Iud.* XVIII, 62.

sauber und frisch zu halten. Pilatus verlangte daher — von seinem Standpunkt aus verständlicherweise —, die Kosten des Aquädukts müßten aus den Mitteln des Tempels bezahlt werden. Man hielt ihm entgegen, Gott geweihtes Geld für einen so profanen Zweck auszugeben, sei ein Sakrileg; doch Pilatus beharrte bei seiner Forderung und ließ die Summe gewaltsam aus dem Fonds entnehmen, in den jeder erwachsene Jude, wo immer in der Welt er seinen Wohnsitz hatte, jährlich einen halben Sekel zur Deckung der Kosten für die Opferriten einzahlte. Die empörten Juden protestierten in Massen gegen das Sakrileg, doch wurde ihre Demonstration von den Truppen des Prokurators gewaltsam auseinandergetrieben.

Wir wissen nicht, ob dies der Hintergrund des von Lukas (13, 1) erwähnten Vorfalls ist, bei dem die Truppen des Pilatus eine Anzahl Pilger aus Galiläa in den Tempelvorhöfen angriffen, so daß sich ihr Blut mit dem ihrer Opfer vermischte. Jedenfalls veranschaulicht er die damals herrschende Unruhe und die gefühllose Härte, mit der Pilatus darauf reagierte. Die Galiläer waren nicht seine Untertanen, obschon sie ihm bei einem Besuch Jerusalems zeitweilig unterstanden, und der von Pilatus befohlene Angriff trug wahrscheinlich zu der persönlichen Feindschaft zwischen ihm und dem Tetrarchen von Galiläa bei, auf die Lukas in seinem Bericht über den Prozeß gegen Jesus Bezug nimmt (Lk 23, 12). (Das Dazwischentreten des Antipas und dreier seiner Brüder in der Angelegenheit der Goldschilde dürfte Pilatus ebenfalls übel aufgenommen haben.)

Unmittelbar nach dem Hinweis auf den Vorfall mit den Pilgern aus Galiläa erwähnt Lukas die Achtzehn, die beim Einsturz des Turms am Teich von Siloah (im Südosten von Jerusalem) den Tod fanden. Möglicherweise handelte es sich dabei nur um einen Unfall, doch deutet der Zusammenhang, in dem er erscheint, darauf hin, daß er mit einem damals von militanten Stadtbewohnern unternommenen Aufstandsversuch in Beziehung stand, der rasch und gewaltsam niedergeschlagen wurde.[17]

Pilatus krönte seine Unterdrückungsmaßnahmen mit einem Angriff auf eine Pilgerschar aus Samarien, die am heiligen Berg Garizim zusammengekommen war,[18] weil ein Pseudo-Prophet verkündet hatte, er werde die heiligen Tempelgeräte ans Licht bringen, die nach samaritanischer Überzeugung nach der Seßhaftwerdung des Volkes Israel in Kanaan auf dem Berge Garizim vergraben worden waren. Die Samaritaner glaubten ferner, die Prophetengabe sei nach Moses' Tod erloschen und werde erst

---

[17] Siehe S. 194.
[18] Ios. *ant. Iud.* XVIII, 87.

wieder beim Erscheinen des *Ta'eb* oder Wiederherstellers in Erscheinung treten, des großen Propheten der Endzeit, auf den Moses vorausgewiesen hatte, als er verkündete: „Einen Propheten wie mich wird der Herr, dein Gott, erstehen lassen aus der Mitte deiner Brüder — auf den sollt ihr hören!" (5 Mo 18, 15). Mit seiner Ankündigung wollte der Pseudo-Prophet daher wahrscheinlich zum Ausdruck bringen, daß er dieser *Ta'eb* sei; für die Samaritaner bedeutete sie einen ähnlichen Anspruch, wie wenn unter den Juden jemand aufgestanden wäre und sich als der Messias aus Davids Stamm ausgegeben hätte,[19] und in den Augen der Provinzialregierung drohten hier ebensolche Gefahren. Pilatus setzte also eine Abteilung Fußsoldaten und etliche Reiter gegen diese Samaritaner in Marsch und ließ sie auseinandertreiben, wobei es zu beträchtlichem Blutvergießen kam. Die Führer der Samaritaner sandten daraufhin eine Abordnung zu Lucius Vitellius, dem Legaten von Syrien (35 — 39 n. Chr.), um gegen Pilatus' gewalttätiges Vorgehen Protest einzulegen.

Vitellius befahl Pilatus, sich nach Rom zu begeben und dem Kaiser über seine Maßnahmen Bericht zu erstatten; Marcellus, einer von Vitellius' Stellvertretern, sollte während Pilatus' Abwesenheit als amtierender Prokurator Dienst tun.[20] Das Jahr 36 n. Chr. näherte sich seinem Ende.[21] Pilatus machte sich sofort nach Rom auf — und zwar muß er den Landweg benutzt haben, da der Schiffsverkehr auf dem Mittelmeer im Winter ruhte —, doch als er in der Hauptstadt eintraf, war Tiberius tot (16. 3. 37 n. Chr.). Der neue Kaiser, Gaius Caligula, beließ ihn nicht in seinem Amt, sondern ernannte einen neuen Prokurator, Marullus,[22] der den Posten bis zum Tode des Prinzeps behielt. Auf ihn folgte in Judäa kein neuer römischer Prokurator, sondern ein jüdischer König.[23]

3.

Wer es unternimmt, antike Bevölkerungszahlen zu schätzen, kann leicht in die Irre gehen; die zeitgenössischen Autoren sind, auch wenn sie genaue Zahlen angeben, nicht immer verläßlich, waren sie doch oft außer-

---

[19] Vgl. Joh 4, 25.
[20] Ios. *ant. Iud.* XVIII, 89.
[21] Siehe E. M. Smallwood, „The Date of the Dismissal of Pontius Pilate from Judaea", *JJS* 5 (1954), S. 12 ff. (vgl. oben S. 34, Anm. 36).
[22] Nach Josephus ernannte Caligula den Marullus zum *hipparchēs* über Judäa; das Wort bedeutet genaugenommen Befehlshaber der Reiterei, kann aber hier im allgemeineren Sinne in bezug auf den Präfekten als Befehlshaber der Streitkräfte in Judäa gemeint sein.
[23] Herodes Agrippa I. Siehe Teil II, Kap. 5.

stande, sich einen genauen Überblick zu verschaffen. So sind zum Beispiel Josephus' Angaben für Palästina und Jerusalem viel zu hoch gegriffen: er nimmt an, Galiläa habe drei Millionen Einwohner gehabt[24] und schätzt, daß in Jerusalem (Fläche weniger als 1,5 Quadratkilometer) zur Passazeit mehr als zweieinhalb Millionen weilten.[25] Joachim Jeremias setzt die Bevölkerung der Stadt in neutestamentlicher Zeit auf Grund der vorhandenen Zeugnisse mit 25 000 bis 30 000 an[26] und vermutet, daß Jerusalem zu Festzeiten ca. 125 000 Pilger beherbergte.[27] Nach seiner Schätzung zählte ganz Palästina damals etwa 5—600 000 Einwohner,[28] nach der von F. C. Grant ungefähr 1¹/₂ Milionen.[29]

Als Judäa römische Provinz wurde und der Kaiser die Einwohner tributpflichtig machte, mußten sie die seit alters erhobenen Abgaben für die Unterhaltung des Tempels weiterzahlen. Es waren zweierlei Steuern zu entrichten, deren jede ohne Berücksichtigung der anderen berechnet wurde: so wenig die jüdischen Behörden geneigt waren, die Tempelsteuer im Hinblick auf den kaiserlichen Tribut zu kürzen, so wenig war die römische Regierung bereit, den Tribut im Hinblick auf die Tempelsteuer zu verringern. Natürlich hatten Herodes und Archelaus ihre Einkünfte aus dem von ihnen regierten Gebiet bezogen, doch setzten diese sich zumeist aus Zollgebühren und Kaufsteuern zusammen. Soweit Herodes Individualsteuern erhoben hatte, war er durchaus maßvoll und zum Beispiel in einem Hungerjahr bereit gewesen, darauf zu verzichten;[30] daß die Römer seinem Beispiel folgen würden, war jedoch kaum anzunehmen.

Die religiösen Abgaben waren nicht gerade niedrig; sie schlossen Zahlungen ein (wie den „ersten" und „zweiten" Zehnten), die ursprünglich wahlweise zu leisten oder ersatzweise eingeführt worden waren, jetzt aber sämtlich zugleich erhoben wurden.[31] Viele fromme Juden faßten ihre Zahlung indessen als gottgefälliges Werk auf, das sie freudig leiste-

---

[24] Vgl. *vit.* 235, wo er sagt, es gebe in Galiläa 204 Städte und Dörfer, mit *bel. Iud.* III, 43, wonach das kleinste galiläische Dorf über 15 000 Einwohner zählte.

[25] Ios. *bel. Iud.* VI, 422—425.

[26] „Die Einwohnerzahl Jerusalems zur Zeit Jesu", *ZDPV* 66 (1943), S. 24—31.

[27] *Jerusalem zur Zeit Jesu*, Göttingen 1923, I 96, wo er die normale Einwohnerzahl jedoch mit etwa 55 000 angesetzt hatte.

[28] *Jerusalem zur Zeit Jesu*, II B 68.

[29] *The Economic Background of the Gospels*, Oxford 1926, S. 83.

[30] Siehe S. 25 f.

[31] Der „erste Zehnte" ist der in der Priesterschrift, 3 Mo 27, 30 ff., 4 Mo 18, 24 ff., der „zweite Zehnte" der in 5 Mo 14, 22 ff.; 26, 12 ff. vorgeschriebene; vgl. den Mischnatraktat *Ma'aser Scheni.*

ten; mochten sie auch argwöhnen, daß sich der wohlhabende Priesteradel etwas mehr davon aneignete, als ihm zustand, so betrachteten sie die Beitragsleistungen doch als religiöse Pflicht.

Den Tribut an den Kaiser zahlten sie dagegen nur höchst ungern, und die rüden und räuberischen Methoden, mit denen er oft eingetrieben wurde, machten ihn keineswegs erträglicher. In Verbindung mit der theokratischen Besteuerung hemmte er jegliche wirtschaftliche Initiative und schuf eine Situation, in der er immer drückender empfunden wurde. Da uns keinerlei Angaben überliefert sind, läßt sich die Steuerlast nur annähernd schätzen, doch dürfte F. C. Grant kaum fehlgehen, wenn er annimmt, daß „die steuerlichen Lasten des jüdischen Volkes, die zivilen sowohl wie die religiösen, zur Zeit Jesu insgesamt 30 bis 40 Prozent betragen haben müssen, möglicherweise sogar noch mehr".[32]

Das Volk von Judäa hatte also allen Grund, die Pax Romana weniger reizvoll zu finden als Bewohner anderer Provinzen, und es ist zweifelhaft, ob es römische Untertanen gab, die die Last der Abgaben an Caesar ebenso drückend empfanden wie sie. Die Bürde des doppelten Tributs, den sie sozusagen „dem Kaiser und Gott" zu entrichten hatten, brachte im Verein mit anderen, von erpresserischen „Zöllnern" erhobenen Steuern die Provinz an den Rand des wirtschaftlichen Ruins. Der Unmut der Bevölkerung richtete sich nicht nur gegen die Römer, sondern auch gegen die reichen Gutsbesitzer, die es sich auf Kosten ihrer ärmeren Landsleute wohl sein ließen; möglicherweise ist dies der Hintergrund der leidenschaftlichen Anklage gegen die Reichen im Jakobusbrief (5, 1—6). Die häufigen Zelotenaufstände, die im Krieg des Jahres 66 n. Chr. gipfelten, richteten sich fast ebensosehr gegen die jüdische Führungsschicht wie gegen die Besatzungsmacht.

---

[32] *Economic Background,* S. 105.

VIERTES KAPITEL

Die Philosophenschulen

Aristoteles starb 322 v. Chr., ein Jahr nach seinem berühmtesten Schüler, Alexander dem Großen. Seine Autorität blieb noch viele Jahrhunderte hindurch unbestritten, doch spiegelte sein Weltbild in manchen Hinsichten eine Lebensauffassung und Denkungsart, von der man schon zu seinen Lebzeiten abgekommen war. So war er beispielsweise der festen Überzeugung, die Barbaren seien den Griechen von Natur aus unterlegen, und hielt die griechische Polis für die beste Staatsform. Die Eroberungszüge Philipps und Alexanders entzogen beiden Auffassungen den Boden.

Der Verfall des autonomen griechischen Stadtstaates, den ihre Eroberungen herbeiführten, und das allmähliche Entstehen eines umfassenderen Zusammengehörigkeitsgefühls in allen Teilen des großen Reiches Alexanders und seiner Nachfolger bewirkte bei der griechischen Intelligenzschicht eine neue weltbürgerliche Einstellung. Dieser Kosmopolitismus ist für die beiden großen Philosophenschulen kennzeichnend, die im Zeitalter des Hellenismus entstanden — die Epikureer und die Stoiker.

1.

Die Epikureer sind die Anhänger des Philosophen Epikur (341—270 v. Chr.), der als Kind athenischer Siedler auf der Insel Samos zur Welt kam. Als er 19 Jahre alt war, wurde seine Familie von ihrer Heimatinsel vertrieben, und man hat behauptet, der Epikureismus zeige Züge einer „Flüchtlingsphilosophie". In den Jahren, in denen er von Ort zu Ort zog, arbeitete er sein System der Physik und Ethik aus, und als er sich im Jahre 306 v. Chr. in Athen niederließ, gründete er im Garten seines Hauses eine Schule — den „Garten des Epikur". Nicht nur Freie hatten hier Zutritt, sondern auch Sklaven und Frauen.

In der Physik übernahm Epikur Demokrits (um 460—370 n. Chr.) Atomismus — die Lehre, daß Atome (unzählbare, unzerlegbare, nach Größe und Form sehr verschiedenartige feste Materieteilchen), die sich im unendlichen leeren Raum gemäß dem Gebot der Notwendigkeit hin und her bewegen, die letzten „Prinzipien" *(archai)* des Universums sind. Um zu erklären, wie es kommt, daß die durch den leeren Raum fallenden

Atome von ihrem vertikalen Kurs abkommen, zusammenprallen und derart die Dinge entstehen lassen, fügte Epikur der Theorie Demokrits die Lehre von der „Abweichung“[1] hinzu. Seine Metaphysik war durch und durch materialistisch: lebende Wesen und leblose Dinge kommen sämtlich durch den zufälligen Zusammenprall von Atomen zustande. Beim Tod zerstreuen sich sogleich die Atome, aus denen die Seelen der Menschen und anderen Lebewesen bestehen, und jegliche Sinneswahrnehmung hört auf: durch die Leugnung der Unsterblichkeit der Seele hoffte Epikur, den Menschen die Todesfurcht zu nehmen. Die Existenz von Göttern bestritt er nicht; auch sie waren aus feinen Atomen zusammengesetzt und führten in den Zwischenwelten ein von jeglicher Sorge um die Menschen oder profane Angelegenheiten ungetrübtes Leben in vollkommener Glückseligkeit.

Die Atomistik besaß für Epikur den Vorzug, daß sie eine sichere Grundlage für die Seelenruhe bot. Als das höchste Gut galt ihm die Lust — die Lust jedoch im Sinne des Seelenfriedens, der Freiheit von lastender Sorge, der *ataraxia.* Die erregenderen Freuden der Sinne, mit denen die landläufige Vorstellung den Epikureismus später unbilligerweise oft in Zusammenhang brachte, galt es zu meiden, da sie häufig Leid verursachten und sich jedenfalls mit wahrer Seelenruhe nicht vereinbaren ließen. „Lebt in der Stille!“,[2] riet Epikur seinen Anhängern; in einer Welt voller Gefahren lohne es nicht, sich zu exponieren. Im übrigen könnten sie sich aller Sorgen entschlagen und gewiß sein (wie es in dem vor 150 Jahren in Herculanum aufgefundenen *tetrapharmakos* des Philodemos heißt), daß

> Niemand Gott zu fürchten braucht,
> Der Tod keine Schrecken birgt,
> Das Gute leicht erreichbar ist,
> Das Übel nicht unerträglich ist.[3]

Epikur und seine Philosophie sind in Verruf gekommen, weil sich die Vertreter einer leichtfertigen Lebensauffassung in späterer Zeit die Bezeichnung „Epikureer“ zulegten. Sein Name erscheint im Neuhebräischen und Aramäischen als Lehnwort *(’appiqōrōs)* mit der Bedeutung „ehrfurchtsloser Ketzer, Freigeist“. Epikur selbst war jedoch „ein fast heiligmäßiger Mensch und alles andere als ein Lüstling“.[4] Seneca fand unge-

---

[1] Gr. *kinēsis kata paregklisin* (Epik. frag. 280).
[2] Gr. *lathe biōsas* (Epik. frag. 551).
[3] *aphobon ho theos, anypopton ho thanatos, kai tagathon men euktēton, to de deinon euekkarterēton* (*Pap. Herc.* 1005, IV, 19).
[4] E. M. Blaiklock, „The Areopagus Address“, *Faith and Thought* 93 (1963—64), S. 182.

achtet seiner stoischen Grundhaltung lobende Worte für den Epikureismus: „Ich nun bin der Meinung — es wird manchem wohl nicht recht sein, daß ich das sage —, daß Epikurs Lehren rein und richtig sind, ja, wenn man sie näher betrachtet, sogar streng."[5] Und Lukian, der berühmte Sophist und Satiriker aus Samosata (2. Jahrh. n. Chr.), stellt die Epikureer und Christen als Leute hin, die sich nicht von Scharlatanen hinters Licht führen lassen; wenn der Lügenprophet Alexander seine schwindlerischen Mysterien veranstaltet, läßt er vorher öffentlich ausrufen: „Wofern ein Gottesleugner, Christ oder Epikureer gekommen sein sollte, unsere Riten in einer verräterischen Absicht auszukundschaften, der begebe sich von hinnen!"[6] Alexander beginnt sodann die Litanei mit dem Versikel: „Hinaus mit den Christen!", worauf die Gemeinde antwortet: „Hinaus mit den Epikureern!" Lukian schildert ferner,[7] wie Alexander ein Exemplar von Epikurs *Katechismus*[8] verbrannte, weil der Philosoph sich gegen den Aberglauben auf die wahre Vernunft berief, und bekennt sich zu Epikur, zu „diesem im eigentlichsten Verstande heiligen und göttlichen Mann, dem einzigen, der (nach meiner Überzeugung) das wahre Gute wirklich erkannt hat und durch die Mitteilung desselben ein Befreier und Wohltäter seiner Schüler geworden ist".[9]

Seine letzten Worte waren angeblich: „Lebt wohl und gedenkt all meiner Lehren!"[10] Seine Schüler befolgten sie treulich; Generationen hindurch verfochten sie seine Philosophie, ohne irgendeine Änderung daran vorzunehmen. Von seinen Anhängern war der lateinische Dichter Lucretius (etwa 97—53 v. Chr.) der berühmteste; seine sechs Bücher *Über die Natur (De rerum natura)* sind eine klassische Darstellung der Philosophie seines Lehrers.

Der schwächste Teil der epikureischen Philosophie ist ihre Erkenntnistheorie. Die Erkenntnis ist für den Epikureismus eine Angelegenheit der Empfindung, des Gefühls. Da uns unsere Sinne aber zuweilen in die Irre führen, sind sie kein unfehlbares Kriterium. Worauf gründete sich dann aber die Gewißheit Epikurs und seiner Anhänger, daß ihre Dogmen der Wahrheit entsprachen? Auf diese Frage gaben sie keine zufriedenstellende Antwort; es hieß, die Sinne seien praktisch hinreichend verläßlich. Das einzig und allein Erstrebenswerte sei die Lust; zu meiden gelte es

---

[5] Sen. *dial.* VII, 13.
[6] Lukian. *Alex.* 38.
[7] *ebda.* 47.
[8] *Kyriai Doxai.*
[9] *ebda.* 61.
[10] *chairete kai memnēsthe ta dogmata* (*Vita Epicuri* 16).

nur den Schmerz, und unsere Sinne sagten uns mit genügender Deutlichkeit, was lustvoll sei und was Schmerz bereite.

2.

Anders als die Epikureer, die um kein Jota von der Lehre ihres Meisters abwichen, modifizierten die Stoiker die Philosophie des Begründers der Schule immer wieder und entwickelten sie weiter.

Die Stoiker empfingen ihren Namen von der *Stoa Poikilē* (der „bunten Säulenhalle") auf dem Marktplatz von Athen, wo der Begründer der Schule, Zenon, seine ersten Schüler um sich versammelte. Zenon (335 bis 263 v. Chr.) stammte aus Kition auf Zypern und war vielleicht teilweise phönizischer Abkunft. Im Jahre 313 v. Chr. ging er nach Athen und besuchte Vorlesungen in der Akademie und in anderen Philosophenschulen, schloß sich aber schon bald den Kynikern an. Durch das Studium der Werke des Antisthenes, des Begründers der kynischen Schule, wurde er auf Sokrates aufmerksam.

Er setzte den *logos* des Sokrates und seiner Anhänger — das rationale Prinzip im menschlichen Leben — mit dem *logos* des Heraklit (ca. 500 v. Chr.) gleich, der Weltordnung, die letztlich aus „einem ewig lebendigen Feuer, erglimmend nach Maßen und erlöschend nach Maßen"[11] besteht. In bestimmten Zeitabständen kommt es zu einem Weltbrand *(ekpyrōsis)*, auf den eine Wiederentstehung aller Dinge *(palingenesia)* oder Wiederherstellung des einstigen Zustandes *(apokatastasis)* folgt. Der Mensch ist ein dem Makrokosmos, der großen Welt, entsprechender Mikrokosmos; ebenso wie im Makrokosmos die schöpferische Vernunft *(logos)* mächtig auf die Materie einwirkt und ihr Form verleiht, regiert die Vernunft im Mikrokosmos das menschliche Leben — oder sollte es regieren. Der Mensch ist mithin völlig in die Welt der Natur eingebettet, das Weltgesetz gilt auch für das Leben des einzelnen, und die stoische Lebensauffassung ließe sich somit in der knappen Formel *homologoumenōs zēn*, „in Übereinstimmung (mit der Natur) leben", zusammenfassen.

Der wahre Stoiker fühlte sich als Glied einer Gemeinschaft, die sich über die ganze Welt erstreckte. Seine *polis* war der *kosmos* — die „Welt-Stadt" oder *kosmopolis*, Mark Aurels „liebe Stadt des Zeus".[12] Gott war

[11] Herakl. frag 30.
[12] M. Aur. IV, 23 *(ō poli philē Dios)*.

für das Universum das, was die Seele für den menschlichen Leib war. Wie Alexander Pope (1688 — 1744) dichtet:

> All are but parts of one stupendous whole,
> Whose body Nature is, and God the soul.[13]

Diese stoische Vorstellung von Gott als der Weltseele ist wesenhaft pantheistisch, was man sich stets vor Augen halten muß, wenn die Äußerungen von Stoikern über Gott oder Zeus auffallende Anklänge an die theistische Sprache der Bibel aufweisen. Wohl mag Paulus in Athen die Worte eines stoischen Dichters über Zeus zitieren: „Seines Geschlechts sind wir ja auch" (Apg 17, 28), und sie auf Gott, den Schöpfer aller Dinge, anwenden, doch vertritt Aratus eine ganz andere Gottesvorstellung als der Apostel.

Der stoische Gottesbegriff findet seinen denkwürdigsten und edelsten Ausdruck in dem großen *Zeushymnos* des Kleanthes, der in einer Handschrift der *Eklogen* des Stobaios überliefert ist:[14]

> Höchster allmächtiger Gott, den viele Namen benennen, Zeus, du Herr der Natur, der das All du nach dem Gesetz lenkst, sei mir gegrüßt! Dein Preis geziemt den sterblichen Menschen. Sind wir doch alle entsprossen von dir und mit Sprache begabet sind wir allein von allem, was lebt und webt hier auf Erden. Preisen will ich dich drum und deine Macht immer verkünden.
>
> Dein ist das Weltgebäude, das um die Erde sich drehet, folgt dir, wie du es führst, fügt willig sich deinem Gebote, kennet den Diener gar wohl, den aus sieghafter Hand du entsendest, doppeltgespitzten feurigen Blitz, der ewig lebendig, der mit kraftvollem Schlag die natürlichen Dinge verfestigt. Durch ihn lenkst du die Welt, daß in allem Vernunft sich bewähre, teilest den großen dich mit wie den kleinen Lichtern des Himmels . . . Durch ihn bist du so groß, bist der Welt allmächtiger König.
>
> Ja, nichts gibt es auf Erden, was deiner Gottheit entzogen, nichts in dem Reiche des Äthers noch drunten in Fluten des Meeres. Nur was Böses die Menschen vollbringen, das tut ihre Torheit. Aber du weißt auch das Krumme zum Graden zu richten. Was häßlich, schön wird's in deiner Hand, was feindlich, ergibt sich der Liebe; Gutes und Böses, sie werden vereint zu einem Verbande; eine Vernunft herrscht ewig, faßt alles harmonisch zusammen. Ihr zu entweichen versuchen die Menschen, die Böses erwählten, ziehen nur Unheil sich zu. Nach Gutem streben sie alle, aber für Gottes Gesetz sind Augen und Ohren verschlossen. Folgten sie ihm in Vernunft, dann hätten sie seliges Leben. Aber sie selber sind ohne Vernunft; es lockt sie ein Wahnbild hierhin und dorthin. Es müht sich der eine in törichtem Wettstreit, Ruhm zu erlangen und Ehre, den andern

---

[13] *Essay on Man*, 267 f. („Alle sind nur Teile eines wundersamen Ganzen, dessen Leib die Natur und dessen Seele Gott ist.")

[14] Ecl. I, 25. (Übersetzung Max Pohlenz.) Mit dem Beginn des dritten Satzes des Zeushymnos *(ek sou gar genos esmen) vgl.* man die Apg 17, 28 b aus Aratus (*Phainomena* 5) zitierten Worte *(tou gar kai genos esmen)*.

treibt die Gewinnsucht ziel- und wahllos umher, der dritte kennt einzig das Streben, Lust zu verschaffen dem Leib, ihm süßes Nichtstun zu gönnen . . . doch irre gehen sie alle, streben gerade nach dem, was dem wahren Guten zuwider.
Drum, du allgütiger Zeus, inmitten des dunklen Gewölkes, Herr des schimmernden Blitzes, sei gnädig uns Menschenkindern! Nimm auch das Dunkel der Torheit, o Vater, von unserer Seele! Einsicht gib uns und rechtlichen Sinn, dein königlich Erbe! Ehrst du uns so, dann können auch wir die Ehre dir geben, stimmen das Loblied dir an, wie es ziemet sterblichen Menschen. Denn kein höheres Amt ward Göttern und Menschen verliehen, als das Gesetz zu preisen, das beide im Rechte verbindet.

Ein weiteres, sehr viel kürzeres Gedicht des Kleanthes ist uns erhalten geblieben, weil der jüngere Stoiker Epiktet (um 55—135 n. Chr.) es besonders schätzte:[15]

Führ du mich, Zeus, und du, Verhängnis,
wohin der Weg von euch mir ist bestimmt!
Ich folg' euch ohne Zaudern. Sträub' ich mich,
so handl' ich schlecht, — und folgen muß ich doch.

Zeus ist hier kaum mehr als eine Verkörperung des Schicksals. Seinem Schicksal kann der Mensch nicht entrinnen, doch vermag er es zu erleichtern, wenn er mit ihm zusammenarbeitet und, statt vergeblich dagegen anzurennen, sich freudig darin fügt. Zumindest dieses Schicksal war dann kein Spiel des Zufalls, sondern Teil des weltumfassenden *logos* oder Plans. Wer überzeugt war, darin eine Rolle zu spielen, dem verlieh diese Gewißheit große sittliche Kraft, Zielstrebigkeit und die Fähigkeit zu vorbildlicher Ausdauer und verantwortlichem Handeln.[16]

Doch ebenso wie sich der Stoiker seiner Pflicht zur Zusammenarbeit mit dem Schicksal bewußt ist, weiß er um seine Unabhängigkeit von dem Willen anderer Menschen und ist stolz darauf. Die Selbstgenügsamkeit — *autarkeia* — war ein stoisches Leitbild.[17] All ihrem Weltbürgertum

---

[15] Epikt. *ench.* 2, 23, 42; 3, 22, 95; 4, 1, 131 usw. (Übersetzung Max Pohlenz).
[16] Eng verknüpft mit dieser Vorstellung vom Wesen des Göttlichen ist der stoische Glaube an die „Vorsehung" *(pronoia).* Diese personifizierte Vorsehung dringt in das jüdisch-hellenistische Schrifttum des ausgehenden ersten Jahrhunderts v. Chr. und des ersten Jahrhunderts n. Chr. ein (Jesus Sirach; Drittes und Viertes Makkabäerbuch; Philo, Josephus); sie erscheint, obschon man ihr im Neuen Testament nicht begegnet (wo *pronoia* nur an einer Stelle, Apg 24, 2, und in anderer Bedeutung vorkommt), bei den frühchristlichen Apologeten und lebt im Gebrauch des Wortes „Vorsehung" als Ersatz für den Namen Gottes fort. Siehe A. Ehrhardt, *The Beginning,* Manchester 1968, S. 169.
[17] Die *autarkeia,* von der Paulus im Philipperbrief (4, 11) spricht (vgl. 2 Kor 9, 8; 1 Tim 6, 6), unterscheidet sich insofern vom stoischen Ideal, als sie die Zufriedenheit bezeichnet, die die Gewißheit der göttlichen Leitung und Fürsorge verleiht — eine „Gottgenügsamkeit" eher denn „Selbstgenügsamkeit". R. Bultmann hat dargelegt, daß die zwischen den „sittlichen Gedanken der

zum Trotz waren die Stoiker im Grunde ihres Herzens hartnäckige Individualisten. Sie neigten dazu, sich eher mit der Existenz ihrer Mitmenschen *abzufinden* als sie zu *lieben*. Wollte ein Stoiker nicht mehr weiterleben, weil man ihn in seinem Stolz und seiner Menschenwürde gekränkt hatte, so durfte er den Freitod wählen. Der Stoizismus im engeren Sinn hatte keine Unsterblichkeitslehre; die Seele überlebte den Tod des Leibes, mußte aber beim nächsten Weltenbrand, wenn nicht früher, verschwinden. Seneca und andere bemühten sich zwar, in der Hoffnung auf Unsterblichkeit Trost zu finden, doch konnten sie sich dabei nicht auf den Stoizismus berufen.

Im Bereich der sittlichen Werte unterschieden die Stoiker zwischen dem Guten, das es anzustreben, dem Übel, das es zu meiden, und dem Gleichgültigen, das es je nach Zweckmäßigkeit anzustreben oder zu meiden galt. Neben diesen sittlichen Werten gab es noch praktische: Naturgemäßes, dem der Vorzug gebührte, Naturwidriges, das es zu verwerfen galt,[18] und wiederum Gleichgültiges, das je nach Zweckmäßigkeit zu bevorzugen oder zu verwerfen war. Naturgemäße Handlungen werden als „uns zukommend" *(kathēkon)* bezeichnet, naturwidrige als „uns nicht zukommend" *(apokathēkon)*.

In den neutestamentlichen Briefen begegnet man in den Verhaltensrichtlinien ganz ähnlichen Ausdrücken. So heißt es z. B. im Epheserbrief (5, 3f.), daß Unzucht, Unkeuschheit und Habsucht in der christlichen Gemeinde nicht einmal genannt werden sollen, „wie es Heiligen geziemt" *(prepei)*, und schändliches Wesen, törichtes Geschwätz und leichtfertiger Scherz „sich nicht gebühren" *(ouk anēken)*. Durch die Hinzufügung einer christlichen Wendung wird die stoische Terminologie jedoch oft verchristlicht; so werden die Frauen in Kol 3, 18 ermahnt, ihren Männern untertan zu sein, da dies „sich im Herrn gebührt" *(anēken)*.

Was die Erkenntnistheorie der Stoiker betrifft, so waren sie der An-

---

stoischen Unterweisung" und dem Urchristentum bestehende Verwandtschaft der Verkündigung des NT zwar „positive Anknüpfungspunkte" bot, das Christentum (zum Unterschied vom Stoizismus) aber „die Kraft und den Enthusiasmus einer lebendigen Religion, eines persönlichen Gottesglaubens, die neue Wertung des Individuums und die Macht, die menschliche Seele zu eigenem Leben zu erwecken" zu geben vermochte („Das religiöse Moment in der ethischen Unterweisung des Epiktet und das Neue Testament", *ZNTW* 13 [1912], S. 191). Vgl. E. Bevan, *Stoics and Sceptics*, Oxford 1913, S. 49.

[18] Natur *(physis)* wurde in der Tat der gängigste Ausdruck des Populärstoizismus; in der Personifizierung „der" Natur begegnet man ihm noch heute. Die Stelle 1 Kor 11, 14 f., wo Paulus davon ausgeht, daß die Natur dem Mann kurzes Haar und der Frau langes, „statt eines Schleiers", verliehen hat, zeigt Anklänge an diese weitverbreitete stoische Terminologie.

sicht, der menschliche Geist gleiche bei der Geburt einer *tabula rasa*, einer völlig unbeschriebenen Wachstafel, die aber zur Aufnahme von Eintragungen durch die Erfahrung geeignet sei. Ganz ähnlich wie die Epikureer gingen sie davon aus, daß die Erkenntnis auf einer Folge von Wahrnehmungen gründet, die von außen verursacht sind, doch betonten sie, es sei dem einzelnen aufgegeben, sich diesen Wahrnehmungen gegenüber richtig zu verhalten und zu entscheiden, welche als gültig anzusehen und welche zu verwerfen seien. Mit Hilfe welcher Kriterien eine solche Entscheidung gefällt werden sollte, bleibt unklar. Zweifellos würde jeder, der die stoische Weltschau schon bejahte, Sinneswahrnehmungen und alle Eindrücke, die sein Geist im Laufe der Zeit empfing, im Lichte dieser Weltauffassung beurteilen. Einige Eindrücke waren unwiderstehlich; sie wirkten unmittelbar überzeugend *(phantasiai katalēptikai)*.

Der sittliche Ernst der Stoiker war dem herkömmlichen römischen Ideal der „Charakterfestigkeit" *(gravitas)* wesensverwandt, und die politische Einheit des Römischen Reiches kam dem stoischen Leitbild der *kosmopolis* sehr nahe. Der römische Imperialismus begünstigte also die Entwicklung eines an ihn angepaßten Stoizismus. Seneca, der Erzieher Neros, der Sklave Epiktet und der Kaiser Mark Aurel waren die bedeutendsten stoischen Denker und Schriftsteller der Kaiserzeit. Wenngleich die spätere Forschung eine gewisse Verwandtschaft zwischen Seneca und Paulus nachweisen konnte und Epiktets Darlegung der stoischen Ethik indirekt vom Christentum beeinflußt sein mag, erkannte der asketische Moralist Mark Aurel, der zu den „Christenverfolgern" unter den römischen Kaisern zählt, doch die wesenhafte Unvereinbarkeit von Christentum und Stoizismus. Teilweise unter dem Einfluß seines Erziehers Fronto verachtete Mark Aurel die Christen als in bösem Aberglauben Befangene. Ihre Unbeugsamkeit angesichts von Folterung und Tod war in seinen Augen kein Seelenadel, dem jeder Stoiker Respekt gezollt hätte, sondern Unbelehrbarkeit und Verstocktheit, die es exemplarisch zu bestrafen galt.[19] Mark Aurels Stoizismus war zudem mit einer altväterlichen römischen Frömmigkeit gepaart, die in den Christen gefährliche Revolutionäre und politische Schädlinge erblickte. Dennoch hat man in manchen Kreisen Mark Aurels *Selbstbetrachtungen* fast in den Rang eines christlichen Erbauungsbuches erhoben.

---

[19] M. Aur. XI, 3; über Frontos Haltung siehe Min. Fel. 9, 31.

3.

Die von Aristoteles begründete peripatetische Schule setzte mehrere Generationen hindurch die Forschungstätigkeit fort, die er im Lykeion zu Athen eingeleitet hatte. Einige Schulhäupter des Peripatos folgten seinem Vorbild und spezialisierten sich auf das Studium und die Klassifizierung verschiedener Wissenssparten. Theophrast, der nach Aristoteles Schulhaupt war (322—288 v. Chr.), verfaßte außer seinen berühmten *Charakteren* Schriften über Botanik sowie andere Werke über Naturwissenschaft, und andere Mitglieder der Schule traten mit Abhandlungen über Medizin, Mathematik, Astronomie, Geographie, Kunst und Musik hervor. Doch stellten sie zwar eine Zeitlang „durch ihre wissenschaftlichen Leistungen sämtliche Mitbewerber in den Schatten“,[20] übten aber in neutestamentlicher Zeit nicht im entferntesten mehr soviel Einfluß aus wie jene. Wiedererweckt wurde der Aristotelismus erst im Frühmittelalter.

4.

Die philosophische Tradition der platonischen Akademie wurde von Arkesilaos, der einige Jahre bis zu seinem Tode (241 v. Chr.) die Schulleitung innehatte, radikal umgestaltet. Streitigkeiten mit den Stoikern über das Wesen der Erkenntnis veranlaßten ihn, einen kompromißlosen Skeptizismus zu vertreten und jegliche Erkenntnismöglichkeit zu leugnen. Er widersetzte sich der stoischen Berufung auf die „unwiderstehliche Überzeugung“ als Wahrheitskriterium. Selbst Sokrates’ Restwissen — „ich weiß, daß ich nichts weiß“ — galt Arkesilaos nicht als wahres Wissen. Karneades, der um die Mitte des darauffolgenden Jahrhunderts Schulhaupt der Akademie war, behielt diese Position bei, räumte jedoch ein, es gebe verschiedene Stufen der Wahrnehmung und man könne zu Schlußfolgerungen gelangen, die eine Anleitung zu richtigem Handeln gäben. 155 v. Chr. begab er sich zusammen mit den Leitern der peripatetischen Schule und der Stoa nach Rom, um den Römern die Grundgedanken der griechischen Philosophie zu vermitteln.

Die „Neue Akademie“, wie diese skeptische Phase in der Geschichte der Akademie hieß, endete im ersten Jahrhundert v. Chr., als Antiochos von Askalon (gest. 69 v. Chr.) die Schulleitung übernahm und sich die

[20] G. Murray, *Five Stages of Greek Religion*, Oxford 1925, S. 145.

Wiederherstellung der „Alten Akademie" zum Ziel setzte. Er beendete den Hauptstreit mit den Stoikern.

Ein herausragendes Mitglied der Akademie war im ersten Jahrhundert v. Chr. der römische Staatsmann Cicero. Er war zwar im allgemeinen ein Anhänger der „Neuen Akademie", aber ein durchaus eklektischer Denker und auch für stoische Lehren aufgeschlossen.

Von den griechischen Philosophenschulen wirkte vor allem der Stoizismus auf das frühchristliche Denken ein, doch lassen sich auch Verbindungen zu den späteren, skeptischen Vertretern der Akademie nachweisen. Die alexandrinische Schule übertrug die stoische Allegorese der griechischen Mythologie auf die Deutung der Geschichten des Alten Testaments, doch die griechische Mythologie selbst wurde von den christlichen Apologeten ihrer absurden und unmoralischen Züge wegen ebenso heftig angegriffen wie von der Akademie. Ciceros Traktat *Über das Wesen der Götter* zeigt die für letztere charakteristische Kritik der griechischen Götterdichtungen (die Platon veranlaßten, die Dichter aus seinem Idealstaat zu verbannen), und im wesentlichen der gleichen Kritik begegnet man durchweg auch bei den christlichen Apologeten.[21]

5.

Mehrere der führenden griechischen Philosophen zeigen den Einfluß der Orphik, deren Glaubensgut seit alters auf Orpheus zurückgeführt wird. Orpheus' Aufenthalt im Hades prädestinierte ihn zum Helden eines Kultes, der den darin Eingeweihten die Hoffnung auf Unsterblichkeit und Erlösung von Strafe in der Unterwelt oder von der fortwährenden Gefangenschaft in immer neuen Leibern bot. Die orphische Mythologie enthielt einen Bericht über die Schöpfung der Erde und des Menschengeschlechts; dieses war aus der Asche der Titanen entstanden, die Zeus mit dem Feuer seines Blitzes vernichtete, weil sie seinen Sohn oder Enkel Dionysos-Zagreus zerrissen und verschlungen hatten.[22]

---

[21] Vgl. H. Chadwick (Ed.), *Origen: Contra Celsum*, Cambridge 1953, S. X.

[22] Der Charakter dieser Erzählung macht deutlich, daß die Orphik aus einer Mysterienreligion hervorgegangen ist. Die Mysterien waren kultische Zeremonien, bei denen die Passion und der Sieg einer Gottheit vor ihren Anhängern in Form eines Dramas dergestalt zur Anschauung gebracht wurden, daß diese in gewissem Sinne an ihrem Schicksal teilzunehmen vermochten. „Mysterien" hießen sie, weil nur Eingeweihte *(myeomai)* zu den Riten Zutritt hatten, denen Erlösung und Unsterblichkeit versprochen wurden. Unsere Kenntnis von den Einzelheiten der Mysterien — die berühmtesten wurden in

Die Vorstellung vom Leib (sōma) als Gefängnis oder Grab (sēma) der Seele und der Glaube an die Seelenwanderung *(metempsychōsis)* beherrschten das Denken der Pythagoräer. Dieser religiöse Orden verehrte als seinen Gründer den Pythagoras, der um das Jahr 531 v. Chr. von der ägäischen Insel Samos nach Kroton in Süditalien auswanderte. Inwieweit die pythagoreische Lehre auf Pythagoras selber zurückgeht, ist ungewiß, doch steht sicher fest, daß er lehrte: (1) die Seele könne durch einen reinen Lebenswandel Befreiung von den beschwerlichen Zyklen der Wanderungen erlangen, und (2) Zahlen seien die Grundprinzipien *(archai)* der realen Welt.

Die pythagoreischen Reinheitsgebote forderten das Studium der Natur und die Meidung bestimmter Speisen. Weitere Tabus wurden, wenn auch nicht anfänglich, so doch später, in Begriffen der Lehre von der Seelenwanderung erklärt. Die Mitglieder der Genossenschaft mußten sich einer sittlichen Selbstprüfung unterziehen: „Worin habe ich gesündigt?“ sollte sich jeder fragen. „Was habe ich getan? Welche Pflicht habe ich versäumt?“[23]

Platons Werke lassen den Einfluß der Orphik und des Pythagoreismus erkennen. Die pythagoreische Tradition erlebte später, in Verbindung mit platonischen, peripatetischen und stoischen Elementen, eine neue Blütezeit in Gestalt des Neupythagoreismus, der im ersten nachchristlichen Jahrhundert in Rom und Alexandria in Erscheinung trat. Zu den Denkern, auf die er einwirkte, zählt der jüdische Philosoph Philo von Alexandria (um 20 v. Chr. — 50 n. Chr.).

6.

Philo war ein in Wort und Tat von leidenschaftlicher Gesetzestreue erfüllter patriotischer Jude. Er entstammte der führenden jüdischen Familie in Alexandria; sein Bruder Alexander „zeichnete sich durch vornehme Aukunft und Reichtum vor allen Einwohnern der Stadt aus“[24] und bekleidete mit ausdrücklicher Billigung der römischen Behörden das

---

Eleusis nahe Athen zu Ehren der Erdgöttin Demeter und ihrer Tochter Kore gefeiert — ist dürftig und stammt aus der Spätzeit.

[23] *pē parebēn; ti d' erexa; ti moi deon ouk etelesthē;* (Diog. Laert. 8, 22).

[24] Ios. *ant. Iud.* XX, 100. Daß er sehr reich war, kann man daraus ersehen, daß er die Silber- und Goldbeläge für die neun Tore des Herodestempels stiftete (*bel. Iud.* V, 205) und in der Lage war, Agrippa I. und seiner Gattin Kypros 200 000 Drachmen zu leihen, obwohl er damit rechnen mußte, daß er sie nicht zurückbekommen würde (*ant. Iud.* XVIII, 159 f.).

Amt des „Arabarchen"[25] oder obersten Steuereinnehmers von Alexandria; Alexanders Sohn Tiberius wurde später Prokurator von Judäa und Präfekt von Ägypten.[26] Philo spielte ebenfalls eine Rolle im öffentlichen Leben,[27] seine historische Bedeutung gründet sich jedoch auf seine philosophischen Schriften. Sein Geist fühlte sich lebhaft von dem Bild der Wirklichkeit angezogen, das die griechische Philosophie — besonders der Platonismus, Stoizismus und Neupythagoreismus — entwarf. Von seinen Vätern war ihm jedoch der Glaube überkommen, daß die höchste dem Menschen zugängliche Wahrheit in den heiligen Schriften des jüdischen Volkes, besonders in den fünf Büchern Moses, zu finden sei. Zwangsläufig mußte er daher die Thora vom Standpunkt jener Philosophie auslegen, die er mit seinen natürlichen Verstandeskräften als die Wahrheit erkannt hatte. Die ethischen Gebote des mosaischen Gesetzes wiesen Israel den Weg, aber in Philos Augen gebot das Gesetz jene Tugend, die (wie er von den Neupythagoreern und anderen gelernt hatte) in der Herrschaft des Geistes über die niederen Kräfte und seiner Harmonisierung mit der „wahren Vernunft" *(orthos logos)* bestand, die in der Welt der Natur herrschte. Nicht nur schrieben die mosaischen Gesetze diesen Tugendpfad vor, sondern durch die allegorische Schriftauslegung ließ er sich auch an den Geschichten des Pentateuchs exemplifizieren. Nach dieser Art der Interpretation berichtet dann z. B. die Geschichte Abrahams von seinem Ausbruch aus der Gebundenheit an die Materie, seinen Gottesvisionen, die ihn immer mehr die letzte Wirklichkeit schauen ließen, von seinem Namenswechsel, der anzeigte, daß er endlich ein wahrer Weiser geworden war, und seiner Ehe mit der Wahrheit oder Tugend in Gestalt Sarahs.[28] Die Frucht dieser Ehe, Isaak, war der Gottessohn, der einer solchen Entwicklung, wie sie sein Vater durchgemacht hatte, nicht bedurfte, da er von Anfang an vollkommen war.[29] Die Geschichte von

---

[25] Bei Josephus (*ant. Iud.* XVIII, 159; XX, 100, 147) erscheint *arabarchēs* mit seinen Derivativen durch Dissimilation als *alabarchēs*. Inschriften bestätigen, daß dies im Ptolemäerreich der Titel des Oberzolleinnehmers war (vgl. auch Iuv. 1, 130). Formal, doch nicht bedeutungsmäßig, ist das Wort mit *arabarchēs*, „Herrscher über die Araber", identisch (Cic. *Att.* II, 17, 2, bezeichnet Pompejus als Arabarch; vgl. Ios. *ant. Iud.* XV, 167).

[26] S. Teil II, Kap. 6/2; 11/1. Ein anderer Sohn Alexanders, Marcus, war der erste Gatte der Berenike, der Tochter Agrippas I. (Ios. *ant. Iud.* XIX, 277).

[27] Er führte die Gesandtschaft der alexandrinischen Juden an den Kaiser Caligula an (siehe Teil II, Kap. 4/3).

[28] Siehe Philos Traktate *De migratione Abrahami, Quis rerum divinarum heres, De congressu quaerendae eruditionis gratia, De fuga et inventione, De mutatione nominum, De somniis* und *De Abrahamo*.

[29] Vgl. z. B. *mig.* 140; *fug.* 166—168; *mut. nom.* 130 f.; *Quaestiones in Gen.* über 1 Mo 24. Ein besonderer Traktat über Isaak ist nicht überliefert.

Jakob ähnelt dagegen mehr der von Abraham; sie berichtet von seiner Flucht aus der Sinnenwelt, seinem Empfang der göttlichen Wahrheit, seinem schließlichen Sieg, seiner Gottesvision und seiner Vereinigung mit Gott.[30]

Moses verkörpert den Logos, der den Menschen als Erlöser aus den Banden der Materie befreit und ihn als Oberpriester in die Gotteserkenntnis einweiht; am Ende entledigt Moses selber sich des letzten Stofflichkeitsrestes und hat völlig am Wesen Gottes teil.[31] Seine Gesetze weisen den Weg der Tugend,[32] sein Opferritual und das Heiligtum, in dem es vollzogen wurde, sind anschauliche Beispiele der kosmischen Wirklichkeit.[33]

In der Lehre Platos von den Ideen, die im überhimmlischen Reich ewig wesen,[34] erblickte Philo einen Schlüssel zum Verständnis vieler Teile der Heiligen Schrift. Im ersten Kapitel des ersten Buches Mose las er, wie Gott gleich einem Architekten, der einen Plan entwirft, die Welt der Ideen, darunter die Idee des Menschen, schuf; im zweiten Kapitel las er von der stofflichen Nachbildung dieses Plans oder Urbildes.[35] Der ideale Mensch war in der Sprache von 1 Mo 1, 27 „Mann und Weib"; der irdische Mensch, den Gott mit dem Logos erfüllte, war ein Mann und von Gott mit unumschränkter Herrschaft über seine Mitkreaturen ausgestat-

---

[30] Vgl. z. B. *mig.* 153, 208 ff.; *fug.* 4 ff., 39 ff.; *somn.* I, 2 ff., 45 ff., 68 ff., 115 ff. Jakobs neuer Name Israel (= „Gott streitet"), den er in Pniel erhielt (1 Mo 32, 28), wird von Philo als „der Gottseher" interpretiert, als ob darin hebr. *ra'ah*, „sehen", enthalten wäre (*migr.* 200 f.; *mut.* 81 f.; *somn.* I, 129). Ein besonderer Traktat über Jakob ist nicht überliefert. In *De Abrahamo* 52 versinnbildlichen Abraham, Isaak und Jakob die durch Lehre *(didaskalia)*, Natur *(physis)* bzw. Übung *(askēsis)* erworbene Tugend.

[31] Siehe besonders den Traktat *De vita Mosis*. Sein Tod wird als seine „Verwandlung" (*Mos.* II, 288) oder „Entrückung" (*sacr.* 8), als Abschütteln des Leibes und „Übergang vom sterblichen Dasein ins unsterbliche Leben" *(virt.* 76) bezeichnet. In *Quaestiones in Exod.* heißt es (zu 2 Mo 24, 2), Moses sei „zu Gott eingegangen". Ähnlich sagt Josephus, Moses sei „zu Gott hinübergegangen" (*ant. Iud.* IV, 326) — den gleichen Ausdruck benutzt er auch in bezug auf Henochs Entrückung (*ant. Iud.* I, 85).

[32] Siehe besonders seine Traktate *De decalogo* und *De specialibus legibus*.

[33] *Mos.* II, 71—108.

[34] Der *hyperouranios topos* (plat. *Phaidr.* 247 c).

[35] *all.* I, 31 ff.; II, 4 ff. Doch der Mensch, den Gott in den Garten setzt (1 Mo 2, 8), ist erstaunlicherweise nicht der „aus Erde gebildete" Mensch (1 Mo 2, 7), sondern der nach dem Bilde Gottes geschaffene himmlische Mensch (1 Mo 1, 26 f.), da in Philos allegorischer Auslegung der Erzählung allein der himmlische Mensch die Tugenden pflegen kann (*all.* I, 88 f.). In I Kor 15, 45 ff. widerspricht Paulus Philo ausdrücklich: der irdische Mensch folgt nicht auf den himmlischen (auf den mit einem geistlichen Leibe ausgestatteten Menschen der neuen Schöpfung, dessen Prototyp der auferstandene Christus ist), sondern geht ihm voran.

tet, doch das Unglück wollte es, daß aus seinem Leib das Weib geschaffen wurde, denn dieses war der Erde und der Materie verhaftet, und durch Eva führte die Schlange, das Symbol der Sinnenlust, ihn in die Knechtschaft, aus der er nur durch anhaltende Selbstbeherrschung im Streben nach Wahrheit und Tugend befreit werden kann.[36]

Der Philonismus läßt sich nicht anhand der verschiedenen jüdischen und griechischen Quellen erklären, aus denen er schöpfte. Philos Abhängigkeit von seinen Quellen ist offenkundig, doch der Philonismus ist die Leistung seines eigenen schöpferischen Geistes, die Verschmelzung bestimmter Elemente, aus der etwas Neues hervorgegangen ist. Er hat in viel höherem Maße auf das christliche Denken eingewirkt als auf das jüdische; es ist kein Zufall, daß Philos Schriften (wie die des Josephus) von Christen aufbewahrt wurden und nicht von Juden. Zwar hat er anscheinend keinen unmittelbaren Einfluß auf das neutestamentliche Denken ausgeübt, doch weisen seine Schriften eine Anzahl auffallender Berührungspunkte mit den paulinischen Briefen auf,[37] und einige Kenntnis seiner Denkungsart und Methode vermag das Verständnis des vierten Evangeliums (wenn sich die johanneische Logoslehre auch wesenhaft von der philonischen unterscheidet)[38] wie des Hebräerbriefes sehr zu fördern — des Werkes eines anderen Alexandriners, der das alte Testament jedoch im Unterschied zu dem Allegoriker Philo typologisch auslegt.[39]

7.

In den letzten drei vorchristlichen Jahrhunderten durchdrangen die Kultur und Denkweise des Hellenismus nicht nur die Diaspora, sondern auch Judäa selbst. Einige der Zenon-Papyri, die ein anschauliches Bild der Verhältnisse in der Provinz unter Ptolemäus Philadelphus (285—246

---

[36] *all.* II, 13 ff., 71 ff.

[37] Siehe H. Chadwick, „St. Paul and Philo of Alexandria", *BJRL* 48 (1965—66), S. 286 ff.

[38] Den Hintergrund des johanneischen *logos* findet man in der Hauptsache eher in den alttestamentlichen Vorstellungen von dem „Wort" und der „Weisheit" Gottes als im *logos* des Heraklit und der Stoiker; obwohl Philo den *logos* metaphorisch als „Gottes erstgeborenen Sohn" (*conf.* 146) und sogar als „zweiten Gott" beschreibt (*quaest. in gen.* zu 1 Mo 9, 6), ist ihm die johanneische Lehre vom persönlichen und fleischgewordenen *logos* doch gänzlich fremd.

[39] Vgl. C. Spicq, *L'Épitre aux Hébreux*, Paris 1952, 1, S. 39 ff. (der Philos Einfluß auf den Hebräerbrief jedoch überschätzt).

v. Chr.) vermitteln,[40] enthalten eine Fülle von Zeugnissen über die Hellenisierung Palästinas in der ersten Hälfte des dritten Jahrhunderts v. Chr. Die spätere palästinische Weisheitsdichtung (ganz zu schweigen von der der alexandrinischen Juden) steht eindeutig unter griechischem Einfluß. Wenngleich Josephus' Hinweis auf Ähnlichkeiten zwischen den Pythagoreern und Essenern mit seiner hellenisierenden Darstellung der religiösen Gruppen des Judentums als Philosophenschulen zusammenhängt,[41] braucht man eine gewisse Einwirkung der Pythagoreer auf die Essener in der damaligen Weltlage doch nicht auszuschließen. Vor einer allzu eilfertigen Unterscheidung zwischen einer palästinischen und einer hellenistischen Phase im Urchristentum sollte man sich hüten; nach Namen wie Andreas und Philippus zu urteilen, gehörten zum Kreis der Jünger Jesu möglicherweise auch Hellenisten. Man darf die hellenistischen Elemente im Neuen Testament nicht als Hinzufügungen oder störende Elemente abtun; sie bildeten von Anfang an wesentliche Bestandteile des christlichen Lebens.

---

[40] *CPI* 1, S. 115 ff.
[41] Siehe S. 90 mit Anm. 10.

FÜNFTES KAPITEL

Die Hohenpriester

1.

In der nachexilischen Zeit war der Hohepriester die wichtigste Persönlichkeit des jüdischen Gemeinwesens und als Oberhaupt des Tempelstaates anerkannt. Seine Stellung wurde vom Perserreich und später von den hellenistischen Monarchen, die als Nachfolger der Perser die Herrschaft über Coelesyrien ausübten, respektiert. Die von den persischen und hellenistischen Königen eingesetzten Provinzstatthalter hatten in erster Linie die finanziellen und strategischen Interessen ihrer Herrscher im Auge und kümmerten sich um die inneren Angelegenheiten Judäas nur wenig.[1] Bis zu der Krise, die unter Antiochus IV. eintrat, war das Amt des Hohenpriesters den Zadokiden vorbehalten, die die Oberpriester des salomonischen Tempels von seiner Gründung bis zur Zerstörung durch die Babylonier im Jahre 587 v. Chr. sowie des nachexilischen Tempels seit seiner Gründung gestellt hatten. Als das Synedrium zum ersten Mal in einem historischen Dokument aufscheint, bietet es sich als aristokratischer Senat dar, in dem der zadokidische Hohepriester den Vorsitz führt.[2]

Die Pflichten des Hohenpriesters waren naturgemäß in erster Linie sakraler und nicht administrativer Art. Er war, wie es 3 Mo 21, 10 heißt, der „Hohepriester unter seinen Brüdern“, mit anderen Worten *primus inter pares*. Die meisten priesterlichen Amtspflichten — die tägliche Opferdarbringung, das Verbrennen des Weihrauchs usw. — konnten von allen Priestern erfüllt werden und wurden in der Tat von den Angehörigen der vierundzwanzig Priesterabteilungen abwechselnd wahrgenommen.[3] Natürlich amtierte der Hohepriester bei wichtigen Anlässen, so zum Beispiel an den drei großen jüdischen Wallfahrtsfesten — Passah

---

[1] Außer bei einem Zusammenbruch der öffentlichen Ordnung. So griff der persische Statthalter Bagoas um das Jahr 410 v. Chr. ein, als der Hohepriester Johannes seinen Bruder Jesua im Tempel im Verlauf eines Streits über die Nachfolge im Amt des Hohenpriesters erschlug (Ios. *ant. Iud.* XI, 297 ff.).

[2] Ios. *ant. Iud.* XII, 138, 142, in einem von Antiochus III. an Ptolemäus, seinen Statthalter in Coelesyrien und Phönizien (198 v. Chr.) gesandten Brief. Siehe S. 81.

[3] Vgl. 1 Chron 24, 4—19; Ios. *ant. Iud.* VII, 366.

(Fest der ungesäuerten Brote), Pfingsten und Laubhüttenfest, vor allem am letztgenannten. (Bei der Ausführung der Wasserspende wurde Alexander Jannäus am Laubhüttenfest einmal vom Volk mit den Zitronatzitronen, die jeder Israelit beim Fest-Morgengottesdienst in der Hand zu halten pflegte, beworfen, weil er das Wasser nach Art der Sadduzäer auf den Boden neben dem Altar und nicht auf den Altar selbst goß, wie es die vom Volk gebilligte pharisäische Regel forderte.)[4]

Doch selbst an den großen Wallfahrtsfesten brauchte der Hohepriester nicht zu amtieren, wenn seine Anwesenheit auch erwünscht und die Regel war. Unumgänglich war sie dagegen am Versöhnungstag, dem 10. Tischri, zur Zeit des Herbstäquinoktiums. An diesem Tage mußte sich der Hohepriester ganz allein in das Innere des Heiligtums, das (normalerweise durch einen Vorhang abgeschlossene) Allerheiligste, begeben und dort das Blut des Sühneopfers zur Sühne für sich und sein Volk darbringen. Er mußte bei der Durchführung dieser feierlichen Zeremonie im Besitz völliger levitischer Reinheit sein, und in späterer Zeit wurde er zur Vermeidung einer zufälligen Verunreinigung in der Woche vor dem Versöhnungstage isoliert und während dieser Zeit vielleicht sogar zweimal mit Reinigungswasser besprengt.[5] Erlitt er dennoch so spät eine Verunreinigung, daß seine Reinigung vor dem Versöhnungstage nicht mehr erfolgen konnte, so mußte ihn ein anderer Priester vertreten, und dieser war dann vorübergehend Hoherpriester *quoad sacra,* da allein der Hohepriester das Allerheiligste betreten durfte.[6]

Jesus Sirachs Lobrede auf den Hohenpriester Simon II. (um 200 v. Chr.) veranschaulicht den feierlichen Glanz der Erscheinung und der Kulthandlungen des Hohenpriesters am Versöhnungstag unter der alten zadokidischen Herrschaft — vor allem die Beschreibung von Simons Herrlichkeit „wenn er hervortrat hinter dem Vorhange . . . angesichts der ganzen Gemeinde Israels" (Sir 50, 5ff.). In nachzadokidischer Zeit entsprach der Charakter des Hohenpriesters der Heiligkeit seines Fürsprechamtes nur selten. Jonathan, einer der Söhne des Hannas, scheint sich der Bedeutung seines Amtes und seiner eigenen Unwürdigkeit bewußt gewesen zu sein, denn als ihm der ältere Agrippa eine zweite Amtsperiode

---

[4] Dieser Bericht gründet sich auf Ios. *ant. Iud.* XIII, 372 f. und bT *Sukkah* 48b.
[5] Das Ritual für diesen Fasttag geht auf die apotropäischen Vorschriften von 3 Mo 16 zurück. Die Bestimmung über die strenge siebentägige Absperrung des Hohenpriesters steht in Mischna, *Joma* 1, 1; unsere Quelle für die Tradition, daß er am dritten und siebten Tage seiner Absperrung mit *me niddah* besprengt wurde, ist Maimonides, *Jad ha-chazaqah* 1, *Halaka* 4.
[6] Siehe S. 66 (Matthias).

als Hoherpriester in Aussicht stellte, lehnte er sie mit der Begründung ab, es genüge ihm, einmal das heilige Gewand getragen zu haben.[7]

Eine weitere, aber weniger häufige Kulthandlung, bei welcher der Hohepriester persönlich zugegen sein und amtieren mußte, war die Schlachtung der Roten Kuh gemäß dem in 4 Mo 19 vorgeschriebenen Ritual. Der Kadaver der Roten Kuh wurde nach der Schlachtung verbrannt und die Asche an einem dafür geeigneten Platz aufbewahrt, um von Zeit zu Zeit für die Bereitung von Reinigungswasser (hebr. *me niddah,* wörtlich „Wasser für Unreinheit") verwandt zu werden, das zur Beseitigung einer Verunreinigung, beispielsweise an einem Toten, benötigt wurde. Die Asche einer Roten Kuh reichte mehrere Jahre für die Bereitung von Reinigungswasser aus. (Bei den Samaritern, die diese Praxis noch jahrhundertelang beibehielten, nachdem die Juden sie längst aufgegeben hatten, wurde die Asche der letzten Roten Kuh, die dort geschlachtet wurde, 250 Jahre lang bis zum Ende des 16. Jahrhunderts aufbewahrt.)[8] Der Mischna zufolge war Ismael ben Phiabi (etwa 58 bis 60 n. Chr.) der letzte Hohepriester, der die Rote Kuh schlachtete.[9]

2.

Der letzte legitime Hohepriester aus der Priesterfamilie Zadok war Onias III.; er wurde um 174 v. Chr. von Antiochus IV. abgesetzt und fiel drei Jahre später von Mörderhand.[10] An seine Stelle trat sein Bruder Jason; er versprach, die Hellenisierungspolitik des Königs eifriger voranzutreiben als Onias, doch mußte Jason selber 171 v. Chr. Menelaus weichen, der kein Zadokide und möglicherweise nicht einmal von priesterlicher Abkunft war.[11] Als Menelaus schließlich in Ungnade fiel, wurde an

---

[7] Ios. *ant. Iud.* XIX, 313—15.

[8] Vgl. M. Gaster, *Samaritan Traditions and Oral Law,* London 1932, S. 195 f.; J. Bowman, „Did the Qumran Sect Burn the Red Heifer?", *Revue de Qumran* 1 (1958—9), S. 73 ff.

[9] Mischna, *Parah* 3, 5. Dieser Traktat ist dem Ritual der Roten Kuh gewidmet.

[10] Vgl. 2 Makk 4, 1—10. 33—8; Dan 9, 26 a.

[11] Nach 2 Makk 4, 23 war Menelaus ein Bruder des Tempelhauptmanns *(prostates)* Simon, der nach 2 Makk 3, 4 dem Stamm Benjamin angehörte. Josephus macht aus ihm irrtümlicherweise einen jüngeren Bruder von Onias III. und Jason (*ant. Iud.* XII, 238 f.). Die vorhieronymianische lateinische Übersetzung von 2 Makk 3, 4 weist Simon (und dementsprechend auch Menelaus) dem „Stamm Bilja" zu (aus Neh 12, 5. 18 als Name einer Priesterfamilie bekannt); diese Lesart zieht beispielsweise vor: F.-M. Abel, *Les Livres des Maccabées,* Paris 1949, S. 316 f. Vgl. H. H. Rowley, „Menelaus

seiner Stelle Alcimus zum Hohenpriester eingesetzt (161 v. Chr.). Alcimus war zwar kein Zadokide, wurde aber wenigstens als Priester aaronitischer Herkunft von den Frommen in Israel anerkannt.[12] Onias IV., der Sohn Onias' III., begab sich um diese Zeit nach Ägypten, da ihm die Wiederherstellung der rechtmäßigen Dynastie Zadok im Jerusalemer Tempel aussichtslos erschien, und gründete dort, in Leontopolis, mit Erlaubnis Ptolomäus' VI. nach dem Vorbild des Jerusalemer Tempels einen Tempel. Er und seine Nachkommen hielten dort 230 Jahre lang, bis zur Schließung ihres Tempels durch Kaiser Vespasian, die bald nach der Zerstörung des Jerusalemer Tempels im Jahre 70 n. Chr. erfolgte, eine priesterliche Erbfolge und einen Opferkultus aufrecht.[13]

Als Alcimus nach zweijähriger Amtstätigkeit starb, blieb das Jerusalemer Hohepriesteramt sieben Jahre lang unbesetzt. Im Jahre 152 v. Chr. setzte Alexander Balas, der sich — möglicherweise zu Recht — als jüngerer Sohn Antiochus' IV. ausgab, Jonathan, den Bruder und Nachfolger des Judas Makkabäus, zum Hohenpriester ein, damit dieser ihn bei seinem Griff nach dem Seleukidenthron unterstütze.[14] (Das Hasmonäerhaus, dem Judas und sein Bruder angehörten, war priesterlicher Herkunft und gehörte zur Wochenabteilung Jojarib.)[15] Als Jonathans Bruder Simon ihm im Jahre 143 v. Chr. als Führer der Juden nachfolgte, trat er auch seine Nachfolge als Hoherpriester an. Nachdem Simon seinem Volk die vollständige Unabhängigkeit zurückgewonnen hatte, beschloß eine Volksversammlung der Juden, weil er nicht länger als durch einen fremden König eingesetzter Amtsträger gelten sollte, im September 140 v. Chr. seine Ernennung zum Ethnarchen, Oberkommandierenden und Erbhohenpriester — zum „Hohenpriester in Ewigkeit", wie es in dem Beschluß hieß, möglicherweise nach dem Muster der Verheißung von Psalm 110, 4.[16] Das Amt des Hohenpriesters blieb dann von Simon bis zum Sturz der Hasmonäer in jener Familie und war gewöhnlich mit dem höchsten weltlichen Amt vereinigt. (Königin Salome Alexandra, die von 76 bis 67 v. Chr. regierte, konnte als Frau nicht Hoherpriester werden — Priesterinnen waren damals im vorderen Orient zwar nichts Ungewöhn-

---

and the Abomination of Desolation", in: *Studia Orientalia Ioanni Pedersen septuagenario ... dedicata*, Kopenhagen 1953, S. 303 ff.

[12] 1 Makk 7, 5. 9 ff.

[13] Ios. *bel. Iud.* I, 33, VII, 421—36; *ant. Iud.* XII, 62—73; XX, 236. Siehe S. 9 mit Anm. 7.

[14] 1 Makk. 10, 18 ff.

[15] Vgl. 1 Chron 24, 7, wo die Abteilung Jojarib als erste der vierundzwanzig Abteilungen genannt wird. Josephus behauptete, dieser Abteilung anzugehören (*vit.* 2). Siehe S. 144 Anm. 21.

[16] 1 Makk 14, 41.

liches, bei den Juden aber unbekannt — und bestimmte daher ihren älteren Sohn Hyrkanus für dieses Amt.) Die *chasidim* waren nicht sonderlich erbaut davon, daß sich die Hasmonäer das Amt des Hohenpriesters zusprachen. Die Pharisäer fanden sich unter Protest damit ab, während die Qumran-Gemeinde dermaßen empört war, daß sie die Verbindung mit dem in die Hände eines „gottlosen" (d. h. unrechtmäßigen) Priestertums geratenen Tempel und der Administration abbrach und den Zadokiden in ihrem Wüstenrefugium nordwestlich des Toten Meeres zumindest in der Theorie die Treue hielt.[17]

In dem Kampf, der sich nach dem Tod ihrer Mutter im Jahre 67 v. Chr. zwischen Hyrkanus II. und seinem jüngeren Bruder Aristobul II. entspann, ging zusammen mit der Königswürde auch das Amt des Hohenpriesters jeweils auf den einen oder den anderen über. Nach der Besetzung Judäas durch die Römer im Jahre 63 v. Chr. verjagte Pompejus den Aristobul aus beiden Ämtern und setzte Hyrkanus wieder zum Hohenpriester ein. Julius Caesar bestätigte ihn später in diesem Amt (47 v. Chr.) und erkannte ihn offiziell als Ethnarchen der Juden an, enthielt ihm den Königstitel indessen vor.

Als die parthischen Eindringlinge im Jahre 40 v. Chr. Antigonus, den Sohn von Aristobul II., auf den Thron von Judäa setzten, wurde er zugleich auch anstelle seines Onkels Hyrkanus Hoherpriester. Um Hyrkanus für immer vom Hohenpriesteramt auszuschließen, schnitt man ihm die Ohren ab[18] (Verstümmelte konnten nicht Priester werden).[19] Wie seine Vorfahren regierte Antigonus Judäa dann als Priesterkönig, bis er im Jahre 37 v. Chr. nach der Einnahme Jerusalems durch Herodes, die mit römischer Hilfe erfolgte, gefangengenommen und hingerichtet wurde.[20]

3.

Herodes trat nunmehr die Regierung in dem Königreich an, zu dessen Herrscher ihn der römische Senat drei Jahre zuvor bestellt hatte. Da er als Idumäer nicht von priesterlichem Geblüt war, konnte er offensichtlich nicht selber Hoherpriester werden. Hyrkanus, der Großvater seiner Frau, konnte wegen seiner Verstümmelung nicht wieder zum Hohenpriester

---

[17] Siehe S. 107 ff.
[18] Ios. *bel. Iud.* I, 270; *ant. Iud.* XIV, 366.
[19] 3 Mo 21, 16 ff.
[20] Siehe S. 18.

berufen werden, und Herodes hätte ohnehin gezögert, solch ein wichtiges Amt einem potentiellen Rivalen anzuvertrauen. Er übertrug es vielmehr einem unbekannten Priester aus der jüdischen Diaspora in Babylonien namens Hananel.[21]

Diese Ernennung mißfiel der Schwiegermutter des Herodes, Alexandra, die der Meinung war, das Amt des Hohenpriesters gebühre, da ihr Vater, Hyrkanus, nicht mehr dafür in Frage komme, ihrem siebzehnjährigen Sohne Aristobul. Auf ihr Drängen hin setzte Herodes Hananel wieder ab und machte seinen Schwager zum Hohenpriester. Das heilige Amt brachte dem Jüngling jedoch kein Glück: in weniger als Jahresfrist ertrank er. Ob wirklich infolge eines Unfalls, läßt sich nicht feststellen; seine Mutter jedenfalls gab Herodes die Schuld und verzieh ihm nie.[22] Ihre Feindseligkeit gegen Herodes sollte indes ihr und ihrer Familie noch weiteres Unglück bringen.[23]

Nach dem Tod des jungen Aristobul wurde Hananel erneut Hoherpriester.[24] Jesua ben Phiabi, der einige Jahre später seine Nachfolge antrat, wurde im Jahre 23 v. Chr. abgesetzt, da die Staatsräson die Einsetzung des einer wohlhabenden, in Alexandrien ansässigen Familie entstammenden Simon, Sohn des Boethus, zum Hohenpriester erforderte. Simon, der von Zeit zu Zeit als Priester in Jerusalem amtierte, hatte eine Tochter von außergewöhnlicher Schönheit mit Namen Mariamne. Der in sie verliebte Herodes wollte sie heiraten und anstelle ihrer unglücklichen Namensschwester, der Hasmonäerin Mariamne, zur Königin machen. Da er der Tochter eines Nichtadligen die Königswürde nicht verleihen konnte, erhob er ihren Vater in den Adelsstand, indem er ihn zum Hohenpriester machte. Jesua ben Phiabi mußte abtreten und dem Boethusäer Simon Platz machen.[25] Letzterer blieb bis zum Jahre 5 v. Chr. Hoherpriester. In jenem Jahr war Herodes schon todkrank, und sein pathologisches Mißtrauen quälte ihn ärger als je zuvor. Erst vor kurzem hatte er Herodes, den Sohn der zweiten Mariamne, anstelle seines ältesten Sohnes Antipater, den er verdächtigte, einen Anschlag auf sein Leben vorzubereiten, zum Thronerben eingesetzt. Im Verlauf weiterer Nachforschungen beschuldigte er indes Mariamne, Kenntnis von Antipaters finsteren Plänen erlangt und ihm diese Tatsache verschwiegen zu haben. Herodes schickte ihr daher den Scheidebrief, löschte den Namen

---

[21] Ios. *ant. Iud.* XV, 22.
[22] Ios. *ant. Iud.* XV, 34—9; 50—61; siehe S. 19.
[23] Siehe S. 26 f.
[24] Ios. *ant. Iud.* XV, 56.
[25] Ios. *ant. Iud.* XV, 322.

ihres Sohnes aus seinem Testament, enthob ihren Vater seines Amtes und berief an seiner Stelle den Jerusalemer Matthias, Sohn des Theophilus, zum Hohenpriester.[26] Trotz der Absetzung des Simon sollte indes seine Familie („das Haus des Boethus"), eine der wohlhabendsten und mächtigsten Priesterfamilien, während der darauffolgenden Jahrzehnte noch mehrere Hohepriester stellen.

Matthias, Simons Nachfolger, konnte an dem Versöhnungstag, der auf seine Einsetzung folgte, nicht als Hoherpriester amtieren, da er sich am Abend vor dem Fasten eine rituelle Verunreinigung zugezogen hatte, und mußte sich durch einen Verwandten vertreten lassen. Noch vor dem nächsten Versöhnungstag wurde Matthias wegen angeblicher Komplizität bei der Entfernung und Zerstörung des riesigen Goldadlers, den Herodes über einem der Tempeltore hatte anbringen lassen, abgesetzt (12. März 4 v. Chr.). Joasar, ein Bruder seiner Frau, den Herodes an seiner Stelle ernannte, gehörte zur Familie des Boethus.[27] Wenige Wochen später starb Herodes.

In den neun Jahren seiner Herrschaft über Judäa, die Archelaus nach dem Tode seines Vaters Herodes antrat, wechselte der Ethnarch dreimal den Hohenpriester aus. Zuerst beschuldigte er Joasar, den Sohn des Boethus, er habe sich während seiner Abwesenheit in Rom an der Agitation gegen ihn beteiligt, und ersetzte ihn durch Joasars Bruder Eleasar. Dieser mußte indes schon bald dem Jesua, Sohn des Seë, Platz machen. Als Archelaus abgesetzt wird, bekleidet Joasar jedoch erneut das Amt des Hohenpriesters und fordert das Volk auf, sich der von Quirinius, dem Legaten von Syrien, im Rahmen der Reorganisierung Judäas als römische Provinz befohlenen Schätzung zu fügen.[28]

4.

Jetzt, da Judäa eine von einem Vertreter des Kaisers Augustus regierte römische Provinz war, gewann das Amt des Hohenpriesters einen großen Teil der Autorität zurück, die es unter den persischen und hellenistischen Herrschern besessen hatte. Wieder wachte der dem Hohen Rat der siebzig Ältesten präsidierende Hohepriester über die inneren Angelegenheiten der jüdischen Nation. Natürlich war sein Amt nicht so mächtig wie

[26] Ios. *ant. Iud.* XVII, 78.
[27] Ios. *ant. Iud.* XVII, 164–6.
[28] Ios. *ant. Iud.* XVII, 339, 341; XVIII, 3.

in der Glanzzeit der Hasmonäerdynastie, doch war es auch nicht mehr zu der erniedrigenden Hilflosigkeit verurteilt, durch die es unter Herodes und Archelaus gekennzeichnet gewesen war. Der Hohepriester war der unbestrittene Repräsentant und Hauptstimmführer der Nation — nicht nur gegenüber dem Provinzstatthalter, sei es von Judäa oder von Syrien, sondern sogar gegenüber dem Kaiser in Rom.

Er mußte freilich eine Einschränkung seiner Autorität hinnehmen, die es unter seinen Vorgängern in den dreieinhalb Jahrhunderten von Kyros dem Großen bis Antiochus IV. nicht gegeben hatte: in den ersten fünfunddreißig Jahren der römischen Herrschaft über Judäa wurden die Hohenpriester von den Provinzstatthaltern ein- und abgesetzt, die in dieser wie auch in anderen Hinsichten die Vorrechte des Herodes und Archelaus übernahmen. Obwohl Bestechung und Erpressung streng geahndet wurden, fiel es den römischen Statthaltern schwer, angesichts der mannigfaltigen Gelegenheiten diesbezüglichen Versuchungen zu widerstehen, und eine solche „Gelegenheit" stellte diese ihre Befugnis zur Ein- und Absetzung der Hohenpriester dar. Es ist nicht erstaunlich, daß das Amt des Hohenpriesters vom Jahre 6 n. Chr. an faktisch zum Reservat einer kleinen Anzahl begüterter Priesterfamilien wurde, die sich zur Partei der Sadduzäer rechneten und ängstlich darauf bedacht waren, nichts zu tun noch zu gestatten, was geeignet erschien, sie in den Augen der Römer zu kompromittieren oder die bestehende Regelung zu gefährden.

Unter der Regierung des Herodes wurde der hohepriesterliche Prachtornat in der Burg Antonia aufbewahrt — mit den Siegeln des Hohenpriesters und des Tempelschatzmeisters verschlossen. Da er, bevor der Hohepriester ihn für das Versöhnungsfest und die großen Wallfahrtsfeste anlegte, erst rituell gereinigt werden mußte, wurde er ihm jeweils sieben Tage vorher ausgehändigt. Seine Aufbewahrung in Antonia stellte ein weiteres Mittel dar, um den Hohenpriester dem König gefügig zu machen.

Als Judäa römische Provinz wurde, wurde diese Regelung beibehalten, nur übte jetzt nicht ein jüdischer König, sondern ein römischer Statthalter diese zusätzliche Kontrolle über den Hohenpriester aus. Im Jahre 36 n. Chr. erwirkte der Legat von Syrien, Lucius Vitellius, als versöhnliche Geste gegenüber den Juden von Tiberius die Erlaubnis, daß die Tempelbehörden das Gewand wieder in ihren Gewahrsam nahmen.[29] Als der Prokurator Cuspius Fadus nach dem Tode des Herodes Agrippa I. im Jahre 44 n. Chr. versuchte, den Ornat in die Tempelburg Antonia

[29] Ios. *ant. Iud.* XVIII, 90 ff.

bringen zu lassen, damit er dort wie früher unter der Aufsicht der Römer verbleibe, bestätigte Claudius den Juden dieses Privileg.[30]

Joasar wurde, obwohl er das Volk von Judäa zur Kooperation mit Quirinius' Zensusmaßnahmen veranlaßt hatte, von diesem seines Amtes enthoben. Josephus zufolge empörte sich die Bevölkerung gegen ihn; vielleicht empfand sie den Gegensatz zwischen seiner Rolle beim Zensus und der, die Judas, der Galiläer, gespielt hatte, so stark, daß sie einen derart willfährigen Kollaborateur nicht länger als Hohenpriester zu tolerieren vermochte, wenn sie ihm und seinem Rat, sich den Zensusmaßnahmen zu fügen, auch gefolgt war und sie nicht, wie Judas es wollte, boykottiert hatte.[31]

Anstelle von Joasar berief Quirinius Hannas, den Sohn des Seth.[32] Hannas wurde das Oberhaupt einer der in den letzten Jahrzehnten des zweiten Tempels einflußreichsten Hohenpriesterfamilien. Fünf seiner Söhne,[33] ein Schwiegersohn[34] und ein Enkel[35] wurden nach ihm zu verschiedenen Zeiten Hohepriester. Er selber wurde 6 n. Chr. Hoherpriester und mußte im Jahre 15 auf Geheiß des Prokurators Valerius Gratus dem Ismael ben Phiabi Platz machen,[36] übte indessen noch viele Jahre lang bestimmenden Einfluß aus. Der vierte Evangelist läßt erkennen, daß Kajaphas (Hannas' Schwiegersohn) im Todesjahr Jesu zwar als Hoherpriester amtierte, Hannas jedoch die führende Rolle bei den Vorbereitungen zum Prozeß Jesu spielte, und laut Lukas erfolgte der früheste Versuch des Hohen Rats, die Predigttätigkeit der Apostel in Jerusalem zu unterbinden, hauptsächlich auf sein Betreiben hin.[37]

In den drei Jahren zwischen Hannas und Kajaphas amtierten drei Hohepriester, darunter Eleasar, Sohn des Hannas. Doch nachdem Valerius Gratus im Jahre 18 n. Chr. das Amt dem Kajaphas übertragen hatte, ließ er den Hohenpriester in den restlichen acht Jahren seiner Prokuratorzeit unbehelligt, und als er selber im Jahre 26 n. Chr. durch Pontius Pilatus abgelöst wurde, beließ dieser den Kajaphas im Amt; in der Tat

---

[30] Ios. *ant. Iud.* XX, 6 ff.
[31] Ios. *ant. Iud.* XVIII, 26.
[32] Ios. *bel. Iud.* II, 240; *ant. Iud.* XVII, 26 (Josephus nennt ihn Ananus).
[33] Eleasar (16—17 n. Chr.), Jonathan (36—37 n. Chr.), Theophilus (37—41 n. Chr.), Matthias (42—43 n. Chr.) und Hannas II. (61—62 n. Chr.).
[34] Joseph Kajaphas (Joh 18, 13).
[35] Matthias, Sohn des Theophilus (etwa 65—68 n. Chr.).
[36] Ios. *ant. Iud.* XVIII, 34.
[37] Joh 18, 13—24; Apg 4, 6. Der Hohepriester behielt auch nach der Absetzung seinen Amtscharakter; er blieb den einschränkenden Ehevorschriften unterworfen, und sein Tod besaß Sühnkraft (vgl. J. Jeremias, *Jerusalem zur Zeit Jesu*, Göttingen 1958, II B, S. 14).

hatten Kajaphas und Pilatus ihre Ämter zehn Jahre lang gleichzeitig inne und wurden kurz nacheinander abgesetzt.[38] Daß Kajaphas die außerordentlich lange Amtsdauer von achtzehn Jahren erreichte (eine Parallele hierzu bildet zwischen 40 v. Chr. und 70 n. Chr. lediglich die Amtsdauer Simons, des Schwiegervaters von Herodes), mag sich teils aus seinem diplomatischen Geschick, teils aus den vielfältigen Beziehungen des einflußreichen und begüterten Mannes erklären. Vermutlich vermochte ihn, solange Gratus und Pilatus über Judäa herrschten, kein Rivale zu überbieten. Er wurde schließlich im Jahre 36 n. Chr. von Vitellius, dem Legaten von Syrien, abgesetzt. Vitellius berief an Kajaphas' Statt Jonathan, einen Sohn des Hannas, setzte ihn indes unmittelbar nach dem Passafest des Jahres 37 n. Chr. wieder ab und ernannte seinen Bruder Theophilus zum Hohenpriester.[39]

Während der drei Jahre, in denen Herodes Agrippa als König über Judäa herrschte, setzte er drei Hohepriester ein — zuerst Simon Kantheras, den dritten Sohn des früheren Hohenpriesters Simon Boethus, dann Matthias, den vierten Sohn des Hannas, und schließlich Eljoenai, Sohn des Simon Kantheras.[40]

5.

Als Judäa nach Agrippas Tod im Jahre 44 n. Chr. wieder einem Prokurator unterstellt wurde, erhielt dieser nicht erneut das Recht, den Hohenpriester zu ernennen, sondern der Kaiser Claudius übertrug diese Befugnis dem Bruder Agrippas, Herodes, König von Chalkis, und als dieser im Jahre 48 n. Chr. starb, ging sie auf seinen Neffen, den jüngeren Agrippa über, der sie bis zum Kriegsausbruch im Jahre 66 n. Chr. ausübte.

Herodes von Chalkis berief zwei Hohepriester: Joseph, Sohn des Kami (um 44—47 n. Chr.), und Ananias, Sohn des Nedebäus (um 47—58 n. Chr.).[41] Der Letztgenannte erscheint im neutestamentlichen Bericht als „der Hohepriester Ananias", dem Paulus im Jahre 57 n. Chr. vorgeführt wurde und den der Apostel wegen seines Befehls, ihn auf den Mund zu schlagen, als eine „geweißte Wand" schmähte (Apg 23, 1 ff.). Die rabbi-

---

[38] Ios. *ant. Iud.* XVIII, 35, 95 (wo er „Joseph, der auch Kajaphas hieß", genannt wird). Siehe S. 42 mit Anm. 21.
[39] Ios. *ant. Iud.* XVIII, 95, 123.
[40] Ios. *ant. Iud.* XIX, 297 f., 313 ff., 342.
[41] Ios. *ant. Iud.* XX, 15 f., 103.

nische Überlieferung berichtet, er habe sich die den anderen Priestern zustehenden Anteile von den Opfern angeeignet; diese Verhaltensweise wurde in einer Parodie des 24. Psalms verspottet, die angeblich im Tempelhof zu hören war:

Erhebt, ihr Tore, eure Häupter,
Damit Johanan ben Narbai, ein Schüler des Panqai, eintrete
Und seinen Bauch mit den Heiligtümern des Himmels fülle![42]

Ananias überlebte seine Absetzung um acht Jahre; er wurde im September 66 n. Chr. bei Kriegsausbruch von Zeloten getötet. Ananias' Sohn Eleasar, der damals Tempelhauptmann war, rächte seinen ermordeten Vater.[43]

Agrippa II. berief insgesamt sechs Männer zu Hohenpriestern. Der erste von ihnen, Ismael ben Phiabi II., war nicht nur, wie bereits erwähnt, der letzte Hohepriester, der die Rote Kuh schlachtete, sondern man fand offenbar auch, daß er alles andere als eine Zierde seines hohen Amtes sei.[44] Wahrscheinlich ist er mit dem Hohenpriester zu identifizieren, der Josephus zufolge später in Kyrene hingerichtet wurde — unter welchen Umständen wissen wir nicht.[45]

Der bemerkenswerteste der von Agrippa berufenen Hohenpriester war ein Sohn des Hannas, der denselben Namen wie sein Vater trug. Dieser jüngere Hannas (Ananus) war der Hohepriester, der seine Kompetenz weit überschritt, indem er während des Interregnums vor der Ankunft eines neuen Prokurators, das auf den Tod des Festus im Jahre 62 n. Chr. folgte, die Hinrichtung Jakobus' des Gerechten betrieb. Agrippa distanzierte sich gegenüber Rom sofort von dieser ungesetzlichen Handlung, indem er den Hohenpriester, der sie begangen hatte, absetzte.[46] Während des Krieges tat sich der jüngere Hannas als Führer der gemäßigteren Partei unter den Jerusalemer Bürgern und als Widersacher der Zeloten

[42] bT *Pesachim* 57a. Panqai ist offensichtlich eine Korruption von Pinehas, doch dürfte hier eher der nichtswürdige Sohn des Eli (1 Sam 2, 12 ff.) als der Enkel des Aaron, der sich als Eiferer für das göttliche Gesetz besonders hervortat, gemeint sein (siehe S. 98).

[43] Siehe S. 121; Teil II, Kap. 13/2.

[44] Ios. *ant. Iud.* XX, 179 ff. Nach Josephus gingen die Oberpriester unter Ismael „in ihrer Dreistigkeit und in ihrem Übermut so weit, daß sie sich nicht scheuten, ihre Knechte auf die Tennen zu schicken und die den Priestern zustehenden Zehnten wegnehmen zu lassen, was zur Folge hatte, daß einige der ärmeren Priester aus Mangel an Lebensmitteln verhungerten" (*ant. Iud.* XX, 181). Dies ähnelt dem Talmud-Bericht über Ananias (siehe oben). Aus anderen Talmud-Passagen geht hervor, daß sich die Priester damals ganz allgemein die für die Leviten bestimmten Zehnten aneigneten (bT *Jebamot* 86 a, b; *Ketubot* 26 a; pT *Ma'aser Scheni* 5, 15).

[45] *bel. Iud.* VI, 114.

[46] Ios. *ant. Iud.* XX, 197—203. Siehe Teil II, Kap. 11/4; 13/1.

hervor;[47] Josephus' Bericht über seinen Tod zu Beginn des Jahres 68 n. Chr. unter den Händen der idumäischen Verbündeten der Zeloten ist von einer Lobrede auf seine Vaterlandsliebe begleitet. Mit der öffentlichen Zurschaustellung der Leichen des Hannas und eines anderen ehemaligen Hohenpriesters, des Jesus, Sohnes des Gamaliel, hatte in Josephus' Augen der Untergang der Stadt eingesetzt.[48]

Jesus, Sohn des Gamaliel, war von 63 bis 65 n. Chr. Hoherpriester gewesen. Eine im Talmud bewahrte Überlieferung berichtet, wie seine Frau Martha für eine große Geldsumme das Hohepriesteramt für ihn erwarb.[49]

Der letzte Hohepriester vor der Zerstörung des Tempels war ein Priester bäuerlicher Abkunft, Phanni (Pinehas), Sohn des Samuel; er wurde durch Los-Entscheid eingesetzt.[50] Josephus betrachtet seine Ernennung als schlimmes Sakrileg, in Wahrheit bäumten sich jedoch seine aristokratischen Empfindungen dagegen auf, daß einem Priester das höchste Amt zugesprochen wurde, der weder durch Rang noch Vermögen ausgezeichnet war. Phannis priesterlicher Stammbaum war makellos, und er war nicht unwürdiger, zum Hohenpriester eingesetzt zu werden, als viele seiner Vorgänger in den vorausgegangenen neunzig Jahren.

6.

Den begüterten Familien, die von der Einsetzung Simons, des Sohnes des Boethus, bis zum Jüdischen Krieg die meisten Hohenpriester stellten, entstammten auch die Tempelhauptleute[51] und Tempelschatzmeister. Dies

---

[47] *bel. Iud.* II, 563, 647 ff. Siehe S. 100. Die Unterschiede in der Charakteristik des jungen Hannas in *ant. Iud.* (ungünstig) und *bel. Iud.* (äußerst günstig) waren möglicherweise durch politische Erwägungen motiviert; über diese und mehrere andere Fragen, die durch den Gegenstand des vorliegenden Kapitels aufgeworfen werden, siehe E. M. Smallwood, „High Priests and Politics in Roman Palestine", *JTS*, n. s. 13 (1962), S. 14 ff.

[48] *bel. Iud.* IV, 162 ff., 314 ff. Josephus' Bericht über die Behandlung, die man diesen beiden ehemaligen Hohenpriestern angedeihen ließ, legt die Vermutung nahe, daß er sie als die Erfüllung eines Offb 11, 1—13 (die Apokalypse der beiden Zeugen) zugrundeliegenden apokalyptischen Fragments auffaßte.

[49] bT *Jebamot* 61 a.

[50] Josephus, *bel. Iud.* IV, 153 ff. In *ant. Iud.* XX, 227 wird er Phanasos (eine Hellenisierung von Pinehas) genannt.

[51] Der Tempelhauptmann ist vermutlich der *sagan* der rabbinischen Überlieferung; sollte dies der Fall sein, so hatte er den Rang unmittelbar unter dem Hohenpriester. Er befehligte die Tempelwache (siehe S. 37, Anm. 3).

bedeutete eine ungesunde Machtzusammenballung in den Händen einiger weniger reicher und einflußreicher Familien. Wenn die Verfasser des Neuen Testaments von „Oberpriestern“ (gr. *archiereis*) in der Mehrzahl sprechen, dann sind stets die Mitglieder jener Familien gemeint, insbesonders jene, die damals das Amt des Hohenpriesters und die wichtigsten Tempelämter innehatten. Sowohl im Synedrium wie im öffentlichen Leben allgemein besaßen diese „Hohenpriester“ eine Machtfülle, die in keinem Verhältnis zu ihrer Zahl stand. Die Haltung des gewöhnlichen Volkes ihnen und den Familien gegenüber, zu denen sie gehörten, kommt in einem satirischen Lied zum Ausdruck, das der Talmud überliefert:

Wehe mir vor der Familie des Boethus!
  Wehe mir vor ihren Knütteln!
Wehe mir vor der Familie des Hanin [Hannas]!
  Wehe mir vor ihrem Tuscheln!
Wehe mir vor der Familie des Kantheras!
  Wehe mir vor ihrer Feder!
Wehe mir vor der Familie des Ismael [ben Phiabi]!
  Wehe mir vor ihrer Faust!
Sie selbst sind Hohepriester;
  Ihre Söhne sind Schatzmeister;
Ihre Schwiegersöhne sind Tempelherren;
  Und ihre Diener schlugen das Volk mit Knütteln![52]

---

[52] bT *Pesachim* 57 a.

SECHSTES KAPITEL

Chasidim, Pharisäer und Sadduzäer

1.

Zu einer Zeit, als die Frömmigkeit der nachexilischen Gemeinde in Judäa unter dem Perserreich bestenfalls als lau zu bezeichnen war, begannen sich Gruppen frommer Juden regelmäßig zur gegenseitigen Ermutigung zu treffen. Im Maleachibuch (etwa 450 v. Chr.) wird diese Entwicklung mit folgenden Worten geschildert: „Da redeten miteinander, die den Herrn fürchten; und der Herr merkte darauf und hörte es. Und es ward vor ihm ein Gedenkbuch geschrieben für die, welche den Herrn fürchten und seinen Namen achten. Sie werden mein Eigentum werden, spricht der Herr der Heerscharen, auf den Tag, da ich einschreite, und ich werde mich ihrer erbarmen, wie einer sich seines Sohnes erbarmt, der ihm dient" (Mal 3, 16 f). Das Gedenkbuch, das vor Jahwe geschrieben wurde, ist der amtlichen Chronik des persischen Hofes vergleichbar, in die solche Dienste wie beispielsweise die des Mardochai für Xerxes, „für den König", aufgezeichnet wurden (Esth 2, 23).[1] Diejenigen, deren Namen in Jahwes Gedenkbuch eingetragen waren, würden beim Anbruch des Gerichtstags Anlaß zur Dankbarkeit haben: „Euch aber, die ihr meinen Namen fürchtet, wird die Sonne der Gerechtigkeit aufgehen, . . . die Heilung birgt unter ihren Flügeln . . . Und ihr werdet die Gottlosen zertreten; denn sie werden wie Asche sein unter euren Fußsohlen an dem Tage, da ich handle, spricht der Herr der Heerscharen" (Mal 4, 2—3).

Auf diese Entwicklung gehen sicherlich die Ursprünge der *chasidim*, der „Frommen" (Luther), zurück, die in der religiösen Krise Israels im zweiten vorchristlichen Jahrhundert eine so bedeutungsvolle Rolle spielen sollten. Ihre leidenschaftliche Treue zur Thora veranschaulicht aufs beste Psalm 119, das Werk eines unbekannten *chasid*,[2] der für seine Treue zu den göttlichen „Vorschriften" Not und Verfolgung hat erdulden müssen, diese Vorschriften indessen als ein Licht auf seinem Pfade und als süßen Honig in seinem Munde empfindet.

---

[1] Vgl. Esth 6, 1—3; Hdt. VIII, 85; Thuk. I, 129.

[2] Der *chasid* ist jemand, der getreu den Bund der *chesed* (herkömmlicherweise durch „Güte" übersetzt) mit Jahwe einhält, wie es Jahwe seinerseits tut (vgl. Ps 18, 25 / 2 Sam 22, 26, „gegen die Treuen *[chasid]* bist du treu").

Die *chasidim* beklagten das Eindringen des hellenistischen Lebensstils in das Judentum unter den Ptolemäern und Seleukiden, doch zeitigte ihre Mißbilligung nur geringe Wirkung. Die jüngere Generation, selbst in den Priesterfamilien, auf die die neue Mode große Anziehungskraft ausübte, sah in den *chasidim* nur altmodische Spielverderber. Doch als der Hellenismus einen anderen Zug seines Wesens offenbarte, indem Antiochus Epiphanes und seine Ratgeber versuchten, die Eigenart der jüdischen Religion und Nation auszulöschen, blieben die *chasidim* fest und lehnten jeden Kompromiß ab. Sie leisteten auch nicht nur passiven Widerstand, sondern viele von ihnen machten mit den hasmonäischen Rebellen gemeinsame Sache. „Hierauf versammelte sich zu ihnen eine Schar von Asidäern, tapfere Männer aus Israel, lauter solche, die sich willig dem Gesetze hingaben“ (1 Makk 2, 42). An diesem Bündnis hielten sie in all den Jahren des Kleinkriegs gegen die Fremdlinge fest, bis die religiöse Freiheit wiederhergestellt war und im Tempel wieder allein der Gott Israels angebetet wurde.

Die *chasidim* waren bereit, sich mit diesem glücklichen Ausgang des Kampfes zufriedenzugeben. Obwohl sie sich einige Jahre lang nicht dazu entschließen konnten, ihr Bündnis mit den Hasmonäern aufzukündigen, vermochten sie sich doch nicht sonderlich für die Fortsetzung des Kampfes zu erwärmen, bei der es den Hasmonäern vor allem um die politische Autonomie und die Vormachtstellung ihrer Familie ging. Daß ihre Begeisterung abebbte, zeigt u. a. die Geschichte von der Einsetzung des Alcimus zum Hohenpriester anstelle des verrufenen Renegaten Menelaus (161 v. Chr.). „Es versammelte sich aber zu Alcimus und Bakchides (Statthalter von Syrien unter Demetrius I.) eine Schar von Schriftgelehrten,[3] um Recht zu suchen. Und die Asidäer waren die ersten unter den Israeliten, die nach Frieden mit ihnen begehrten. Denn sie dachten: Ist doch ein Priester von den Nachkommen Aarons mit den Truppen gekommen; der wird uns nichts zu Leide tun“ (1 Makk 7, 14). Die Erzählung berichtet dann, daß, obwohl Alcimus sich eidlich für ihre Sicherheit verbürgt hatte, sechzig von diesen Männern an einem Tage festgenommen und getötet wurden. Nach dem extrem prohasmonäischen Verfasser des ersten Makkabäerbuches war Alcimus für diese heimtückische Tat verantwortlich, doch war sie aller Wahrscheinlichkeit nach das Werk des Bakchides, für den die *chasidim,* wie ihre Bundesgenossen, die Has-

---

[3] Die „Schriftgelehrten“ (hebr. *sopherim,* gr. *grammateis*) waren seit Esras Zeit die anerkannten Lehrer und Interpreten der Thora. Sir 39, 1—11 beschreibt den idealen Schriftgelehrten. Sie waren im Synedrium vertreten. Siehe S. 82 f.

monäer, Aufrührer wider die Seleukiden waren. Auf jeden Fall wurden keine weiteren Versuche zur Herbeiführung einer Wiederannäherung zwischen den *chasidim* und Alcimus unternommen.[4]

Als nach einem Interregnum von sieben Jahren, das auf den Tod des Alcimus folgte, Jonathan, der Bruder und Nachfolger von Judas Makkabäus, das Amt des Hohenpriesters von Alexander Balas als Geschenk empfing (152 v. Chr.), vermochten die *chasidim* diese Übernahme des heiligen Amtes durch jemanden, der, obschon einer Priesterfamilie entstammend, keinerlei gesetzlichen Anspruch darauf geltend machen konnte, nicht zu billigen — zumal er es von einem heidnischen Herrscher empfing, dessen fragwürdige Befugnis zur Einsetzung eines Hohenpriesters sich auf seine Behauptung gründete, er sei der Sohn des Verfolgers Antiochus Epiphanes. Als jedoch im Jahre 141 v. Chr. „das Joch der Heiden von Israel genommen wurde" und im darauffolgenden Jahr eine Nationalversammlung Simon und seine Familie im Amt des Hohenpriesters bestätigte, „bis ein glaubhafter Prophet erstehen würde",[5] schienen sich die meisten mit dieser Regelung abgefunden zu haben. Schließlich war die Hauptlinie der vormaligen hohenpriesterlichen Familie Zadoks nach Ägypten gegangen und hatte sich dort in einem neuen jüdischen Tempel in Leontopolis, den die *chasidim* ohne Zweifel als schismatisch verdammten, als Hohepriester niedergelassen.[6]

Unter dem Simonsohn Johannes Hyrkanus brach das Bündnis zwischen den *chasidim* und den Hasmonäern gänzlich auseinander. Zu jener Zeit traten die Pharisäer zum ersten Mal als eigenständige Gruppe in Erscheinung;[7] nach der üblichen Rekonstruktion der Ereignisse sind sie die *chasidim*, die mit Johannes Hyrkanus brachen, und manche leiten den Namen Pharisäer (hebr. *peruschim*, aram. *perischajja*, „Abgesonderte") von dieser Trennung oder Zurückziehung von dem Bündnis mit den Hasmonäern her.[8] Für diese Deutung spricht jedoch wenig. Nach anderer Vermu-

---

[4] In 2 Makk 14, 6 klagt Alcimus zwar gegenüber dem König, daß „die den Namen Chasidäer führenden Juden, an deren Spitze Judas Makkabäus steht, immerdar Krieg und Aufruhr erregen, indem sie das Reich nicht zur Ruhe kommen lassen", doch bezieht sich das vielleicht auf die Anhänger der hasmonäischen Politik der Fortsetzung des Kampfes bis zur Erlangung der Unabhängigkeit.

[5] 1 Makk 13, 14; 14, 41. Siehe S. 9.

[6] Siehe S. 9 mit Anm. 7.

[7] Sie erscheinen zum erstenmal zusammen mit den Sadduzäern und Essenern bei Ios. *ant. Iud.* XIII, 171 f. (etwa 145 v. Chr.).

[8] Vgl. E. Meyer, *Ursprung und Anfänge des Christentums*, II, Stuttgart 1921, S. 283 f.

tung bedeutet der Name „Erklärer" (der Schrift)[9] oder aber „Persianisierer".[10] Im letztgenannten Fall hätte es sich um einen Spottnamen gehandelt, den ihnen ihre theologischen Gegner anhefteten, weil sie Lehren wie die Auferstehung des Leibes und das künftige Gericht vertraten und an Hierarchien von guten und bösen Geistern, Engeln und Dämonen glaubten, die zu zwei feindlichen „Reichen" zusammengeschlossen seien.

Es ist möglich, daß ihre Gegner den Namen „Pharisäer" absichtlich mißdeuteten, als ob er „Persianisierer" meinte, aber es ist unwahrscheinlich, daß dies der Ursprung ihres Namens war. Es spricht sehr viel mehr dafür, daß sie „Pharisäer" im Sinne von „Abgesonderte" hießen, weil sie sich von allem fernhielten, was rituelle Unreinheit zur Folge haben konnte.[11] In Dingen der rituellen Reinheit, bezüglich der Speisevorschriften, des Sabbatgesetzes u. ä. ließen sie nämlich ohne Zweifel allergrößte Sorgfalt walten. Der Prototyp des *chasid* ist in dieser Beziehung Daniel, der sich nicht mit Nebukadnezars Speise oder Trank verunreinigen wollte, und die Martyrologien des zweiten und vierten Makkabäerbuches kreisen um eben diesen Punkt.[12]

Die alten Vorschriften über die Verzehntung der Bodenprodukte wurden von den Pharisäern ebenfalls mit peinlichster Sorgfalt eingehalten. Aus der Evangelientradition wird wiederholt ersichtlich, wie genau sie es damit nahmen; so betont der im Tempel betende Pharisäer: „Ich gebe den Zehnten von meinem ganzen Einkommen" (Lk 18, 12), und Jesus sagt von ihnen, sie verzehnteten „die Minze und den Anis und den Kümmel" (Mt 23, 23).[13] Der Verzehntung unterliegende Speisen rührten sie nur an, wenn der Zehnte davon auch wirklich entrichtet worden war.

---

[9] Vgl. W. O. E. Oesterley, *The Jews and Judaism during the Greek Period*, London 1941, S. 246. Diese Ansicht kann sich auf die Angabe des Josephus (*bel. Iud.* II, 162) stützen, daß „die Pharisäer in dem Ruf besonders gewissenhafter Gesetzesauslegung stehen".

[10] Vgl. T. W. Manson, „Sadducee and Pharisee", *BJRL* 22 (1938), S. 153 ff.; *The Servant-Messiah*, Cambridge 1953, S. 19 f.

[11] In diesem Sinn kommt das Wort der Bedeutung des hebräischen Wortstammes *qadosch*, „heilig", sehr nahe. So erweitert der Midrasch *Sifra* zum 3. Buch Mose „darum sollt ihr euch heilig halten und sollt heilig sein; denn ich bin heilig" (3 Mo 11, 44 f.) zu: „wie ich heilig bin, so sollt auch ihr heilig sein; wie ich abgesondert (*parusch*) bin, so sollt auch ihr abgesondert (*peruschim*) sein."

[12] Vgl. Dan 1, 8; 2 Makk 6, 18—7, 42; 4 Makk 4, 26 ff.

[13] Vgl. Lk 11, 42: „Ihr verzehntet die Minze und die Raute und jegliches Gartengewächs". Das soll besagen, daß sie diese Gartengewächse neben den in 5 Mo 14, 22 f. aufgeführten Hauptbodenfrüchten — Korn, Wein und Oliven — verzehnteten. Eine wörtliche Anwendung von 3 Mo 27, 30 führte zur Formulierung einer umfassenderen Regel: „Alles, was zur Speise dient, aufbewahrt wird und aus der Erde wächst, ist zehntpflichtig" (Mischna,

Die biblische Lehre von der Herrschaft Gottes über das Weltall und seiner Verwertung menschlichen Tuns zur Förderung seiner eigenen Absichten nahmen sie sehr ernst. Mochten die Menschen auch seine Gesetze mißachten und sich seinem Willen widersetzen, sein Wille würde dennoch triumphieren, was immer sie auch unternahmen.[14]

Im Verlauf ihres Forschens im Gesetz stellten sie ein Korpus altüberlieferter Auslegungen und Anwendungen desselben zusammen, das im Laufe der Zeit die gleiche unumstößliche Gültigkeit erlangte wie das geschriebene Gesetz selbst. Spätere Rabbinergenerationen stellten es dann so dar, als sei dieses mündliche Gesetz von Mose überkommen, der es zugleich mit dem geschriebenen Gesetz am Sinai empfangen habe; während dieses von Abschreibern überliefert worden sei, sei jenes mündlich von Generation zu Generation weitergegeben worden — von Moses an Josua, dann wiederum an die Ältesten, an die Propheten, an die Männer der Großen Synagoge, und von Simon dem Gerechten, einem der letzten Überlebenden der Großen Synagoge, an Antigonus von Sokho, der es wiederum an aufeinanderfolgende Gelehrtenpaare weitergegeben habe, Generation um Generation — an Jose ben Joeser und Jose ben Jochanan, Josua ben Perachja und Mattai von Arbela, Juda ben Tabai und Simon ben Schatach (um 70 v. Chr.), Schemaja und Abtalion (um 40 v. Chr.), Hillel und Schammai (um 10 v. Chr.).[15] Der Mischna-Traktat *Pirqe Abot,* der mit diesem Bericht über die Überlieferung beginnt, vermittelt den Eindruck, daß es sich bei diesen Paaren um kollegiale Gelehrtenpaare handelte. In Wirklichkeit gründeten aber zum Beispiel Hillel und Schammai rivalisierende Rabbinenschulen, die bestimmte Teile des Gesetzes ganz verschieden auslegten und in der Art und Weise, wie sie die Überlieferung der Vorfahren weitergaben, beträchtlich voneinander abwichen.

In ihrer Haltung zur Überlieferung und ihrer allgemeinen Lebens- und

---

Ma'aserot 1, 1). Über die Verzehntung minderer Kräuter waren sich die Rabbis nicht ganz einig (vgl. Mischna, *Ma'aserot* 4, 5). Nach Mischna, *Schebi'it* 9, 1 war die Raute von der Verzehntung ausgenommen; E. Nestle („Anise and Rue", *Ex* 15 [1903—4], S. 528) schlug vor, daß das semitische *schabbara* hinter Lukas' *pēganon* eine falsche Lesart für *schebeta* („Dill" oder „Anis", gr. *anēthon*) sein könne.

[14] Vgl. Ios. *bel. Iud.* II, 162 f.; *ant. Iud.* XIII, 172; XVIII, 13. Gamaliels Rat in Apg 5, 38 f. ist typisch pharisäisch; vgl. den Ausspruch des Rabbi Jochanan, des Sandalenmachers, in *Pirqe Abot* 4, 14 („Jede Versammlung, die im Namen des Himmels stattfindet, wird am Ende bestehen. Die aber nicht im Namen des Himmels stattfindet, wird am Ende nicht bestehen").

[15] *Pirqe Abot* 1, 1—12. Schemaja und Abtalion sind vielleicht mit Samaias und Pollio in der Erzählung des Josephus (*ant. Iud.* XIV, 172 ff.; XV, 3 f., 370) zu identifizieren, die am Beginn von Herodes' Regierungszeit hohes Ansehen genossen (siehe S. 26).

Denkweise wiesen alle pharisäischen Schulen jedoch eine Verwandtschaft auf, durch die sie sich von anderen Parteien im Judentum, speziell von ihren Hauptgegnern, den Sadduzäern, unterschieden.

2.

Über den Ursprung der Sadduzäer ist noch weniger bekannt als über den der Pharisäer. In theologischer Hinsicht unterschieden sie sich von den Pharisäern dadurch, daß sie die Tradition verwarfen und einzig und allein das geschriebene Gesetz gelten ließen. Obwohl die pharisäische Linie schließlich siegen sollte, betrachteten sich die Sadduzäer als „Altgläubige" und lehnten die Lehren von der Auferstehung des Leibes und der Zumessung von Lohn und Strafe bei einem Gerichtstag nach dem Tode als aus dem Zoroastrismus übernommene Neuerungen ebenso ab wie den Glauben an Hierarchien von Engeln und Teufeln. Gegenüber der Prädestinationslehre der Pharisäer bestanden sie auf der Freiheit des menschlichen Willens, den Lauf der Dinge zu bestimmen.[16]

Bedeutungsvoller als ihre theologischen Ansichten, die in unseren Quellen nur als von der Lehre der Pharisäer abweichende Haltung dargelegt werden, war jedoch ihre politische Rolle. Sie erscheinen zuerst als die Partei, die seit der Zeit des Johannes Hyrkanus die hasmonäischen Herrscher unterstützt und berät. Man hat oft gemeint, ihr Name deute auf besondere Anhänglichkeit an die hohepriesterliche Familie der Zadokiden hin; da sie indessen bei ihrem ersten Auftauchen in der Geschichte als Förderer der hasmonäischen Hohenpriester in Erscheinung treten, ist diese Etymologie unwahrscheinlich. Mehr Wahrscheinlichkeit für sich hat die Ansicht, daß das Wort „Sadduzäer" (hebr. *sadduqim*) eine Hebraisierung des griechischen Wortes *syndikoi* („Syndizi", „Mitglieder des Rats") darstellt und sie als die Ratgeber der Hasmonäer bezeichnet, obschon sie selber es später mit hebr. *saddiq*, „gerecht", in Zusammenhang brachten.[17]

Nach Josephus[18] war Johannes Hyrkanus zunächst Anhänger der Pharisäer, bis er sie einmal während eines Banketts, zu dem er sie eingeladen hatte, aufforderte, ihn ganz offen zur Rede zu stellen, falls sie bemerken

---

[16] Vgl. Ios. *bel. Iud.* II, 163 f.; *ant. Iud.* XIII, 173; XVIII, 16 f.; Mk 12, 18; Apg 23, 8.
[17] T. W. Manson, „Sadducee and Pharisee", *BJRL* 22 (1938), S. 144 ff.; *The Servant Messiah*, Cambridge 1953, S. 16.
[18] *ant. Iud.* XIII, 288 ff.

sollten, daß er vom rechten Wege abirre. Einer seiner Gäste, Eleasar, ließ sich das nicht zweimal sagen und bedeutete ihm, wenn er als absolut gerecht gelten wolle, solle er als Hoherpriester zurücktreten und sich mit der zivilen Gewalt begnügen. Sein priesterlicher Stammbaum war nämlich nicht gänzlich über jeden Verdacht erhaben, hieß es doch, seine Mutter habe sich in den entscheidenden Monaten vor seiner Geburt in Gefangenschaft seleukidischer Beamter befunden. Hyrkanus nahm diese abfälligen Bemerkungen über die Keuschheit seiner Mutter und seine eigene Legitimität naturgemäß übel. Einer seiner Freunde, ein Sadduzäer mit Namen Jonathan, versicherte ihm, Eleasar habe nur freimütig ausgesprochen, was die gesamte Pharisäerpartei insgeheim empfinde, worauf Hyrkanus mit den Pharisäern brach und sich hinfort mit den Sadduzäern verband.

Diese Geschichte (die einer im Talmud von Alexander Jannäus berichteten sehr ähnlich ist)[19] stellt die Dinge sehr vereinfacht dar, doch steht fest, daß die Sadduzäer von dieser Zeit an bis zum Tode des Jannäus im Jahre 76 v. Chr. die Macht ausübten und die Pharisäer die Oppositionspartei waren.

Obwohl die Sadduzäer sehr mächtig waren, scheinen ihre Mitglieder doch nur einigen wenigen begüterten Familien entstammt zu sein, besonders den führenden Priesterfamilien, während die Pharisäer sich auf die breite Masse des Volkes stützen konnten. In der Tat hat man den Unterschied zwischen den beiden Parteien als einen ursprünglich sozialen hingestellt und die Sadduzäer als die Abkömmlinge der patrizischen Grundbesitzer, die Pharisäer hingegen als die Nachkommen der städtischen Händler bezeichnet;[20] doch wie dem auch sei: die Unterschiede zwischen beiden Parteien sind in der Zeit, in der sie in der Geschichte unter ihren eigentlichen Bezeichnungen erscheinen, keineswegs in erster Linie sozialer Art.

Der Widerstand der Pharisäer gegen das Régime spitzte sich unter der Regierung des Alexander Jannäus zu, und es scheint, daß sie in den Aufstand der Jahre 94—88 v. Chr. verstrickt waren, in dessen Verlauf die Rebellen die Hilfe des seleukidischen Königs Demetrius III. in Anspruch nahmen.[21] Ein Hinweis auf „[Deme]-trius, den König von Jawan, der begehrte, nach Jerusalem zu kommen nach dem Rat derer, die nach glatten Dingen suchen“, in dem Bruchstück eines Midraschs zu Nahum

---

[19] bT *Qidduschin* 66 a.

[20] Diese These vertritt insbesondere L. Finkelstein, *The Pharisees*, Philadelphia 1946.

[21] Ios. *bel. Iud.* I, 83 ff.; *ant. Iud.* XIII, 372 ff.

2, 11, das in Qumran (Höhle 4) gefunden wurde, läßt auf die Teilnahme der Pharisäer an diesem Aufstand schließen. Mit dem Ausdruck „die, die nach glatten Dingen suchen" (hebr. *doresche chalaqot*) wird in der Qumran-Literatur mehrmals eine Partei, höchstwahrscheinlich die der Pharisäer, bezeichnet, die die Qumran-Gemeinde ablehnte. Wenn der Midrasch zu Nahum 2, 12 in demselben Qumran-Fragment später von „dem Löwen des Zorns" spricht, „der durch seine Mächtigen und durch die Männer des Rates schlug" und „Rache nahm an denen, die nach glatten Dingen suchen, indem er sie lebendig aufhängte, was noch nie in Israel geschehen war",[22] so meint er vielleicht die grausame Rache, die Jannäus nach der Niederschlagung der Revolte an den Aufständischen übte, indem er achthundert von ihnen ans Kreuz schlagen ließ. Aus dem Talmud geht hervor, daß das Volk „die Tötung der Rabbinen durch König Jannäus" nicht so bald vergaß. „Alle Weisen in Israel wurden niedergemetzelt, und die Welt war öde und leer, bis Simon ben Schetach erschien und dem Gesetz seinen früheren Glanz zurückgab."[23]

Josephus berichtet, die Aufständischen, achttausend an der Zahl, seien nach der Kreuzigung ihrer Anführer durch Jannäus aus dem Land geflohen und erst nach dem Tode des Königs zurückgekehrt. Für die Pharisäerpartei wandte sich die Lage nach Jannäus' Tod indessen zum Guten, denn seine Witwe, Salome Alexandra, die seine Nachfolge antrat, begünstigte sie und räumte ihr großen Einfluß ein. In der rabbinischen Überlieferung gilt ihre neunjährige Regierungszeit als ein kleines goldenes Zeitalter, und es überrascht nicht, daß sie selber *(more rabbinico)* als die Schwester des Simeon ben Schetach bezeichnet wird.[24]

Die Ratgeber der Königin nutzten ihren Einfluß naturgemäß aus, um an ihren Verfolgern Rache zu nehmen; insbesondere wurden jene, die Jannäus Beihilfe zu der Kreuzigung seiner achthundert Widersacher geleistet hatten, jetzt ihrerseits hingerichtet. (Einen möglichen Hinweis hierauf hat man in einem noch nicht veröffentlichten Bruchstück eines Sektenkalenders aus Qumran [Höhle 4] gefunden.)[25] Die zu Tode erschrokkenen Sadduzäer versicherten sich der Hilfe des jüngeren Sohnes der Königin, Aristobul, der seine Mutter eindringlich bat, die loyalen Anhänger ihres verstorbenen Gatten nicht dem Verderben preiszugeben, könn-

---

[22] 4 QpNah, hg. von J. M. Allegro, DJD, V, Oxford 1968, S. 37—42. Vgl. unten S. 115; Teil II, Kap. 3/1.
[23] bT *Sotah* 47 a; *Qidduschin* 66 a.
[24] bT *Berakot* 48 a.
[25] Vgl. J. T. Milik, *Ten Years of Discovery in the Wilderness of Judaea*, London 1959, S. 73.

ten sie doch sonst in ihrer Verzweiflung zum Nabatäerkönig und zu anderen benachbarten Herrschern übergehen, die über eine solche Stärkung ihrer Macht auf Kosten Judäas sehr erfreut sein würden.[26]

3.

Von der Regierungszeit der Salome Alexandra an war die Position der Pharisäer im Hohen Rat gesichert. Dieser Rat, der gewöhnlich mit dem hebräischen oder aramäischen Wort Sanhedrin (ein Lehnwort aus gr. *synedrion,* „Rat") bezeichnet wird, wurde schon bald vor der Erringung der Unabhängigkeit durch die Hasmonäer geschaffen. Als Judäa ein Tempelstaat unter den hellenistischen Reichen war (und wahrscheinlich bereits früher unter den Persern), stand dem Hohenpriester als Leiter der inneren Angelegenheiten eine beratende Versammlung zur Seite. Die rabbinische Exegese führte den Ursprung dieses Rats auf die siebzig Ältesten zurück, die während der Wüstenzeit auserwählt waren, die Last der Mose auferlegten Verwaltungs- und Justizaufgaben mitzutragen (4 Mo 11, 16 ff.); in der Geschichte taucht er indessen zum ersten Mal in einem Brief auf, den Antiochus III. nach der Schlacht bei Paneion, durch die Judäa dem seleukidischen Herrschaftsgebiet einverleibt wurde, an den Statthalter von Coelesyrien richtete.[27] Dieser von Josephus zitierte Brief spricht wiederholt von dem jüdischen „Senat" (gr. *gerousia):* „Allen Angehörigen des Volkes soll gestattet sein, nach den Gesetzen ihrer Väter zu leben, und es sollen der Senat, die Priester, die Tempelschreiber und die Sänger von der Kopfsteuer, der Abgabe für die Krone und der Salzsteuer befreit sein." Wenn in den Makkabäerbüchern von den „Vornehmsten des Volkes" die Rede ist, so dürften damit die Mitglieder dieses Rates gemeint sein.[28] Unter den hasmonäischen Fürsten gehörten dem Rat nur Sadduzäer an, doch Alexandra besetzte ihn offensichtlich mit Pharisäern. Denn die „Vornehmsten der Juden", die sie in ihrer Sterbestunde zusammen mit ihrem ältesten Sohn, dem Hohenpriester Hyrkanus, aufsuchten, um sie zu fragen, was man tun solle, um ihren jüngeren Sohn Aristobul an der Durchführung seiner Machtergreifungspläne zu hindern,[29] waren sicherlich nicht Sadduzäer; Aristobul war der Freund und

---

[26] Ios. *bel. Iud.* I, 110 ff.; *ant. Iud.* XIII, 401 ff.
[27] Ios. *ant. Iud.* XII, 138 ff.
[28] 1 Makk 7, 23 usw.
[29] Ios. *ant. Iud.* XII, 428.

Fürsprecher der Sadduzäer, die seine Einsetzung zum Priesterkönig gewiß brennend wünschten.

Nach der Eroberung des Landes durch die Römer behielt der Hohepriester Hyrkanus die Leitung der Nation *(prostasia tou ethnous)*[30] und führte den Vorsitz im Hohen Rat. Als Gabinius Statthalter von Syrien war (57—55 v. Chr.), schränkte er die Befugnisse des Synedriums bei seiner Neuorganisierung von Judäa beträchtlich ein,[31] doch übte der Hohe Rat 47 v. Chr. unter dem Vorsitz des Hyrkanus seine Macht als Oberster Gerichtshof wieder voll aus. In jenem Jahr mußte sich nämlich Herodes vor ihm verantworten, dem man vorwarf, über seine Kompetenzen als Militärgouverneur von Galiläa hinausgegriffen zu haben, indem er den Räuberhauptmann Ezechias ohne Gerichtsverfahren hinrichten ließ. Der Hohe Rat hätte ihn verurteilt, wenn Hyrkanus nicht aus Furcht vor den Folgen die Verhandlung vertagt hätte, ehe das Gericht einen solch drastischen Urteilsspruch fällte.[32]

Als Herodes König der Juden wurde, büßten sowohl der Hohepriester wie das Synedrium ihre meisten Befugnisse ein, während die Pharisäer beim Volk an Ansehen gewannen — zum Teil, weil sie, wenn es erforderlich schien, nicht davor zurückschreckten, Herodes öffentlich entgegenzutreten. Als Judäa im Jahre 6 n. Chr. römische Provinz wurde, wurden der Hohepriester und das Synedrium erneut mit der Leitung der inneren Angelegenheiten des Landes betraut, wenn sie auch im letzten dem römischen Prokurator verantwortlich waren. Während der nächsten sechzig Jahre wurden regelmäßig Angehörige der wohlhabenden sadduzäischen Familien zu Hohenpriestern eingesetzt, und diese Familien beherrschten den Hohen Rat. Aber obwohl die Pharisäer in der Minderheit waren, hatten sie doch einen derart starken Rückhalt im Volk, daß sie sowohl innerhalb wie außerhalb des Synedriums über einen Einfluß geboten, der in gar keinem Verhältnis zu ihrer Zahl stand. Nach Josephus, der selber von seinem neunzehnten Lebensjahr an Anhänger der Pharisäerpartei war, fanden sich die sadduzäischen Beamten mit den pharisäischen Grundsätzen ab, da sie erkannten, daß das Volk sonst nicht bereit gewesen wäre, sie zu tolerieren.[33]

Im Neuen Testament begegnet man verschiedenen Bezeichnungen für das Synedrium: „Rat“ *(synedrion* oder *boulē)*, „Ältesten-Rat“ *(presbyterion)* und „Senat“ *(gerousia)*; oft wird es auch durch Aufführung seiner

---

[30] Ios. *ant. Iud.* XX, 244.
[31] Ios. *bel. Iud.* I, 170; *ant. Iud.* XIV, 90 f.
[32] Ios. *bel. Iud.* I, 208 ff.; *ant. Iud.* XIV, 163 ff.
[33] *ant. Iud.* XVIII, 17.

Bestandteile benannt — zum Beispiel „die Hohenpriester und die Pharisäer" (Mt 21, 45; Joh 7, 32), „die Hohenpriester und Ältesten und Schriftgelehrten" (Mk 14, 53), „die Hohenpriester und Schriftgelehrten" (Lk 22, 2), „die Hohenpriester und Ältesten" (Apg 4, 23), „die Hohenpriester und der ganze Hohe Rat" (Apg 22, 30), „die Oberen und Ältesten und Schriftgelehrten" (Apg 4, 5).

4.

Die Pharisäer schlossen sich zu örtlichen Gemeinschaften oder Bruderschaften *(chaburot;* die Mitglieder einer *chaburah* hießen *chaberim)* zusammen.[34] Josephus schätzt ihre Zahl auf etwa sechstausend.[35] Zweifellos folgten viele ihrer Leitung, ohne einer pharisäischen Gemeinschaft anzugehören. Außerdem gehörten viele, wenn nicht die meisten Schriftgelehrten, die hauptberuflichen Erforscher und Lehrer der Schrift, der einen oder anderen pharisäischen Schule an und trugen deren Interpretationen unter das Volk. Aber nicht alle Schriftgelehrten waren „Schriftgelehrte [von der Partei] der Pharisäer" (Mk 2, 16; vgl. Apg 23, 9); es gab auch andere, die das Gesetz nach den Lehren der Sadduzäer auslegten und die „Überlieferung der Alten" ignorierten (Mk 7, 3. 5).

Die „Überlieferung der Alten" sollte in der Hauptsache die Härten mildern, die eine buchstäbliche Anwendung des geschriebenen Gesetzes Menschen auferlegt hätte, die unter ganz anderen Bedingungen lebten, als sie zur Zeit der erstmaligen Verkündigung des Gesetzes herrschten. Zum Beispiel hätte eine buchstäbliche Auslegung des Gesetzes von 2 Mo 16, 29, „niemand verlasse am siebenten Tage seine Wohnung", jedermann am Sabbat nahezu völlig an seine Wohnung gefesselt, hätte die Interpretation des Begriffs „seine Wohnung" im Licht von 4 Mo 35, 5 nicht 2000 Ellen im Umkreis derselben oder jedes beliebigen zu diesem Zweck namhaft gemachten Aufenthaltsortes beinhaltet — die „Sabbatstrecke" *(techum hasch-schabbat),* einen „Sabbatweg weit" (Apg 1, 12).[36]

Bisweilen ging man bei der Auslegung in der Tat so weit, daß vom ursprünglichen Wortlaut des Gebots kaum etwas übrigblieb, oder ein fundamentaleres Gebot seine Gültigkeit verlor. Diese Kritik übte Jesus

---

[34] Der *chasid,* der Psalm 119 verfaßte, sagt: „Ich bin ein Genosse *(chaber)* aller, die dich fürchten, und derer, die deine Befehle halten" (V. 63).
[35] Ios. *ant. Iud.* XVII, 42 (gegen das Ende von Herodes' Leben).
[36] Mischna, *'Erubin* 4, 3 usw.

an einer schriftgelehrten Ausdeutung, die die Pflicht zur materiellen Unterstützung der Eltern praktisch aufhob, falls der Betreffende nachwies, daß das Geld, das er für diesen Zweck hätte verwenden können, schon Gott geweiht sei *(qorban)*. Jesus sagte, solch eine Auslegung verstoße gegen den Geist des fünften Gebots, das Ehrfurcht vor den Eltern fordere (Mk 7, 9—13). Diese Interpretation des Gesetzes über Gelübde (5 Mo 23, 21) war eine spezifische Anwendung des allgemeinen Grundsatzes, wonach für sakrale Anliegen bestimmte Gelder nicht für andere Zwecke verwandt werden durften. Rabbi Elieser ben Hyrkanus vertrat jedoch gegen Ende des ersten Jahrhunderts die Auffassung, ein Gelübde, das sich nachteilig auf die Beziehung zwischen Eltern und Kindern auswirke, könne annulliert werden, und seine Kollegen pflichteten ihm bei.[37]

Hillel wird eine Gesetzesnovelle zugeschrieben, die in starkem Ausmaß zur Abänderung, wenn nicht zur Aufhebung des alten Gesetzes beitrug, demzufolge einem israelitischen Volksgenossen geliehene Darlehen jedes siebte Jahr erlassen werden sollten (5 Mo 15, 1—6). Unter den andersgearteten Verhältnissen des zweiten jüdischen Gemeinwesens bildete dieses Gesetz eine unbillige Härte für den, der zur Überbrückung einer Notlage dringend ein Darlehen brauchte; war das Erlaßjahr nicht mehr fern, so fand er nur schwer jemanden, der bereit war, ihm etwas zu leihen, ungeachtet der Ermahnung in 5 Mo 15, 7—11 an alle begüterten Israeliten, ein Darlehen unter solchen Umständen nicht zu verweigern. Hillel führte daher die Bestimmung ein, daß, falls der Betreffende *vor* der Auszahlung des Darlehens vor Gericht (gr. *pros boulē*, woraus das hebräische und aramäische Lehnwort für diese Bestimmung *prozbul* entstand) erkläre, daß das Gesetz über den Erlaß von Schulden darauf nicht anwendbar sein solle, die Schuld beim Herannahen des Erlaßjahres nicht gestrichen werden dürfe.[38]

Von den beiden in neutestamentlicher Zeit tonangebenden Schulen stand die des Schammai in dem Ruf einer besonders strengen und die des Hillel in dem einer eher milden Gesetzesauslegung. Die Gesetzeskundigen im Evangelienbericht, die „die Menschen belasten mit schwer zu tragenden Lasten", aber selber die Lasten mit keinem Finger anrühren,

---

[37] Mischna, *Nedarim* 9, 1.

[38] Mischna, *Schebi'it* 10, 3 ff. (Eine andere, aber weniger wahrscheinliche Etymologie als *pros boulē* ist gr. *prosbolē*, „Lieferung" von Waren). Hillels berühmter Schüler und Nachfolger Gamaliel I. änderte das Gesetz, daß die Bewegungen von Neumondszeugen am Sabbattag einschränkte, ab (Mischna, *Rosch ha-Schanah* 4, 5) und untersagte die Annullierung von Scheidungsprozessen ohne Wissen der Frau (Mischna, *Gittin* 4, 2).

sind wahrscheinlich Schammaiten (Lk 11, 46). Im Zuge der Erneuerung des nationalen Lebens, die auf den Krieg 66—73 n. Chr. folgte, wurde indessen die Schule Hillels unter Johanan ben Sakkai tonangebend. Die extreme Haltung der Schammaiten, die darauf bestanden, daß jede Vorschrift aufs I-Tüpfelchen genau erfüllt werden müsse — sie spiegelt sich im Jakobusbrief 2, 10 („Denn wer das ganze Gesetz hält, sich aber in *einem* verfehlt, der ist in allem schuldig geworden") —, ist weltenweit von der Lehre des Rabbi Akiba (etwa 100 n. Chr.) entfernt, daß „die Welt mit Güte gerichtet wird, und doch alles auf die Menge der Tat ankommt" *(Pirque Abot* 3, 19) — das heißt darauf, ob bei menschlichen Handlungen das Gute oder das Böse überwiegt.[39] Daran gilt es sich zu erinnern, wenn man den Gegensatz zwischen dem Bild, das die Evangelien von den Pharisäern zeichnen, und dem, das die späteren rabbinischen Urkunden bieten, feststellt. Aber selbst in letzteren wird freimütig zugestanden, daß sich nicht alle Pharisäer dieses Namens würdig zeigten; von den sieben Kategorien von Pharisäern, die der Talmud unterscheidet, erhält allein der, der Pharisäer aus Liebe zu Gott ist, ein rückhaltloses Lob.[40]

Die große Bedeutung, die die Pharisäer der rituellen Reinheit beimaßen, veranlaßte sie nicht nur, sich von den Heiden, die ja gänzlich außerhalb des Gesetzes standen, und den Samaritern, die die Reinheitsgebote anders als die Juden auslegten, fernzuhalten, sondern sich auch in beträchtlichem Ausmaß von denjenigen ihrer jüdischen Glaubensgenossen zu distanzieren, die es mit den Reinheits- und Verzehntungsvorschriften nicht ganz so genau nahmen wie die Pharisäer selber. Zu den letztgenannten zählten in der Hauptsache die gewöhnlichen Handwerker und Bauern, die für Studium und Beobachtung dieser Gesetze nicht viel Zeit und vielleicht auch kein großes Interesse aufzubringen vermochten. Diese Leute, die die überwiegende Mehrzahl der jüdischen Bevölkerung Palästinas bildeten, nannte man „das Volk des Landes" — nur wurde die alte Sammelbezeichnung *'am ha'ares* jetzt in individueller Bedeutung gebraucht und zur Spezialbezeichnung für einen religiösen Ignoranten, der nicht mit dem Gesetz vertraut war. In diesem Sinn kommt die Wendung in einem dem Hillel zugeschriebenen Ausspruch vor: „Kein *'am ha'ares* ist fromm"[41] — ein Ausspruch, der in der Bemerkung einer Gruppe füh-

[39] Vgl. H. Danby, *Studies in Judaism,* Jerusalem 1922, S. 19; B. S. Easton, *Christ in the Gospels,* New York 1930, S. 88 ff.; C. G. Montefiore und H. Loewe, *A Rabbinic Anthropology,* London 1938, S. 595 ff.
[40] jT *Berakot* 9, 7.
[41] *Pirqe Abot* 2, 6.

render Pharisäer im Neuen Testament nachklingt: „Aber dieses Volk, welches das Gesetz nicht kennt — verflucht sind sie!“ (Joh 7, 49)

Eine Tatsache gereicht den Pharisäern vor allen anderen zum Ruhm: nach der Einäscherung des zweiten Tempels und dem Zusammenbruch des zweiten jüdischen Gemeinwesens im Jahre 70 n. Chr. waren sie die einzige Partei im Judentum, die sich der Aufgabe der Erneuerung des nationalen Lebens gewachsen zeigte und sie bewältigte.

SIEBTES KAPITEL

Die Essener

Neben den Pharisäern und Sadduzäern existierte in neutestamentlicher Zeit in Judäa eine dritte Partei, die zwar im öffentlichen Leben weniger hervortrat, aber gleichwohl Züge aufweist, die für die jüdische Religion und die Ursprünge des Christentums von erstrangigem Interesse sind. Es ist dies die Partei der Essener.

Die Herleitung ihres Namens (gr. *Essēnoi, Essaioi)* ist lange umstritten gewesen und immer noch nicht ganz geklärt. Die meisten Forscher leiten ihn aus aram. *chasja* („fromm" oder „heilig") ab — eine Ableitung, die durch die Tatsache gestützt wird, daß die Essener höchstwahrscheinlich eine Sonderentwicklung der *chasidim* des zweiten vorchristlichen Jahrhunderts darstellen. Schwierigkeiten bereitet indessen, daß *chasja* eher für das Syrisch-(Ost-)Aramäische als für das Westaramäische bezeugt ist.[1] Vieles spricht auch für die Ableitung aus aram. *'asja,* „Heiler"[2] — besonders interessant wegen ihrer bedeutungsmäßigen Ähnlichkeit mit den *Therapeutai,* einer frommen Judengemeinschaft in Ägypten, auf die Philo ebenso wie auf die Essener in Judäa zur Bestätigung seiner These weist, daß „jeder Tüchtige frei ist".[3] Die Bezeichnung *therapeutai* könnte, wie Philo bemerkt, „Heiler" bedeuten, wenngleich er sie auch mit Gottes-„Knechte" oder -„Anbeter" übersetzt.

Philo von Alexandrien (etwa 20 v. Chr. — 50 n. Chr.) verdanken wir die frühesten Angaben über die Essener; weitere Nachrichten überliefern im ersten vorchristlichen Jahrhundert Josephus und Plinius der Ältere, während der christliche Autor Hippolyt von Rom zu Beginn des dritten Jahrhunderts einige Einzelheiten über sie mitteilt, die seine Vorgänger nicht erwähnen.

---

[1] Diese Ableitung wird zum Beispiel von J. T. Milik, *Ten Years of Discovery in the Wilderness of Judaea,* London 1959, S. 80, und M. Black, *The Scrolls and Christian Origins,* London 1961, S. 13 ff., vorgezogen; sie erwähnen ein inschriftliches Vorkommen von *chsy* in einer Verbalform im Palmyrenischen (einer westaramäischen Mundart).

[2] Vgl. G. Vermes, „The Etymology of ‚Essenes'", *Revue de Qumran* 2 (1959—60), S. 427 ff.

[3] Phil. *contempl.* 2 ff.

I.

Der Bericht des Plinius steht in seiner Naturgeschichte (V, 73); er wurde offensichtlich zwischen 73 n. Chr. (dem Jahr des Falls von Masada) und 79 (dem Jahr, in dem Plinius beim Ausbruch des Vesuvs den Tod fand) verfaßt. Der Verfasser hat vorher das Tote Meer und seine Wunder beschrieben und fährt wie folgt fort:

> Westlich wohnen, so nahe die Ausdünstungen des Sees es gestatten, die Essener, ein einsames und vor allen übrigen Bewohnern der Erde bewundernswertes Volk, das ohne Frauen, überhaupt ohne alle Gemeinschaft mit dem weiblichen Geschlecht, ohne Geld, und nur in Gesellschaft seiner Palmen lebt. Ihre Anzahl erneuert sich immer wieder durch Ankömmlinge, denn viele wandern dahin, welche lebensmüde sind und von den Wogen des Schicksals sich zur Annahme ihrer Sitten gedrungen fühlen. So besteht (was unglaublich scheint) ein Volk, bei dem niemand geboren wird, Tausende von Generationen fort. So fruchtbar ist für sie der Lebensüberdruß anderer! Unterhalb ihres Gebiets lag früher die Stadt En-Gedi, welche nach Jerusalem [vermutlich Abschreibfehler für „Jericho"] wegen ihres fruchtbaren Bodens und ihrer Palmenwälder den zweiten Rang behauptete; jetzt ist sie gleichfalls ein Schutthaufen. Hierauf folgt Masada, eine Festung auf einem Felsen, nicht weit vom Toten Meer. So weit reicht Judäa.

Plinius' Schilderung, die wahrscheinlich auf früheren Quellen basiert, enthält, um was für Leute es sich auch handeln mag, ein beträchtliches Maß an rhetorischer Übertreibung. So hatten die Essener zum Beispiel sicherlich nicht seit Tausenden von Generationen in jenem Gebiet gelebt; vermutlich wäre bereits „seit zehn Generationen" stark übertrieben, selbst wenn man vier Generationen je Jahrhundert rechnet.

Die Bestimmung ihres Hauptquartiers hängt zum Teil von der Bedeutung der Präposition „unterhalb" in der Angabe „Unterhalb ihres Gebietes lag früher die Stadt En-Gedi" *(infra hos Engada oppidum fuit)* ab. Da Plinius hier das Jordantal von der Quelle bis zum Toten Meer beschreibt, ist anzunehmen, daß er En-Gedi südlich des Hauptquartiers der Essener lokalisiert, ebenso wie „hierauf" (lat. *inde)* am Beginn des darauffolgenden Satzes besagt, daß Masada südlich von En-Gedi liegt. Dies wirft die Frage auf, ob das Hauptquartier der Essener nicht mit Chirbet Qumran zu identifizieren sei — um so mehr, als R. de Vaux und andere Archäologen uns versichern, daß es westlich des Toten Meeres keine andere Anlage gibt, auf die Plinius' Beschreibung passen könnte.[4] Aus

[4] R. de Vaux, *L'Archéologie et les Manuscrits de la Mer Morte*, London 1961, S. 100 ff. Siehe unten S. 109.

diesem Identifizierungsvorschlag ergeben sich bedeutsame Folgerungen, wie noch zu zeigen sein wird.

2.

Philo von Alexandrien hat uns zwei Berichte über die Essener hinterlassen: einen ziemlich umfangreichen in seiner Abhandlung *Über die Freiheit des Tüchtigen* (die allgemein zu seinen Jugendwerken gerechnet wird) und einen kürzeren in seinen *Hypothetica* (einer allgemeinen Apologie des Judentums).

In seinem erstgenannten Bericht schätzt Philo die Zahl der Essener auf etwa viertausend und gibt an, sie lebten in Dörfern, betrieben fleißig Landwirtschaft und ähnliche Arbeiten und verwendeten viel Zeit (besonders am Sabbattag, an dem sie in ihren Synagogen zusammenkämen) für die gemeinsame Beschäftigung mit ethischen und religiösen Fragen, einschließlich der Auslegung der heiligen Schriften. Er berichtet, sie seien sehr auf rituelle Reinheit bedacht, und ihr gesamtes Geld, ihre Lebensmittel und Kleidung seien gemeinschaftliches Eigentum. Weiter gibt er an, sie opferten keine Tiere, schwörten keine Eide, unterhielten kein Militär und trieben keinerlei Handel, hielten sich keine Sklaven, sorgten für die infolge Krankheit oder Altersschwäche Arbeitsunfähigen und pflegten ganz allgemein sämtliche Tugenden. Sie waren in der Tat hervorragende Beispiele für seine These, daß die wahrhaft Tüchtigen wahrhaft frei seien.[5]

In seinem kürzeren Bericht erwähnt Philo erneut mehrere dieser Charakteristika und fügt hinzu, sie nähmen nur Erwachsene in ihre Gemeinschaft auf und blieben ehelos, da Ehefrauen und Familien nach ihrer Auffassung dem nach dem Guten und Wahren Strebenden hinderlich seien.[6]

3.

In den Werken des Josephus finden sich drei Berichte über die Essener. Der umfangreichste steht im zweiten Buch seiner nur wenige Jahre nach 70 n. Chr. verfaßten *Geschichte des Jüdischen Krieges*,[7] ein kürzerer im

[5] Phil. *prob.* 75 ff.
[6] *Hypothetica (Apologia pro Judaeis)* nach Eus. *praep. ev.* VIII, 11, 1 ff.
[7] *bel. Iud.* II, 119 ff.; daran schließen sich Schilderungen der Pharisäer (162 f.)

achtzehnten Buch der etwa zwanzig Jahre später entstandenen *Jüdischen Altertümer*[8] und ein noch kürzerer im dreizehnten Buch desselben Werkes, wo die Essener erstmals in der Geschichte auftauchen.[9]

Josephus berichtet mehr Einzelheiten als Philo, und seine Angaben stammen — zumindest teilweise — aus erster Hand. Er behauptet sogar, er habe sich als Jüngling den Essenern ebenso wie den anderen jüdischen Sekten angeschlossen, da er sie alle habe kennenlernen und dann die beste auswählen wollen.[10]

Leider muß man alles, was Josephus über sich selber berichtet, mit einiger Vorsicht hinnehmen, und da er seine „enge Vertrautheit" mit den Essenern zusammen mit anderen Erlebnissen zwischen sein sechzehntes und neunzehntes Lebensjahr datiert (etwa 53—56 n. Chr.), scheint sie nicht sonderlich weit gegangen zu sein.

Während Philo die Essener zugestandenermaßen dazu benutzt, einen moralischen Grundsatz zu beweisen, hebt Josephus überdies bei ihnen wie bei anderen jüdischen Sekten jene Züge hervor, die besonders geeignet erschienen, seine heidnischen Leser zu beeindrucken; so beschreibt er zum Beispiel die jüdischen religiösen Sekten stets als Philosophenschulen nach griechischer Art.

Im großen ganzen kann man Josephus' Schilderung der Essener jedoch als verläßlich und genau bezeichnen.

Nach Josephus waren die Essener über alle Städte Palästinas verstreut. Einige von ihnen lebten in Jerusalem. Untereinander übten sie Gastfreundschaft: ein Essener, der ein Obdach brauchte, wurde von jedem anderen Essener, den er aufsuchte, als Bruder willkommen geheißen. Vieles von dem, was Josephus berichtet, setzt indessen ein Gemeinschaftsleben voraus, wie es Stadtbewohner nicht führen konnten, und es drängt

---

und Sadduzäer (164 ff.) an. Josephus stellt die Essener als die dritte Philosophenschule unter den Juden dar.

[8] *ant. Iud.* XVIII, 18 ff. im Anschluß an Darstellungen der Pharisäer (12 ff.) und Sadduzäer (16 f.) und vor einem Bericht über die „vierte Philosophie" (23 ff.), das heißt den Zelotismus (siehe unten S. 98 ff.).

[9] *ant. Iud.* XIII, 171 f. (siehe S. 97).

[10] *vit.* 10 ff. Er entschied sich für die Pharisäer, „eine der griechischen Stoa ähnelnde Partei". Die Sadduzäer betrachtet er wahrscheinlich als das jüdische Gegenstück zu den Epikuräern, während er an anderer Stelle angibt, die Essener bildeten „eine ähnliche Klasse von Menschen wie bei den Griechen die Pythagoräer" (*ant. Iud.* XV, 371). Wahrscheinlich resultiert aus diesem Versuch, die hauptsächlichsten jüdischen Parteien verschiedenen griechischen Philosophenschulen anzugleichen, eine gewisse Verzerrung seiner Darstellung jener; siehe jedoch die Bemerkungen über griechische Einflüsse auf S. 58 f.

sich die Schlußfolgerung auf, daß die vollberechtigten Essener in abgesonderten Gemeinschaften lebten, es aber außerdem nicht vollberechtigte Mitglieder gab, die in Städten wohnten.

Nach Josephus spielte der Prädestinationsgedanke bei den Essenern eine noch größere Rolle als bei den Pharisäern. Seinen griechischen Lesern erklärt er diesen ihren Glauben wie folgt: „Die Essener lehren, alles stehe unter der Macht des Verhängnisses, und es komme bei den Menschen nichts vor, das nicht vom Geschick bestimmt sei.“[11]

Im achtzehnten Buch der *Jüdischen Altertümer* führt er aus:

> Die Essener lehren, man müsse alles dem Willen Gottes anheimgeben. Sie glauben an die Unsterblichkeit der Seele und halten den Lohn der Gerechtigkeit für das erstrebenswerteste Gut. Wenn sie ihre Weihgeschenke in den Tempel schicken, bringen sie ihre Opfer[12] gemäß außerordentlich strengen eigenen Reinigungsvorschriften dar. Aus diesem Grunde ist ihnen der Zutritt zum gemeinsamen Heiligtum nicht gestattet, und sie bringen demgemäß ihre Opfer besonders dar.[13] Übrigens sind es Menschen von vortrefflichen Sitten, und sie beschäftigen sich bloß mit Ackerbau. Ganz besonders bewunderungswürdig und lobenswert aber sind sie wegen einer bei den Griechen und den anderen Völkern völlig unbekannten, bei ihnen jedoch nicht etwa erst seit kurzer Zeit, sondern schon seit vielen Jahren herrschenden ausgleichenden Gerechtigkeit, infolge deren sie vollkommene Gütergemeinschaft haben und dem Reichen nicht mehr Genuß von seinen Gütern lassen wie dem Armen. Nach dieser Lehre leben über viertausend Menschen. Sie heiraten ebensowenig, als sie Knechte halten, da sie das letztere für Unrecht, das erstere aber für die Quelle allen Streites halten, und so leben sie für sich und dienen einer dem andern. Zu Verwaltern ihrer Einkünfte und der Felderträge wählen sie tüchtige Männer sowie Priester, die für Getreide und sonstige Nahrungsmittel zu sorgen haben.[14]

---

[11] *ant. Iud.* XIII, 172.

[12] Die aus dem sechsten Jahrhundert stammende lateinische Fassung und der im zehnten oder elften Jahrhundert verfaßte Abriß fügen eine Negation hinzu: „sie bringen keine Opfer dar“. Die lateinische Fassung widerspricht indessen nicht dem Sinn des griechischen Textes; sie sagt: „sie feiern keine Opfer mit dem Volk“. Alle auf uns gekommenen Handschriften des vollständigen griechischen Textes lassen die Negation jedoch aus. Philos Angabe, daß die Essener im höchsten Maße zu Dienern oder Anbetern *(therapeutai)* Gottes wurden, „nicht durch Tieropfer, sondern dadurch, daß sie es für ihre Pflicht halten, ihren Geist zu heiligen“ (*prob.* 75), leugnet nicht völlig, daß sie Opfer darbrachten, sondern entspricht ähnlichen Feststellungen über den relativen Wert von Opfern und Gerechtigkeit im Alten Testament (vgl. 1 Sam 15, 22; Hos 6, 6 usw.).

[13] Man kann diese Angabe mit der Existenz des (unidentifizierten) „Essenertors“ in der Nähe des Tempels verknüpfen (Ios. *bel. Iud.* V, 145).

[14] *ant. Iud.* XVIII, 18—22. Der letzte Satz dieses Berichts ist textlich korrupt und daher ausgelassen worden.

Josephus bestätigt zwar im allgemeinen Philos und Plinius' Angaben, daß die Essener ehelos blieben,[15] erwähnt jedoch einen „anderen Verband der Essener, der in Lebensführung, Sitten und Gesetzen mit den übrigen übereinstimmt und sich nur in der Ansicht über die Ehe von ihnen unterscheidet".[16] Die Mitglieder dieses Verbandes, schreibt er, heiraten und gründen Familien, da sie der Ansicht sind, daß das Geschlecht sonst erlöschen würde (eine naive Erklärung, da ja aus seiner Schilderung deutlich wird, daß sich die Hauptverbände der Essener mit Erfolg „fortpflanzten", indem sie die Kinder anderer adoptierten und aufzogen). Diese Ehefrauen nahmen offensichtlich am Gemeinschaftsleben und den rituellen Waschungen teil.

Wer in die Bruderschaft der Essener aufgenommen werden wollte, mußte, wie Josephus berichtet, zuerst eine dreijährige Probezeit durchlaufen. Während des ersten Jahres trug er das weiße Leinengewand und den Schurz, die für die Sekte kennzeichnend waren, und führte den kleinen Pflock mit sich, den jeder Essener zum Ausschaufeln eines Abortloches gemäß der Anweisung von 5 Mo 23, 12—14 benutzte. Am Ende des ersten Probejahres wurde der Novize zur rituellen Reinigung zugelassen, doch erst nach zwei weiteren Jahren durfte er erstmals am Gemeinschaftsmahl teilnehmen. Und wenn man ihn schließlich der Zulassung zur Vollmitgliedschaft für würdig befunden hatte, dann mußte er laut Josephus,

> bevor er die gemeinsame Speise anrührt, ihnen furchtbare Eide schwören, erstlich die Gottheit zu verehren, dann das, was den Menschen gegenüber gerecht ist, zu bewahren und weder aus freiem Entschluß jemandem Schaden zuzufügen noch auf Befehl, immer aber die Ungerechten zu hassen und auf der Seite der Gerechten zu kämpfen, stets allen die Treue zu halten, allermeist aber der Obrigkeit, denn ohne Gott erwachse niemandem eine Herrscherstellung. Und falls er selbst zu befehlen habe, so werde er niemals gegen die Vollmacht durch mutwilligen Mißbrauch verstoßen und die Untergebenen auch nicht durch Kleidung oder durch irgendein Mehr an Schmuck überstrahlen. Er werde die Wahrheit immer lieben und es sich zur Aufgabe machen, die Lügner zu überführen. Er werde die Hände vor Diebstahl und die Seele rein von unrechtem Gewinn bewahren und weder vor den Anhängern der Sekte etwas verheimlichen noch anderen etwas von ihnen verraten, sollte man auch bis zum Tode Gewalt anwenden. Außerdem schwört er, niemandem die Satzungen an-

---

[15] Der Zölibat wurde von frommen Juden nicht höher bewertet als der Ehestand; seine Beibehaltung im Essenertum mag sich aus der Übertragung von Vorschriften für den heiligen Krieg in Israel auf die geistliche Streitbarkeit des Ordens erklären (vgl. M. Black, *The Scrolls and Christian Origins*, S. 17, 29 f.).

[16] *bel. Iud.* II, 160 f.

ders mitzuteilen als wie er selbst sie empfing, keinen Raub zu begehen und die Bücher der Sekte in gleicher Weise wie die Namen der Engel sorgfältig zu bewahren. Mit solchen Eiden versichern sie sich der neu Eintretenden.[17]

Wie bei einer durch derartige Eide abgesicherten Gemeinschaft nicht anders zu erwarten, herrschte in ihr eine strenge, doch unbeugsam gerechte Disziplin. Die Initiationseide übten auf das Gewissen derer, die sie geleistet hatten, eine derart starke Wirkung aus, daß ein exkommunizierter Essener (es sei denn, seine Ausstoßung wurde rechtzeitig wieder rückgängig gemacht) dem Hungertode ausgeliefert war, da er alle Speisen, die nicht nach den essenischen Vorschriften zubereitet waren, für unrein ansah und es nicht über sich bringen konnte, sie anzurühren.[18] Josephus berichtet, viele Mitglieder der Sekte hätten alle möglichen Folterungen durch die Römer über sich ergehen lassen, die sie auf diese Weise vergeblich zu zwingen versucht hätten, verbotene Speisen zu essen oder auf andere Weise ihren Eid zu brechen.[19]

Der Tageslauf eines Esseners begann vor Sonnenaufgang; gemeinsam mit seinen Sektengenossen verrichtete er sogleich nach dem Aufstehen seine Morgengebete, „gleichsam die Sonne bittend, daß sie aufgehe".[20] Wahrscheinlich heißt das nur, daß die Essener bei ihren Gebeten das Gesicht gegen Osten wandten, was bei den Juden nicht allgemein üblich war. (Josephus' Schilderung erinnert hier an die Taufsekte der Sampsäer, die vermutlich gewisse Ähnlichkeiten mit den Essenern aufwies und deren mit hebr. *schemesch*, „Sonne", verwandter Name auf die Huldigungen zurückgeht, die sie der Sonne als einer Offenbarung der Gottheit darbrachten.[21]) Vor der Verrichtung dieser Gebete sprachen sie kein einziges

---

[17] *bel. Iud.* II, 139–42. (Übersetzung O. Michel und O. Bauernfeind.)

[18] *bel. Iud.* II, 143 f.

[19] *bel. Iud.* II, 152.

[20] *bel. Iud.* II, 128. Die Sitte, das Angesicht beim Gebet gegen Osten zu wenden, war bei den Juden unbekannt, wurde aber schon im sechsten Jahrhundert v. Chr. von einigen „Nonkonformisten" im Jerusalemer Tempel geübt (Hes 8, 16).

[21] Epiphan. *panar.* 19, 2; 53, 1. Die Sampsäer späterer Jahrhunderte sind vermutlich mit jenen Ebioniten zu identifizieren, die die Weissagungen im Buch des angeblichen Propheten Elkesai annahmen, durch die bestimmte „essenische" Lehren am Beginn des zweiten Jahrhunderts n. Chr. unter judenchristlichen Gruppen im Ostjordanland Verbreitung fanden (vgl. Hippol. *haer.* IX, 12; X, 25; Origenes nach Eus. *hist. ecc.* VI, 38; Epiphan. *panar.* 19, 1 ff.; 30, 17). Desgleichen gibt Philo an, daß die Therapeutai in Ägypten am Morgen den Blick nach Osten richten, und „wenn sie dann die Sonne aufgehen sehen, erheben sie die Hände zum Himmel und beten um einen schönen Tag, nämlich um Erkenntnis der Wahrheit und Scharfsichtigkeit des Geistes" (*contempl.* 89).

Wort. Sodann (ausgenommen am Sabbattag, der sehr strikt eingehalten wurde) gingen die Brüder an ihre Arbeit, die sie von den Aufsehern zugewiesen bekamen, und widmeten sich ihr bis gegen Mittag. Dann kamen sie im Gemeinschaftszentrum zusammen, badeten und gingen in ihren Linnengewändern ins Refektorium. Das Mittagsmahl war ein feierliches Ereignis, zu dem nur vollberechtigte Mitglieder zugelassen waren. Es wurde durch ein Tischgebet, das ein Priester sprach, eingeleitet und abgeschlossen, und alle Anwesenden priesen und lobten Gott gemeinsam vor und nach dem Mahl, das aus einfachen Gerichten bestand. Sie aßen mit Maßen, und ihr Verhalten bei Tisch wie auch sonst war stets durch Nüchternheit und Gelassenheit gekennzeichnet. Sie sprachen nicht alle auf einmal, sondern ergriffen ihrem Rangalter entsprechend der Reihe nach das Wort. Es gab bei ihnen nämlich vier Stände, und die später Eingetretenen standen den früheren nach.[22]

Nach dem Mahl legten sie ihre Linnengewänder beiseite, zogen wieder ihre Arbeitskleider an und setzten bis zum Abend die ihnen zugewiesene Arbeit fort. Dann versammelten sie sich zu einem weiteren Mahl, an dem jedoch Freunde und Gäste teilnehmen durften.

Ein merkwürdiger Zug, von dem Josephus berichtet, ist, daß die Essener Öl für unrein hielten und sich auch nach dem Baden nicht salbten, weil sie der Meinung waren, eine rauhe Haut sei dem Himmel wohlgefälliger[23] (wahrscheinlich galt ihnen das Einreiben der Haut mit Öl als ein Zeichen von Luxus). Sie vermieden es, Eide zu schwören, abgesehen von jenen, die sie bei der Einweihung ablegten. Sie waren eifrige Leser der heiligen Schriften und der Werke der Alten und sowohl wegen ihrer Auslegung der Propheten wie auch wegen ihrer eigenen Voraussagen berühmt, die sich regelmäßig bewahrheiteten. Sie schenkten ferner der Heilkraft verschiedener Wurzeln, Pflanzen und „Steine“ (vermutlich bituminöse Gesteine aus dem Toten Meer) große Aufmerksamkeit.[24]

---

[22] Ios. *bel. Iud.* II. Die vier Stände, bei denen „die später Eingetretenen den früheren nachstehen“, bezeichnen wahrscheinlich aufeinanderfolgende Initiationsstufen, und der vierte und höchste Stand umfaßte vermutlich jene, die sämtliche Stufen durchlaufen hatten und vollberechtigte Mitglieder waren.

[23] *bel. Iud.* II, 123. Das Meiden von Öl, weil es verunreinige, ist nach einer Lesart von *CD* XII, 16 möglicherweise für die Qumran-Gemeinde bezeugt; vgl. A. Dupont-Sommer, *The Essene Writings from Qumran*, Oxford 1961, S. 155 mit Anm. 4. Vielleicht lag irgendein ritueller Grund vor, erwähnt doch Porphyrius (*abst.* IV, 6, 7), daß die Priester Öl mieden.

[24] *bel. Iud.* II, 136.

4.

Hippolyts Bericht steht im neunten Buch seiner zu Beginn des dritten Jahrhunderts verfaßten Schrift *Die Widerlegung aller Häresien*.[25] Hippolyt schließt sich zum größten Teil an Josephus an, scheint aber auch Zugang zu einer anderen verläßlichen Quelle gehabt zu haben, die ihn befähigte, Josephus' Bericht in bestimmten Punkten zu berichtigen und in anderen zu ergänzen.[26] Die Angaben, die auf Sonnenanbetung bei den Morgengebeten der Essener weisen, übergeht Hippolyt; nach ihm „beten sie mit Ordnung und Ausdauer schon am frühen Morgen und sprechen nicht, bevor sie nicht ihrem Gott im Gesang ihre Verehrung bezeigt haben".[27]

Hippolyt gibt an, die Essener hätten sich im Verlauf ihrer Geschichte in vier Parteien aufgespalten, wenngleich sein Bericht kaum eine klare Unterscheidung zwischen ihnen gestattet, da sie alle gleichermaßen rigoristisch scheinen. Eine dieser Parteien, bemerkt er, sei derart unduldsam gegen die Heiden gewesen (insbesondere gegen Heiden, die den Namen Gottes im Munde führten, sich aber nicht beschneiden lassen wollten), daß man ihre Mitglieder „Zeloten" oder *sicarii* genannt habe.[28] Dies deutet entweder auf eine teilweise Überschneidung von Essenern und Zeloten hin oder läßt zumindest vermuten, daß die Essener gegenüber Heiden eine Haltung an den Tag legten, die zu Verwechslungen mit den Zeloten führte. Daß die Essener keine grundsatzstrengen Pazifisten waren, scheint außerdem aus dem Umstand hervorzugehen, daß ein Essener namens Johannes im Krieg gegen die Römer als tatkräftiger Befehlshaber der jüdischen Rebellenstreitkräfte in Erscheinung trat.[29]

Hippolyt führt eine Anzahl Beispiele an, die veranschaulichen, wie streng die Essener den Sabbat und andere Gesetze hielten. Einige, gibt er an, weigerten sich, eine Münze anzufassen, die das Abbild eines Kaisers oder irgendeines anderen Menschen trug, da sie das bloße Betrachten eines solchen Gegenstandes als eine Form von Abgötterei im Sinne des zweiten Gebotes werteten.[30]

---

[25] *haer.* IX, 14—23.
[26] Vgl. den Anhang „The Essenes in Hippolytus and Josephus" von A. Black, in: *The Scrolls and Christian Origins*, S. 187 ff.
[27] *haer.* IX, 16.
[28] *haer.* IX, 21. Siehe S. 104.
[29] Ios. *bel. Iud.* II, 567; III, 11, 19.
[30] *haer.* IX, 21. Diese übertriebene Gewissenhaftigkeit war auch für die Hauptrichtung des rabbinischen Judentums kennzeichnend: Nahum aus Tiberias war zum Beispiel so heilig, daß er niemals in seinem Leben das Bild auf einer Münze betrachtete (jT *'Abodah Zarah*, 3, 1).

Hippolyts wichtigste Abweichung von Josephus' Bericht ist indessen seine Angabe, die Essener hätten sowohl an die Auferstehung des Leibes wie an die Unsterblichkeit der Seele geglaubt. Er führt aus, die Seele sei nach ihrer Auffassung unsterblich und ruhe nach der Trennung vom Leibe an einem luftigen und hellen Ort bis zum Gerichtstag aus, nach dem sie mit dem wiederauferstandenen Leibe wiedervereinigt werde.[31] Josephus berichtet indessen, die Essener hätten den Leib als das vorübergehende und vergängliche Gefängnis der unsterblichen Seele angesehen, aus dem sie beim Tode ausbreche, um sich, voll Freude über ihre Befreiung aus langer Knechtschaft, in den Himmel aufzuschwingen. Beide Autoren bezeugen den Glauben der Essener an die natürliche Unsterblichkeit der Seele, der keine für das Judentum charakteristische Lehre war, doch gab sich Josephus nicht damit zufrieden, dieses griechische Element im Glauben der Essener zu verzeichnen, sondern kam anscheinend der griechischen Denkweise noch weiter entgegen, indem er andeutete, daß die Essener nicht an eine Auferstehung des Leibes glaubten.[32]

5.

Philo zufolge wurde der Essenismus von Mose begründet.[33] Ähnlich jenen, die die Hauptmasse der jüdischen religiösen Überlieferung weitergaben, behaupteten auch die Essener zweifellos, ihre Vorschriften und Gesetzesauslegungen gingen auf Mose zurück und seien durch seine Autorität gedeckt. Und wenn Josephus uns berichtet, sie zollten nächst Gott dem Namen des Gesetzgebers höchste Verehrung, und wenn jemand diesen lästere, werde er mit dem Tode bestraft,[34] so ist damit sicherlich Mose gemeint. Man hat die Essener auch als die geistlichen Nachfahren von Gruppen wie den Rechabitern bezeichnet, die zur Zeit der hebräischen Monarchie der bodenständigen Lebensweise in Kanaan mit dem Anbau von Getreide und Wein abschworen und die Wüstentradition ihrer Vorfahren fortsetzten.[35] Die Existenz der Essener als Gemeinschaft läßt sich indessen nicht weiter als bis zur Mitte des zweiten

---

[31] *haer.* IX, 22.
[32] *bel. Iud.* II, 154 f. Da Josephus die Essener jedoch aus eigener Anschauung kannte, kann man die Möglichkeit nicht ausschließen, daß sie selber es waren, die dem griechischen Denken dieses Zugeständnis machten.
[33] *Hypothetica* 11, 1 („unser Gesetzgeber").
[34] *bel. Iud.* II, 145.
[35] M. Black, *The Scrolls and Christian Origins*, S. 15.

vorchristlichen Jahrhunderts zurückverfolgen. Josephus erwähnt sie erstmals zusammen mit den Pharisäern und Sadduzäern in seinem Bericht über die Statthalterschaft des Jonathan (160—143 v. Chr.);[36] der erste einzelne Essener, den die Geschichte kennt, heißt Judas; er lebte unter der Regierung Aristobuls I. (104—103 v. Chr.) und war wegen seiner Fähigkeit, die Zukunft vorauszusagen, berühmt: er soll u. a. Tag und Ort des Todes von Antigonus, eines Bruders des Königs, prophezeit haben.[37]

Ein anderer essenischer Prophet war Menahem; er bezeichnete eines Tages den Knaben Herodes, als dieser mit ihm zur Schule ging, als den künftigen König der Juden. Viele Jahre später, als Herodes längst König war, ließ er Menahem holen, der ihm sagte, er werde noch zwanzig oder dreißig Jahre regieren. Josephus bemerkt, Herodes habe von der Zeit an alle Essener in Ehren gehalten.[38]

Das Neue Testament berichtet möglicherweise eine Folge dieser Begebenheit. Lukas erzählt, unter den Leitern der Kirche im syrischen Antiochien um 47 n. Chr. sei ein Manahen (griechische Schreibweise von Menahem) gewesen, der früher *syntrophos* (Pflegebruder, Klassenkamerad oder Höfling) des Tetrarchen Herodes gewesen sei (Apg 13, 1). Man hat daraus gefolgert, daß Herodes der Ältere Menahem dadurch ehrte, daß er einen gleichnamigen Enkel des Propheten zusammen mit seinem eigenen Sohn Antipas, dem künftigen Tetrarchen von Galiläa und Peräa, am Hof erziehen ließ.

Ein weiterer essenischer Prophet war ein gewisser Simon. Archelaus ließ ihn kurz vor seiner Absetzung im Jahre 6 n. Chr. zusammen mit anderen kommen, damit er ihm einen Traum deute. Simon deutete ihn zutreffend auf Archelaus' bevorstehenden Sturz: fünf Tage später befahl Augustus den Archelaus zu sich nach Rom und verbannte ihn nach Gallien.[39]

Während wir bis vor kurzem alle Angaben über die Essener fast ausschließlich den Werken von Autoren entnahmen, die selber nicht Mitglieder der Sekte waren, können wir jetzt mit der Möglichkeit rechnen, daß eine große Menge essenischen Schrifttums ans Licht gekommen ist, das uns befähigt, sie auch von innen her kennenzulernen.[40]

---

[36] *ant. Iud.* XIII, 171 f.
[37] Ios. *bel. Iud.* I, 78 ff.; *ant. Iud.* XIII, 311 ff.
[38] *ant. Iud.* XV, 373–8.
[39] Ios. *bel. Iud.* II, 113; *ant. Iud.* XVII, 346 f.
[40] Siehe S. 106 ff.

ACHTES KAPITEL

Die Zeloten

Die Zeloten (gr. *zēlōtai)* bezeichneten sich mit dem hebräischen Ausdruck *qanna'im* oder dem aramäischen *qan'anajja.* Der Apostel, der bei Lukas „Simon der Eiferer" heißt (Lk 6, 15; Apg 1, 13), wird von den anderen Synoptikern „Simon der Kananäer" genannt (Mk 3, 18; Mt 10, 4) — „Kananäer" ist die mit einer griechischen Endung versehene aramäische Form. Sowohl die semitischen wie die griechischen Wörter können nicht nur Eifer im gewöhnlichen Sinne bezeichnen, sondern einen religiösen Eifer für die alleinige Ehre des Gottes Israels gegen alles, was diese seine Ehre zu schmälern drohte.

Die Zeloten des ersten nachchristlichen Jahrhunderts hüteten ein altes und edles geistliches Erbe. Ihr Prototyp war Pinehas, der Enkel des Aaron, der, als die Israeliten dem Baal von Peor dienten, von Eifer für Jahwe erfüllt — einem Eifer gleich dem Jahwes selbst —, drastische Maßnahmen ergriff, um der Plage Einhalt zu gebieten (1 Mo 25, 7—13; vgl. Ps 106, 28—31). Pinehas' „Eifer" wird durch das hebräische Verb *qinne* und das damit verwandte Substantiv *qin'ah* ausgedrückt, die in der Septuaginta durch die griechischen Wörter *zēloō* und *zēlos* wiedergegeben werden.

Der Bestimmung im Mischna-Traktat *Sanhedrin* (9, 6), wonach die Zeloten *(qanna'in)* gegen Juden, die heidnische Frauen ehelichen,[1] vorgehen dürfen — vermutlich ohne vorheriges Gerichtsverfahren —, liegt zweifellos das Beispiel der gewaltsamen Beendigung einer Mischehe durch Pinehas zugrunde.

In einer ähnlichen Lage zeichnete sich auch der Prophet Elia durch besonderen Eifer für Gott aus.[2] „Geeifert habe ich für den Herrn, den Gott der Heerscharen!", erklärte er, „denn Israel hat dich verlassen"

---

[1] Wörtlich „eine Aramäerin" (hebr. *'aramit*).

[2] In der späteren jüdischen Überlieferung wird Elia mit Pinehas verglichen oder sogar gleichgesetzt (vgl. Tg JI [Ex 4, 13; 6, 18; 4 Mo 25, 12]; *Pirqe de-R. Eli'ezer* 29; Orig. Comm. in Jo 1, 21, angeführt von J. Jeremias in *TWNT* II, s. v. *El(e)ias*, S. 935 mit Anm. 38; V, s. v. *pais theou*, S. 684, Anm. 234). Neben ihrem gemeinsamen Eifer für Gott waren Pinehas und Elia durch einen „Bund des Friedens" (4 Mo 25, 12 f.; Mal 2, 5) miteinander verbunden, und Pinehas' gründliches Durchgreifen findet in Elias Befehl, die Baalspropheten auszurotten: „Keiner von ihnen soll entrinnen!" (1 Kö 18, 40) eine Parallele.

(1 Kö 19, 10); er gebrauchte dabei den hebräischen Ausdruck *qanno' qinne'ti* (LXX *zēlōn ezēlōsa*). *Spätere* Geschlechter erinnerten sich seines Eifers; Jesus Sirach bemerkt über sein Wirken für Israel (Sir 48, 2):

Und er zerbrach ihnen den Stab des Brots
und durch sein Eifern ließ er sie zu wenigen werden.

Ebenso erinnerte Mattathias, der Vater des Judas Makkabäus und seiner Brüder, seine Söhne auf dem Sterbebett daran, wie „Elias, weil er für das Gesetz eiferte, in den Himmel emporgehoben wurde“ (1 Makk 2, 58).

Mattathias selber hatte sich ein oder zwei Jahre zuvor ebenfalls als Eiferer für das Gesetz erwiesen, indem er energisch gegen Abtrünnige in seiner Vaterstadt Modein vorging. Nachdem er die Einladung eines Beamten des Antiochus IV., seinen Mitbürgern bei der Darbringung eines Opfers auf einem heidnischen Altar voranzuschreiten, voll Verachtung abgelehnt hatte, „geriet er in Eifer“, tötete einen Juden, der im Begriff stand, götzendienerische Opfer darzubringen, sowie den königlichen Beamten, und zerstörte den Altar. „So eiferte er für das Gesetz, wie Pinehas gegenüber Simri, dem Sohne Salus, tat. Sodann ließ Mattathias in der Stadt den lauten Ruf erschallen: Jeder, der für das Gesetz eifert und den Bund aufrechterhalten will, ziehe aus, mir nach!“ (1 Makk 2, 24—27). Das griechische Verb *zēloō* erscheint in dieser Stelle dreimal, und zweifellos stand in dem uns verlorenen hebräischen Original des ersten Makkabäerbuches das Verb *qinne'*.

Es existierte mithin in Israel eine feste Tradition religiösen „Eifers“, und die Eiferer für Gott konnten auf rühmliche Beispiele verweisen. Man muß sich davor hüten, anzunehmen, daß jedes Mal, wenn das Wort „Eiferer“ in einem jüdischen Kontext im Neuen Testament erscheint, die Mitgliedschaft in der Zelotenpartei im strengen Wortsinn gemeint ist. Wenn Paulus zum Beispiel sagt, er habe als junger Mensch seine Altersgenossen als „ein Eiferer für die Überlieferungen meiner Väter“ (Gal 1, 14) übertroffen,[3] oder wenn Jakobus der Gerechte die Gläubigen in Jerusalem „alle Eiferer für das Gesetz“ (Apg 21, 20) nennt, so gebrauchen sie das Wort in seiner gewöhnlichen, nichttechnischen Bedeutung, wenn auch in einem unverkennbar religiösen Sinn.

Die ersten eindeutigen Hinweise auf Eiferer im Sinne von Mitgliedern der Zelotenpartei beziehen sich — möglicherweise — auf die Anhänger

---

[3] Mit Gal 1, 14 vergleiche man Josephus' Selbstbezeichnung als „Anhänger“ (*zēlōtēs*) des Bannus (*vit.* 11) und Paulus' weitere Schilderung seiner vorchristlichen Zeit: „voll Eifer die Gemeinde verfolgend“ (Phil 3, 6). Die Frage in 1 Pt 3, 13: „Und wen gibt es, der euch etwas Böses zufügen könnte, wenn ihr dem Guten nacheifert?“ mag die Warnung enthalten, nicht falschen Eifer zu zeigen — zum Beispiel gegen die Behörden.

des Menahem, die sich im September 66 n. Chr. an die Spitze des Aufstandes gegen die Römer zu setzen versuchten,[4] mit Sicherheit auf die Extremisten unter den Aufständischen in Jerusalem im Winter 66—67 n. Chr.[5] und speziell auf jene „Räuber" *(lēstai),* wie Josephus sie nennt, die Ende 67 n. Chr. den Tempel unter ihre Kontrolle brachten und Johannes von Giskhala, der kurz zuvor bei der Besetzung Galiläas durch Vespasians Truppen nach Jerusalem geflohen war, zu ihrem Anführer machten. Nachdem Josephus geschildert hat, wie diese „Räuber" einen gewöhnlichen Priester, Phanni ben Samuel, durchs Los zum Hohenpriester einsetzten, berichtet er über die Versuche zweier ehemaliger Hoherpriester, Hannas II. und Jesus, Sohn des Gamaliel, „das Volk gegen die ‚Zeloten' aufzustacheln. So nannten diese nämlich sich selbst, als ob sie edlen Zielen nachstrebten und nicht den schlimmsten Taten, worin sie sich gegenseitig noch übertrafen".[6] Unsere rabbinischen Quellen legen die Tätigkeit der *qanna'im* ebenfalls in die Zeit des Jüdischen Krieges; so geben die nachtalmudischen *Abot des R. Nathan* (eine Erweiterung des Mischna-Traktats *Pirqe Abot*) an, sie hätten, als Vespasian auf Jerusalem marschiert sei, um es zu bekriegen,[7] versucht, die heiligen Gefäße zu verbrennen — vielleicht ein Hinweis auf die von Vespasian beabsichtigte Belagerung der Stadt im Juni 68, die er auf die Nachricht von Neros Tod hin aufhob.

Josephus berichtet dann noch häufig von den Taten der Zeloten; er schreibt ihnen die schlimmsten Grausamkeiten zu, die während des Krieges verübt wurden, und bezeichnet sie als die Hauptverantwortlichen für die Katastrophen, in die der Krieg das jüdische Volk stürzte.[8] Er weiß wohl, daß der Ausdruck „Zelot" in der Hauptsache ein Ehrenname ist; er bemerkt jedoch, sie hätten sich ihn als vorgebliche Eiferer für die Tugend beigelegt, während sie in Wahrheit „ausnahmslos jede Greueltat aufs getreueste nachahmten und nicht einmal solche, die in längst vergangener Zeit geschehen waren, übergingen".[9] Seine Angaben über die Zeloten sind alles andere als objektiv. Für die Katastrophe des Jahres 70 n. Chr. durfte Josephus ja weder die Römer verantwortlich machen, waren sie doch (abgesehen von einzelnen wie dem Prokurator Florus) seine Gönner, noch sein eigenes Volk in seiner Gesamtheit. Doch den Zeloten, die

[4] Ios. *bel. Iud.* II, 144. Siehe S. 103; Teil II, Kap. 13/2.
[5] *bel. Iud.* II, 651.
[6] *bel. Iud.* IV, 160 f.
[7] *Abot de R. Natan* 6, 8 (siehe S. 104, Anm. 21).
[8] *bel. Iud.* VII, 268 f.
[9] *bel. Iud.* VII, 269.

bis zum bitteren Ende aushielten und die schlimmsten Vergeltungsmaßnahmen erdulden mußten, konnte er ungestraft die Schuld an den Leiden geben, die dem jüdischen Volk auferlegt wurden.

Vor 66 n. Chr. werden die Zeloten nicht namentlich erwähnt; den Aufstieg ihrer Partei führt man gewöhnlich auf die Ereignisse des Jahres 6 n. Chr. zurück. Als Judäa nach der Absetzung des Archelaus den Status einer römischen Provinz erhielt, führte P. Sulpicius Quirinius, der Legat von Syrien, zwecks Festsetzung der an den kaiserlichen Fiskus zu entrichtenden Tributzahlungen einen Zensus in der Provinz durch. In den Tagen jener Schätzung trat nach den Worten Gamaliels des Älteren, wie Lukas sie überliefert, „der Galiläer Judas auf und brachte eine Volksschar dazu, unter seiner Führung einen Aufruhr zu machen; auch er kam um, und alle, die ihm folgten, wurden zerstreut“ (Apg 5, 37). Josephus gibt einen ausführlicheren Bericht; danach pflanzte Judas (aus Galiläa oder aus Gamala in Gaulanitis)[10] zusammen mit einem Pharisäer namens Sadduk die Fahne des Aufstands auf, da sie es für unerträglich hielten, daß das Gottesvolk einem heidnischen Monarchen Tribut zahle, ja, die Erfüllung einer solchen Forderung als Hochverrat an Gott bezeichneten, der allein Israels König sei.

Josephus nennt Judas einen „Sophisten“, der eine neue Partei gegründet habe, die vierte „Philosophenschule“ der Juden[11] — die anderen drei waren die Parteien der Pharisäer, Sadduzäer und Essener. Wie wir sahen, bezeichnet Josephus diese Parteien in Analogie zu den Schulen der Griechen als Philosophenschulen.[12] Das Hauptmerkmal dieser neuen Partei war, daß sie das theokratische Prinzip bis zu einem Punkt trieb, wo die Anerkennung eines heidnischen Herrschers für ungesetzlich galt. Dieser Standpunkt liegt der Frage zugrunde, die man im April 30 n. Chr. dem im Tempel lehrenden Jesus stellte: „Ist es erlaubt, dem Kaiser Steuern zu geben, oder nicht? Sollen wir sie geben oder nicht geben?“ Im allgemeinen teilte die von Judas gegründete Partei die theologischen Anschauungen der Pharisäer, doch während sich die Pharisäer (sehr vernünftigerweise, wie sich zeigen sollte) zumeist damit begnügten, auf Gott zu harren und das Joch der Fremdherrschaft einstweilen so gut es ging zu ertragen, vertraten die Anhänger der „vierten Philosophenschule“ die Ansicht, es sei ihre Pflicht, sich aktiv für die offenbare Absicht Gottes — die Befreiung Israels vom Joch der Fremdherrschaft —

[10] In *bel. Iud.* II, 118, 433 wird er als Galiläer bezeichnet; in *ant. Iud.* XVIII, 4 als „Gaulaniter, aus der Stadt Gamala gebürtig“.
[11] *bel. Iud.* II, 118; *ant. Iud.* XVIII, 9, 23.
[12] Siehe S. 90.

einzusetzen und (wie Mattathias und seine Söhne in der Zeit der Seleukidenherrschaft) die Initiative zur Abschüttelung dieses Jochs zu ergreifen.

Josephus führt alle Übel, von denen die Juden Palästinas in den folgenden Jahrzehnten heimgesucht wurden, und die in der Verwüstung des Landes und der Einäscherung des Tempels gipfelten, auf Judas' und Sadduks Aufstand zurück.[13] Obwohl er es nicht ausdrücklich sagt, muß man doch folgern, daß die „vierte Philosophie" mit der Partei der Zeloten identisch ist, deren Entstehung somit in das Jahr 6 n. Chr. datiert wird.

Doch wenn die Zeloten auch erst 6 n. Chr. als Partei hervortraten, war doch der zelotische Geist weitaus älter. Die Ausdrücke „Zeloten" und „Räuber" *(lēstai)* sind für Josephus praktisch austauschbar. Und er weiß sehr viel über die Tätigkeit solcher „Räuber" lange vor der Schätzung des Quirinius zu berichten. So erfahren wir, daß im Jahre 47 v. Chr. der junge, unlängst zum Militärpräfekten von Galiläa ernannte Herodes der Tätigkeit des Bandenführers *(archilēstēs)* Ezechias ein jähes Ende bereitete, ihn gefangennahm und ohne Gerichtsverfahren hinrichten ließ.[14] Daß Ezechias kein gewöhnlicher Räuberhauptmann, sondern ein vaterlandsliebender Widerstandsführer war, wird aus dem Zorn ersichtlich, mit dem der Jerusalemer Hohe Rat die Nachricht von seiner Hinrichtung empfing, während die Römer mit Herodes durchaus zufrieden waren.[15] Als Herodes dreiundvierzig Jahre später starb, scharte ein Sohn dieses Ezechias mit Namen Judas eine Anzahl Anhänger um sich und überfiel das königliche Zeughaus in Sepphoris (Galiläa), um seine Bande zum Kriegsdienst auszurüsten. Dieser und andere Aufstände nahmen ein derartiges Ausmaß an, daß Quintilius Varus, der Legat von Syrien, sich zum Einschreiten genötigt sah: Sepphoris wurde niedergebrannt, seine Einwohner in die Sklaverei verkauft und der Aufstand mit Feuer und Schwert niedergeschlagen.[16]

Ob man alle Wirren, die nach dem Tode des Herodes ausbrachen, als zelotische Aufstände bezeichnen kann, ist ungewiß; es ist denkbar, daß einige von ihnen von überlebenden Nachkommen der Hasmonäer ins Werk gesetzt wurden, doch ist diese Vermutung nicht hinreichend beleg-

---

[13] *ant. Iud.* XVIII, 8.
[14] *bel. Iud.* I, 204; *ant. Iud.* XIV, 159. Das Wort *archilēstēs* (statt des einfachen *lēstēs*) wird Joh 18, 40 bei einzelnen Textzeugen auf Barabbas angewandt. Siehe S.210, Anm. 28.
[15] *bel. Iud.* I, 205 ff.; *ant. Iud.* 160 ff.
[16] *bel. Iud.* II, 56; *ant. Iud.* XVII, 271 f.

bar. Es ist jedoch durchaus wahrscheinlich, daß die galiläische Erhebung im Jahre 4 v. Chr. unter Judas, dem Sohn des Ezechias, ein zelotischer Aufstand im strengen Wortsinn war.[17]

Es steht nicht sicher fest, daß dieser Judas derselbe ist, der im Jahre 6 n. Chr. die Erhebung in Judäa anführte. (Dieser Aufstand brach in Judäa und nicht in Galiläa aus, weil Galiläa als Teil der Tetrarchie des Antipas nicht zu der neu begründeten römischen Provinz gehörte und deshalb nicht in den Tributstreit verwickelt war.) Vieles spricht jedenfalls dafür, daß es sich in beiden Fällen um denselben Judas handelte. Wenn das stimmt, kann man die interessante Feststellung machen, daß das Erblichkeitsprinzip bei der Führung der Aufständischen stets in Geltung blieb: zwei Söhne Judas' des Galiläers, Jakobus und Simon, wurden etwa 46 n. Chr. von dem Prokurator Tiberius Julius Alexander gefangengenommen und gekreuzigt;[18] zwanzig Jahre später spielte ein weiterer Sohn (oder Enkel?) namens Menahem bei der Erhebung des Jahres 66 n. Chr. kurze Zeit eine führende Rolle, und ein Verwandter von ihm, Eleasar Jairi, hielt 73 n. Chr. in Masada mit seinen Anhängern bis zum bitteren Ende aus.[19]

Josephus bezeichnet viele der Aufständischen gegen die Römer als Räuber; es ist indessen durchaus denkbar, daß die Benennung bei den Aufrührern selber und bei denen, die mit ihnen sympathisierten, einen ehrenvollen Klang hatte — wie die Bezeichnung *kleptai* (wörtlich „Diebe"), die die Griechen erhielten, die in den Jahrhunderten der Türkenherrschaft Widerstand leisteten. Wenn Barabbas und die beiden Männer, die zusammen mit Jesus gekreuzigt wurden, in den Evangelien *lēstai* genannt werden (Joh 18, 40; Mk 15, 27), dann sind darunter nicht gewöhnliche Räuber, sondern Widerstandskämpfer gegen die Besatzungsmacht zu verstehen; im Falle des Barabbas wird dies sogar ausdrücklich festgestellt, wenn Markus angibt, daß er „in Fesseln mit den Aufrührern lag, die in dem Aufruhr einen Mord begangen hatten" (Mk 15, 7), und es erklärt seine Beliebtheit bei der Jerusalemer Menge, die seine Freilassung forderte. Zwanzig Jahre später werden für einen Aufruhr während der Prokuratorzeit des Cumanus gleichfalls *lēstai* verantwortlich gemacht.[20]

---

[17] Vgl. W. R. Farmer, „Judas, Simon and Athronges", *NTS* 4 (1957—8), S. 147 ff.
[18] *ant. Iud.* XX, 102.
[19] *bel. Iud.* II, 447; VII, 253, 275, 297, 320 ff. Siehe Teil II, Kap. 13/2.
[20] *bel. Iud.* II, 228 ff.; *ant. Iud.* XX, 113, 121. Gr. *lēstēs* erscheint im Hebräischen und Aramäischen als Lehnwort *(lista)*, bisweilen im Sinne von „Zelot";

Ein anderer Ausdruck, mit dem Josephus solche Leute bezeichnet, ist *sikarioi,* eine griechische Form des lateinischen Wortes *sicarii* (= „mit einem Dolch Bewaffnete". Im Hebräischen und Aramäischen erscheint dasselbe Wort ebenfalls als Lehnwort in dem Plural *siqarin.*)[21] Dieser Ausdruck wird in einem engeren und einem mehr allgemeinen Sinn gebraucht. Im engeren Sinn bezieht er sich auf die Anführer einer neuen Terrorwelle, die durch die energischen und vorübergehend erfolgreichen Maßnahmen des Prokurators Felix gegen einen „Räuber"-Aufstand unter Führung eines gewissen Eleasar zu Beginn von Neros Regierungszeit (etwa 54 n. Chr.) ausgelöst wurde. Eleasar und seine Hauptstellvertreter wurden zwecks Bestrafung nach Rom gebracht; die Masse seiner Anhänger geriet zum großen Teil in Gefangenschaft und wurde ans Kreuz geschlagen. Da eine offene Empörung gegen die Provinzialverwaltung bis auf weiteres ausgeschlossen war, gingen die Extremisten in der Widerstandspartei dazu über, sich an den Festtagen und bei ähnlichen Gelegenheiten in Jerusalem unter das Volk zu mischen und Leute, die ihr Mißfallen erregt hatten, unbemerkt mit Dolchen *(sicae),* die sie unter ihren Kleidern versteckt trugen, zu erstechen, um anschließend sogleich wieder in der Menge unterzutauchen. Solche Anschläge wurden in erster Linie auf jüdische Führer verübt, die im Verdacht standen, mit den Römern gemeinsame Sache zu machen oder zumindest der vaterländischen Sache nicht genügend Sympathien entgegenzubringen; eines der ersten Opfer der *sicarii* war ein ehemaliger Hoherpriester, Jonathan, Sohn des Hannas.[22]

Im weiteren Sinn sind *sicarii* ganz allgemein Aufständische. Diesen Sinn hat das Wort wahrscheinlich in Apg 21, 38, wo der für die Burg Antonia in Jerusalem verantwortliche Militärtribun Paulus fälschlich für den „Ägypter [hält], der vor diesen Tagen die viertausend Mann aus den Dolchmännern *(sicarii)* aufgewiegelt und in die Wüste hinausgeführt hat." In einem noch weiteren Sinne verwendet Josephus es für die gesamte zelotische Bewegung, von den Aufständischen zur Zeit des Quirinius[23] bis zu den heroischen Verteidigern der Festung Masada und

---

vgl. bT *Sanhedrin* 106 b, wo Pinehas, der Enkel des Aaron, weil er den falschen Propheten Balaam tötete, als *lista* bezeichnet wird.

[21] In der jüngeren Rezension der *Abot des R. Natan* werden die oben auf S. 100 erwähnten *qanna'in siqarin* genannt; in bT *Gittin* 56 a wird ihr Anführer als *'Abba Siqera,* „Haupt der Jerusalemer *birjonim*", bezeichnet (siehe S. 190 mit Anm. 21).

[22] *bel. Iud.* II, 256; *ant. Iud.* XX, 164 (siehe Teil II, Kap. 11/3 für das Gerücht, seine Ermordung sei durch Felix angestiftet worden).

[23] *bel.Iud.* VII, 253 f.

den Überlebenden der Kämpfe in Judäa, die nach 70 n. Chr. nach Ägypten flohen und dort zum letzten Mal Widerstand leisteten.[24] Mag sein, daß Josephus die Zeloten lieber als *sicarii* bezeichnete, weil dieser Ausdruck nicht so ehrenvoll klang wie „Zelot" — und wahrscheinlich sogar *lēstēs* —, doch als er schildert, wie keiner der *sicarii,* ob jung oder alt, trotz Martern aller Arten gezwungen werden konnte, Caesar als Oberherrn anzuerkennen, dürfte selbst er ihnen eine gewisse Hochachtung nicht versagt haben.[25] Wer die frühen Christen bewundert, weil sie bei der gleichen Weigerung beharrten, kann nicht umhin zuzugeben, daß diese vaterlandsliebenden Juden große Standhaftigkeit bewahrten, indem sie es ablehnten, ein Bekenntnis abzulegen, das in ihren Augen Verrat an dem Gott ihrer Väter bedeutet hätte.

Die Ausgrabungen, die von 1963 bis 1965 in Masada durchgeführt wurden, wo die Zeloten im Jahre 73 n. Chr. bis zum Ende gegen die Römer aushielten, haben uns ein stummes, doch eindrucksvolles Bild von ihrer Tapferkeit und Hingabe vermittelt. Entgegen dem Bericht des Josephus waren die Verteidiger von Masada alles andere als gottlose Bösewichter, sondern vielmehr gesetzesstrenge Juden. Inmitten der Üppigkeit des Herodespalastes richteten sie ihre Andachtsstätten ein. Zwei der von den Zeloten ausgestalteten Räume dienten wahrscheinlich als Synagoge und Schule, während zweifelsfrei feststeht, daß sie zwei ebenfalls freigelegte Räume, die von rabbinischen Fachleuten für koscher erklärt worden sind,[26] für ihre rituellen Waschungen benutzten.

Man versteht Josephus' Feindseligkeit gegen die Zeloten nicht, wenn man nicht berücksichtigt, daß sie keineswegs bloß eine jüdisch-nationalistische Bewegung bildeten. Sie waren sicherlich extrem römerfeindlich eingestellt, bekämpften jedoch die jüdische Führungsschicht — die Hierarchie und die begüterten Aristokraten — fast ebenso heftig. Das einfache Volk bewunderte sie, weil jedermann wußte, daß sie sich für es einsetzten. Der Krieg 66—73 n. Chr., wie Josephus ihn beschreibt, war nicht nur ein Unabhängigkeitskrieg gegen Rom, sondern auch ein Klassenkampf innerhalb Israels. Josephus' Haß gegen die Zeloten war um so stärker, als er ihre Politik und Wirksamkeit als tödliche Bedrohung all der Privilegien empfand, die ihm und seinen adligen Standesgenossen lieb und teuer waren.

---

[24] *bel.Iud.* VII, 409 ff.
[25] *bel. Iud.* VII, 418 f.
[26] Vgl. Y. Yadin, *Masada: Herod's Fortress and the Zealots' Last Stand,* London 1966, S. 164 ff.

NEUNTES KAPITEL

Die Qumran-Gemeinschaft

1.

In den *chasidim* des zweiten vorchristlichen Jahrhunderts hat auch die Qumran-Gemeinde ihren Ursprung, eine Gemeinschaft frommer Juden, von deren Existenz die Welt plötzlich 1947 und in den darauffolgenden Jahren durch Handschriftenfunde und archäologische Ausgrabungen in dem nordwestlich des Toten Meeres gelegenen Wadi Qumran und seiner näheren Umgebung Kenntnis erhielt.

Die Vorfahren der Qumran-Gemeinde sind vermutlich unter jenen *chasidim* zu suchen, die im Danielbuch als die *maskilim* erwähnt werden, was entweder mit „die Weisen" oder (wahrscheinlicher) „diejenigen, die Weisheit vermitteln" zu übersetzen ist. Es waren Leute, die danach strebten, die Absichten Gottes, wie sie sie in den Schriften der Propheten aufgezeichnet fanden,[1] zu erkunden und anderen die von ihnen gewonnenen Einsichten mitzuteilen. Die Verfolgungen unter Antiochus Epiphanes trafen sie mit besonderer Härte. Über die Rolle, die sie in jener schweren Zeit spielten, heißt es in Dan 11, 33 ff.: „Die *maskilim* im Volke werden viele zur Einsicht bringen; doch eine Zeitlang werden sie Unglück haben durch Schwert und durch Feuer, durch Wegführung und durch Beraubung. Und während sie Unglück haben, wird ihnen eine kleine Hilfe zuteil, und viele werden sich heuchlerisch ihnen anschließen. Von den Weisen werden manche fallen, damit eine Läuterung unter ihnen gewirkt werde, eine Sichtung und Reinigung bis zur Endzeit." Mit der „kleinen Hilfe", die ihnen zuteil wurde, ist wahrscheinlich die Tätigkeit des Judas Makkabäus und seiner Brüder gemeint: die zitierten Worte sind aus der Sicht der Anfangszeit des Hasmonäeraufstandes geschrieben, als noch niemand voraussehen konnte, daß Judas und seine Anhänger imstande sein würden, der Nation die religiöse Freiheit zurückzugeben. Mit jenen, die sich den *maskilim* „heuchlerisch" anschlossen, sind offenbar alle die gemeint, die unter der Verfolgung schwach wurden oder auf die eine oder andere Art und Weise Kompromisse schlossen. Die Abspal-

[1] Wie der im Jeremiabuch forschende Daniel (Dan 9, 2). Das Wort *maskil* im Sinne von „Lehrer" taucht wiederholt in den Qumran-Texten auf. Siehe auch S. 134.

tung dieser würdelosen Mitglieder der Sekte bewirkte, daß diejenigen, die ihr die Treue hielten, sich nach ihrem Weggang um so reiner und stärker fühlten.[2]

Die *maskilim* rechneten mit einer Intensivierung der Verfolgung bis zu einem Punkt, wo ihr Überleben unmöglich scheinen würde: dann würde der Erzengel Michael als Fürsprecher des Gottesvolkes eingreifen. Auf dem Gipfel seiner Macht würde der Verfolger stürzen. Das Auferstehungszeitalter würde folgen, in dem die *maskilim* leuchten würden „wie der Glanz der Himmelsfeste und, die viele zur Gerechtigkeit geführt, wie die Sterne immer und ewig" (Dan 12, 3). In der Bezeichnung der *maskilim* als „die viele zur Gerechtigkeit geführt" klingt nach, was in Jes 53, 11 vom Gottesknecht gesagt wird (wo er „vielen Gerechtigkeit schaffen wird"); es mag in der Tat sein, daß ihr Einblick in die Absichten Gottes sie lehrte, sie seien ausersehen, vereint den dem leidenden Knecht vorgezeichneten Weg zu gehen.[3]

Auf jeden Fall kam die von den *maskilim* erhoffte Erfüllung nicht so schnell, wie sie erwarteten. Statt dessen siegten die Hasmonäer. Die *maskilim* konnten den Erfolg der Hasmonäer eigentlich nicht beklagen, brachte er doch auch ihnen Vorteile; sie hatten wieder die Möglichkeit, Gottes Gesetz zu halten und ihren herkömmlichen Lebenswandel zu führen und brauchten nicht mehr ständig zu fürchten, entdeckt, gefoltert und getötet zu werden. Die ehrgeizigen Bestrebungen der Hasmonäer wurden jedoch auf eine Weise offenbar, die den *maskilim* Grund zu ernster Sorge gab, und als Jonathan, der Bruder und Nachfolger des Judas Makkabäus, im Jahre 152 v. Chr. aus der Hand des Alexander Balas das Amt des Hohenpriesters empfing, schien ihnen das Maß voll.

Die Empörung über diese Amtsanmaßung war bei diesen *maskilim* noch größer als bei den Pharisäern. Nach ihrer Auffassung war das Amt des Hohenpriesters nämlich ausschließlich der Familie Zadoks vorbehalten. Zadok war der Oberpriester in der Zeit König Salomos gewesen, als der erste Tempel geweiht wurde (etwa 960 v. Chr.), und das heilige Amt vererbte sich in seiner Familie — abgesehen von dem siebzigjährigen Interregnum zwischen der Zerstörung Jerusalems und der Weihe des zweiten Tempels (516 v. Chr.) — vom Vater auf den Sohn, bis

---

[2] Vgl. die vielen, „die nach Gerechtigkeit und Recht trachteten" und sich lieber in der Wüste abschlachten ließen, als am Sabbat Widerstand zu leisten (1 Makk 2, 29—38).

[3] Die Märtyrer des zweiten und vierten Makkabäerbuches geben ihr Leben als Sühnopfer für ihre Landsleute hin (2 Makk 7, 37 f.; 4 Makk 6, 27 ff.; 17, 22; 18, 4). Siehe S. 117 f., 134.

Antiochus IV. im Jahre 174 v. Chr. Onias III., den letzten rechtmäßigen zadokidischen Hohenpriester, absetzte und drei Jahre später dessen Bruder Jason, der seine Stelle eingenommen hatte, ebenfalls seines Amtes enthob. Sie fanden es sehr merkwürdig, daß ein Hasmonäer das heilige Amt aus der Hand des angeblichen Sohnes jenes Königs annahm, der der rechtmäßigen Zadokidenherrschaft ein gewaltsames Ende bereitet hatte!

Diese neue Ordnung führte keineswegs die ewige Gerechtigkeit herauf, wie es die *maskilim* so glühend gehofft hatten. Sie wußten genau, welche Rolle sie in der Zeit der Entscheidung, die sie sich im Geiste vorstellten, spielen würden, doch was sollten sie in dieser neuen und gänzlich unerwarteten Lage tun? Sie vermochten sich nicht damit abzufinden und mußten dagegen protestieren — aber wie?

Mag sein, daß dies der Augenblick ist, den die zadokidische *Mahnrede* meint, ein Teil eines Werkes aus Qumran, der ein halbes Jahrhundert vor der Entdeckung der Qumran-Texte in zwei bruchstückhaften frühmittelalterlichen Handschriften ans Licht kam.[4] In einer Zeit des Abfalls, heißt es dort,

> hat Gott, weil er des Bundes mit den Vorfahren gedachte, einen Rest übriggelassen in Israel und sie nicht der Vernichtung preisgegeben. Und in der Zeit des Zornes, dreihundertundneunzig Jahre[5], nachdem er sie in die Hand Nebukadnezars, des Königs von Babel, gegeben hatte, hat er sie heimgesucht. Und er ließ aus Israel und aus Aaron eine Wurzel der Pflanzung sprießen, damit sie in Besitz nehme sein Land und fett würde durch die Güte seines Bodens. Und sie sahen ihr Unrecht ein und erkannten, daß sie schuldige Männer waren. Und sie waren wie Blinde und solche, die nach dem Weg tasten, zwanzig Jahre lang. Und Gott achtete auf ihre Werke, denn mit vollkommenem Herzen hatten sie ihn gesucht, und erweckte ihnen den Lehrer der Gerechtigkeit, um sie auf den Weg seines Herzens zu führen. Und er machte kund den späteren Geschlechtern, was er am letzten Geschlecht, der Gemeinde der Abtrünnigen, tun wird.[6]

Dieser Lehrer der Gerechtigkeit,[7] dieser rechtmäßige und verläßliche Ratgeber, war offensichtlich ein Mann von außergewöhnlichen Qualitäten, sowohl ein Organisator und eine Führerpersönlichkeit wie ein unabhängiger Denker und Deuter der Prophetenschriften. Unter seiner

---

[4] In der Geniza der sogenannten Esra-Synagoge von Alt-Kairo. Sehr viel frühere Bruchstücke desselben Werkes wurden unter den Qumran-Handschriften gefunden.

[5] Eine wahrscheinlich aus Hes 4, 5 entnommene Zahl, die hier indessen eine neue Deutung erfährt.

[6] *CD* I, 4—12. (Übersetzung E. Lohse.)

[7] Hebr. *moreh sedeq*, ein vielleicht aus Hos 10, 12 (vgl. Luther: „bis er kommt und Gerechtigkeit über euch regnen läßt") oder Joe 2, 23 übernommener Ausdruck.

Leitung zogen viele *maskilim* in die Wüste von Judäa hinaus, um dort als festgefügte, in einem neuen Bund zusammengeschlossene Gemeinschaft von „zur Heiligkeit Willigen“ zu leben und sich dem Studium und der Beobachtung des göttlichen Gesetzes zu widmen. Auf diese Weise, glaubten sie, würden sie ein für den Herrn vorbereitetes Volk sein und ihm als sein auserwähltes und geeignetes Werkzeug zu Gebote stehen, wenn sich die Zeit nahe, da er entscheidend in den Weltenlauf eingreifen werde. Ihren Rückzug in die Wüste rechtfertigten sie mit der bekannten Bibelstelle Jes 40, 3:

> In der Wüste bahnet den Weg des Herrn;
> machet in der Steppe eine gerade Straße unserm Gott![8]

In den Städten und Dörfern von Judäa sympathisierten viele mit ihnen, die sich zu der ganzen Strenge eines Gemeinschaftslebens in der Wüste nicht berufen fühlten. Während die Qumran-Siedlung sicherlich jeweils nur einige hundert Bewohner umfaßte, betrug die Zahl ihrer Anhänger und Sympathisanten in verschiedenen Teilen des Landes sicher das Zehnfache. Diejenigen, die in die Wüste hinauszogen, durchliefen zuerst eine strenge Probezeit, nach deren Abschluß sie sich ihr ganzes Leben lang einer eisernen Disziplin unterwarfen, deren Einzelheiten in der *Gemeinderegel* bewahrt sind.

In dem verfallenen Gebäudekomplex, der den Namen Chirbet Qumran trägt, hat sich bis auf den heutigen Tag das Gemeindezentrum erhalten; die sorgfältigen archäologischen Forschungen, die dort durchgeführt wurden,[9] haben ergeben, daß er über zwei Jahrhunderte lang der Hauptsitz der Gemeinde war. Die erste Niederlassung der Gemeinde in Chirbet Qumran (wahrscheinlich während der Statthalterzeit des Jonathan) hatte nur bescheidene Ausmaße; zwanzig oder dreißig Jahre später, vermutlich als ihre Zahl wuchs und ihre Lebensform wie ihre Zukunftspläne sich deutlicher abzeichneten, wurde ein etwas soliderer Bau errichtet. Diese erste Phase währte bis etwa zum Beginn von Herodes' Regierungszeit (37 v. Chr.); danach blieb das Gelände anscheinend dreißig Jahre lang unbenutzt, und während dieser Zeit wurde das Gebäude durch ein Erdbeben — aller Wahrscheinlichkeit nach das des Jahres 31 v. Chr. — schwer beschädigt. Als die Anlage um 4 v. Chr. wieder in Benutzung genommen wurde, mußten daher erst umfangreiche Wiederaufbauarbeiten durchgeführt werden. Diese zweite Phase währte bis zum Krieg 66—73 n. Chr.

---

[8] Zitiert in 1 QS VIII, 14.

[9] Für die maßgeblichste Darstellung dieser Forschungsarbeiten siehe R. de Vaux, *L'Archéologie et les Manuscrits de la Mer Morte*, London 1961, S. 1 ff.

2.

Die *Gemeinderegel* erwähnt eine Gruppe von fünfzehn Männern — drei Priestern und zwölf Laien —, die „im Rat der Gemeinschaft"[10] sein sollten; nach seiner Gründung sei dieser Rat fest gegründet und in der Lage, die Absichten Gottes auszuführen. Vielleicht stellte die Gruppe einen obersten geheimen Rat zur Leitung des Lebens und der Arbeit der Gemeinde dar,[11] doch bildeten diese fünfzehn Männer vermutlich in erster Linie den Kern, mit dem der Lehrer der Gerechtigkeit den Anfang machte, als er die Organisation der Gemeinschaft in Angriff nahm.[12]

Die Qumran-Gemeinde war hierarchisch organisiert: es gab Priester (sie heißen „Aaronsöhne" oder „Zadoksöhne"), Leviten, Älteste und einfache Mitglieder. Bestimmte wichtige Angelegenheiten wurden durchs Los entschieden, das unter der Aufsicht der Aaronsöhne geworfen wurde. Auf diese Weise bewahrte man die aus früheren Zeiten überkommene Tradition, in der die Priester den Willen Gottes durch das heilige Los, die Urim und Thummim, festgestellt hatten.

Von Zeit zu Zeit wurde eine Generalversammlung der Gemeinde anberaumt, die Sitzung der „Vielen" *(ha-rabbim)*. Für das Einnehmen der Plätze galten besondere Vortrittsregeln: zuerst die Priester, dann die Ältesten und dann alle übrigen, jeder entsprechend seiner Stellung, und die Tagesordnung wurde strikt eingehalten. Wer das Wort ergreifen wollte, mußte aufstehen und sagen: „Ich möchte ein Wort an die Vielen richten." Erteilten ihm die Führer die Erlaubnis, so durfte er sprechen. Solange er redete, durfte ihn niemand unterbrechen.[13] Ungehöriges Betragen, wie zum Beispiel törichtes Reden, lautes Lachen, Schlafen während der Sitzung oder zu häufiges Verlassen des Raumes ohne hinreichenden Grund, wurde entsprechend bestraft. Die Bestrafung erfolgte gewöhnlich in der Form, daß der Betreffende für eine bestimmte Zeit von der „Reinheit der Vielen", das heißt von den Reinigungszeremonien und dem

---

[10] 1 QS VIII, 1.
[11] Vgl. z. B. M. Burrows, *The Dead Sea Scrolls*, New York 1955, S. 232; P. Wernberg-Møller, *The Manual of Discipline*, Leiden 1957, S. 122 f.; K. Schubert, *The Dead Sea Community*, London 1959, S. 47; A. Dupont-Sommer, *The Essene Writings from Qumran*, Oxford 1961, S. 90.
[12] Vgl. E. F. Sutcliffe, *The Monks of Qumran*, London 1960, S. XI, 152 f.; A. R. C. Leaney, *The Rule of Qumran and its Meaning*, London 1966, S. 210 ff.
[13] 1 QS VI, 8—13.

Gemeinschaftsmahl, ausgeschlossen wurde, oder daß man ihm die Rationen kürzte.[14]

Jedem der Lager, in die die Gemeinschaft eingeteilt war, stand ein Inspektor *(mebaqqer)* vor[15] und allen Lagern ein Hauptinspektor *(paqid),* der über die Einhaltung der Ordensregeln wachte.[16]

Dem Hauptinspektor oblag u. a. die Prüfung von Bewerbern, die in die Gemeinschaft aufgenommen zu werden wünschten; er mußte feststellen, ob ihre Beweggründe lauter waren, ob sie ein reines Leben geführt hatten und ob sie sich über die Bedeutung ihres Antrags im klaren waren. Wer dieses erste Examen bestand, mußte dann vor die Generalversammlung der „Vielen" treten, die über seine Aufnahme oder Ablehnung entschied. Angenommene Bewerber mußten, ehe sie vollberechtigte Mitglieder wurden, erst zwei Initiationsstufen durchlaufen, die jeweils ein Jahr währten. Während des ersten Jahres behielten sie ihre private Habe, während des zweiten Jahres wurde diese beim Schatzmeister der Gemeinde hinterlegt, aber erst wenn die Bewerber am Beginn des dritten Jahres die volle Mitgliedschaft erwarben, ging ihr Besitz in den gemeinschaftlichen Fonds ein.[17] Ein Mitglied, das „falsche Angaben machte bezüglich des Besitzes, wider sein Wissen",[18] wurde hart bestraft — allerdings nicht so hart wie Ananias und Saphira, die sich in der Frühzeit der Jerusalemer Kirche dieses Vergehens schuldig machten.[19] In Qumran bestand die Strafe im Ausschluß von der „Reinheit der Vielen" (vielleicht von der Teilnahme an ihren feierlichen Gemeinschaftsakten) für die Dauer eines Jahres und in der Kürzung der Rationen um ein Viertel. Für schwerere Vergehen war der vollständige Ausschluß aus der Gemeinde vorgeschrieben. Auch nach einem vollständigen Ausschluß konnte ein bußfertiges Mitglied unter der Bedingung wieder aufgenommen werden, daß es sich, bevor man seine Wiederzulassung in Erwägung zog, zunächst zwei Jahre lang einer strengen Disziplin unterwarf. Wer indessen nach zehnjähriger Mitgliedschaft im Gemeinderat ausgeschlossen wurde, konnte nicht wiederaufgenommen werden.[20]

Wer in den Bund von Qumran aufgenommen wurde, mußte feierlich geloben, mit ganzem Herzen zum mosaischen Gesetz zurückzukehren

---

[14] 1 QS VI, 24—VII, 15.
[15] 1 QS VI, 12; CD IX, 18 usw.
[16] 1 QS VI, 14.
[17] 1 QS VI, 13—23.
[18] 1 QS VI, 24 f.
[19] Apg 5, 1—11.
[20] 1 QS VI, 27—VII, 2; VII, 19—25; VIII, 20—IX, 2.

und jeglichen Umgang mit Gottlosen zu meiden. Während er dies tat, sprachen die Priester eine erweiterte Form der deuteronomischen Preisungen jener, die sich entschlossen, auf Gottes Wegen zu wandeln, und die Leviten die entsprechenden Verdammungen jener, die sich wider ihn empörten.[21]

Der gemeinsame Besitz der Gemeinde wurde vom Schatzmeister gemäß den Anweisungen des Rats verwaltet.[22] Dieser Fonds vermehrte sich anscheinend durch Löhne oder andere von Gemeindegliedern nach ihrer Aufnahme bezogene Einkünfte. Sie scheuten offensichtlich keinerlei Arbeit und waren bereit, niedrige Dienste für die Gottlosen zu verrichten, wobei sie ihnen äußerlich Demut bezeigten, im Innern aber ganz andere Empfindungen für sie hegten. Ungeachtet all ihrer Selbstverleugnung müssen die Qumran-Leute doch über einige Existenzmittel verfügt haben. In der Umgebung von Qumran selbst gab es verschiedene Arbeitsmöglichkeiten — mit der benachbarten Oase *Ain Feshkha* und den Erzeugnissen des Toten Meeres verbundene Tätigkeiten sowie Arbeiten, die am Hauptsitz der Gemeinde verrichtet werden konnten. Sie konnten sicherlich als Landwirte, Hirten, Bienenzüchter, Töpfer usw. Beschäftigung finden oder sich ihren Lebensunterhalt durch den Verkauf verschiedener Produkte und Fertigwaren verdienen. Auch ist nicht anzunehmen, daß sich alle Mitglieder ständig in Qumran aufhielten. Viele arbeiteten gewiß in den dichter besiedelten Teilen von Judäa und trugen dadurch zur Unterhaltung des Gemeindelebens bei, daß sie den größten Teil ihrer Einkünfte der Sekte zukommen ließen. Vielleicht empfingen die Qumran-Leute auch Mittel von „nicht vollberechtigten Mitgliedern" oder Sympathisanten, die ein weltliches Leben führten.

Welche Rolle Ehe und Familienleben in der Qumran-Gemeinde spielten, läßt sich nicht mit Sicherheit feststellen. Auf der einen Seite enthält die *Damaskusschrift* ihre eigene strenge Auslegung des jüdischen Eherechts und erwähnt Anhänger des neuen Bundes, die „in Lagern wohnen entsprechend der Ordnung des Landes und Frauen nehmen und Kinder zeugen"[23], und die *Gemeinderegel* sieht erwartungsvoll der Zeit entgegen, da das Leben der gesamten Gemeinde Israels wohlgeordnet sein wird und die Frauen und Kinder wie die Männer zusammenkommen, um der Erklärung des Bundesgesetzes zu lauschen.[24] Ferner ist da die Tatsache, daß man an den Rändern der Begräbnisplätze von Qumran

---

[21] 1 QS I, 16—II, 18; V, 7—11.
[22] 1 QS VI, 19—23.
[23] *CD* VII, 6 ff.; siehe S. 125.
[24] 1 QSa I, 4 ff.

eine Anzahl Frauen- und Kindergräber gefunden hat.[25] Auf der anderen Seite muß man sich fragen, wie diejenigen, die das harte Leben eines Mitglieds der Qumran-Gemeinde zu führen bereit waren, die üblichen Pflichten eines Ehemanns und Familienvaters erfüllen konnten. In unseren Urkunden wird nicht ausdrücklich festgestellt, daß die Aufnahme als vollberechtigtes Mitglied Ehelosigkeit voraussetzte, und man muß sich hüten, der Qumran-Gemeinde Züge zuzuschreiben, die für das christliche Kloster- und Mönchsleben charakteristisch sind. Es ist indessen denkbar, daß diejenigen Anhänger der Gemeinde, die „entsprechend der Ordnung des Landes" in den Städten und Dörfern von Judäa lebten, auf die übliche Art und Weise heirateten und Familien gründeten (und sich dabei an die strenge Auslegung des Ehegesetzes hielten, wie sie die Qumran-Gemeinde vertrat), während alle die, die als vollberechtigte Gemeindeglieder in der Wüste lebten, sich diese Annehmlichkeiten und Verantwortlichkeiten versagten, da sie sie als für Angehörige der *militia dei* hinderlich ansahen. In diesem Fall könnte man sie zu jenen zählen, die nach den Worten Jesu auf Ehe und Familienleben verzichten, „sich selbst verschnitten ... um des Reiches der Himmel willen" (Mt 19, 12).[26]

3.

Die Qumran-Gemeinde legte der rituellen Reinigung in Wasser große Bedeutung bei; in der Tat waren die besonderen Waschungen, die das levitische Gesetz für die Priester vorschreibt, in Qumran anscheinend für alle Gemeindeglieder Vorschrift. Dies wird aus der *Gemeinderegel* deutlich, wenn auch nicht anzunehmen ist, daß dies der Zweck der reichlichen Versorgung mit Wasser und des kunstvollen Zisternensystems in Chirbet Qumran war. Diese Reinigungen waren kein bloßer Initiationsritus, sondern wurden offensichtlich oft durchgeführt. Immer wieder wird indessen betont, daß rituelle Waschungen allein nichts bewirkten, wenn das Herz des Betreffenden nicht Gott zugeschworen sei. Die Waschung des Leibes werde nur angenommen, wenn sie das äußere Kennzeichen einer gereinigten und demütigen Seele sei.[27]

---

[25] R. de Vaux, *L'Archéologie et les Manuscrits de la Mer Morte,* S. 38.
[26] Siehe S. 92, Anm. 15. Auf der anderen Seite ist es bedeutsam, daß die Gemeinschaften der Therapeutai Frauen wie Männer aufnahmen (Phil. *contempl.* 68 f.).
[27] 1 QS III, 1–12.

Die Gemeinde hielt regelmäßig Gemeinschaftsmahle, gemeinschaftliche Gottesdienste und Beratungen ab. Nicht immer kamen dazu jedoch sämtliche Gemeindeglieder zusammen, sondern sie konnten schon durchgeführt werden, wenn zehn Mitglieder versammelt waren, vorausgesetzt, daß einer von ihnen ein Priester war. Es war zum Beispiel erforderlich, daß vor einem Gemeinschaftsmahl (ob als Gruppe von zehn Mitgliedern oder in größerer Anzahl) der Priester vor dem Genuß von Brot oder Wein das Tischgebet sprach. Und wenn solch eine Gruppe von zehn Gemeindegliedern zusammenkam, mußte sie dafür Sorge tragen, daß immer einer von ihnen im heiligen Gesetz forschte und es auslegte. Anscheinend lösten sie einander dabei ab, so daß Studium und Auslegung ständig betrieben wurden. Die Nacht war in drei Nachtwachen eingeteilt, und während jeder Wache blieb ein Drittel der Gemeindeglieder auf, um den Lesungen und Erklärungen zu lauschen und die vorgeschriebenen Lobsprüche zu sagen.[28]

Neben den gewöhnlichen Gemeinschaftsmahlen gab es vermutlich besondere heilige Mahle, an denen nur vollberechtigte Gemeindeglieder teilnahmen. Die *Gemeinschaftsregel* beschreibt ein Mahl im künftigen Zeitalter, an dem das priesterliche Oberhaupt der Theokratie und der Messias Israels teilnehmen würden,[29] und so galten die heiligen Mahle in Qumran vielleicht irgendwie als Vorwegnahme dieses künftigen Mahls. Da die Qumran-Gemeinde aber die Priesterschaft und ihre Vorrechte so stark in den Vordergrund rückte, ist es jedoch wahrscheinlicher, daß die feierlichen Mahle als Fortsetzung des wöchentlichen Verzehrs der Schaubrote galten. Diese aus zwölf Laiben bestehenden Schaubrote wurden an jedem Sabbattag in der unsichtbaren Gegenwart Jahwes auf dem Tisch erneuert und sollten „Aaron und seinen Söhnen zufallen, und diese sollen sie an heiliger Stätte essen“ (3 Mo 24, 5—9).[30]

Den Priestern Israels stand nicht nur das Brot von dem Schaubrottisch zu, sondern auch das Fleisch von verschiedenen Tieropfern. Das erklärt vielleicht die Tierknochen, die die Qumran-Leute entweder in irdenen Töpfen aufbewahrten oder unter Topfscherben begruben (die betreffenden Tonwaren sind völlig zerbrochen, so daß beides möglich, wenn auch ersteres wahrscheinlicher ist). Die Knochen stammen von

---

[28] 1 QS VI, 1—8. Das Quorum *(minjan)* von zehn Männern bildet im Judentum die Regel; die Bestimmung, daß einer der zehn ein Priester sein muß, spiegelt den priesterlichen Ursprung und das priesterliche Ideal der Qumran-Gemeinde.

[29] 1 QSa II, 17 ff.

[30] Vgl. M. Black, *The Scrolls and Christan Origins*, London 1961, S. 108 ff.

gebratenen Rindern, Schafen und vor allem Ziegen und sind offensichtlich Überreste von Mahlzeiten.[31] Die Tatsache, daß man sich die Mühe machte, solche Überreste zu sammeln, läßt vermuten, daß sie nicht von gewöhnlichen Mahlzeiten stammten. Handelte es sich um Opfermahle? Dies wirft das schwierige Problem der Opferpraxis in Qumran auf. Der einzige Ort, wo nach dem deuteronomischen Gesetz Opfer dargebracht werden konnten, war Jerusalem. Wenn die zeitweilige Herrschaft ungesetzlicher Hoherpriester über den Jerusalemer Tempel es den Qumran-Leuten aber unmöglich machte, an den dortigen Gottesdiensten teilzunehmen, hatten sie dann (wie ihre Vorfahren zur Zeit des Mose) einen Altar in der Wüste, auf dem annehmbare Opfer durch ihre eigenen Priester dargebracht werden konnten? Fest steht, daß in Qumran nichts gefunden wurde, was man als Altar identifizieren könnte.[32] Vielleicht könnte man ihre Sondermahle als „Quasi-Opfermahle" bezeichnen.

Die Pharisäer blieben ungeachtet all ihrer Gegnerschaft gegen die unter den Hasmonäern, Herodäern und Römern amtierenden Hohenpriester dem Opferkult im Tempel nicht fern. Die Qumran-Leute tadelten die Pharisäer aber nicht allein wegen dieser kompromißbereiten Haltung, sondern auch wegen ihrer (wie sie meinten) zu laxen Auslegung der Gesetze, und weil sie nicht ernsthaft genug nach Gerechtigkeit strebten.[33] Soweit man die Gesetzesauslegung der Qumran-Gemeinde mit der der Pharisäer vergleichen kann, lehrte anscheinend selbst die strengste pharisäische Schule (die des Schammai) eine mildere *halaka* als die in Qumran befolgte. Das Ehegesetz der Qumran-Sekte untersagte die Vielehe aufgrund von 1 Mo 1, 27 („als Mann und Frau schuf er sie") — einer Schriftstelle, die Jesus eines seiner Argumente gegen die Ehescheidung lieferte.[34] In Qumran wurde die Ehe zwischen Onkel und Nichte mißbilligt,[35] obschon die Thora sie nicht ausdrücklich untersagt. Andere Auslegungsschulen im Judentum erlaubten sie, weil die Thora sie nicht eindeutig verbietet. Die Ehe zwischen Onkel und Nichte war in der herodäischen Familie besonders häufig[36] und wurde von den

---

[31] Vgl. F. E. Zeuner, *„Notes on Qumran"*, PEQ 92 (1960), S. 28 ff.

[32] R. de Vaux, *L'Archéologie et les Manuscrits de la Mer Morte,* S. 10 ff. Siehe indessen F. M. Cross, *The Ancient Library of Qumran,* New York 1958, S. 74 ff.

[33] Siehe S. 80 für die Bezeichnung *doresche ha-chalaqot;* das letzte Wort war vielleicht ein Spottwortspiel zu den pharisäischen *halakot,* „Regeln" (im Lichte von Jes 30, 10: „saget uns angenehme Dinge").

[34] *CD* IV, 20 ff.; vgl. Mk 10, 2—9.

[35] *CD* V, 7 ff.

[36] Ein früherer bekannter Fall war die Ehe zwischen dem Tobiaden Joseph und der Tochter seines Bruders (Ios. *ant. Iud.* XII, 186 ff.).

religiösen Führern offenbar nicht mißbilligt, obschon sie mit ihrer Kritik an vielen anderen Zügen der herodäischen Lebensweise keineswegs zurückhielten. Die Interpreten der Qumran-Gemeinde argumentierten indessen, daß, da die Thora die Ehe zwischen Tante und Neffen ausdrücklich untersage,[37] die Ehe zwischen Onkel und Nichte in Analogie hierzu als verboten anzusehen sei.

Das Sabbatgesetz wurde von der Qumran-Gemeinde gleichfalls strenger ausgelegt als von den strengsten Pharisäern. Als die Pharisäer Jesus wegen seiner Krankenheilungen am Sabbat kritisierten, antwortete er: „Wer unter euch, dem sein Sohn oder sein Ochse in einen Brunnen fällt, wird ihn am Sabbattag nicht alsbald heraufziehen?“ (Lk 14, 5).[38] Zwischen seinen theologischen Widersachern und ihm herrscht also Einigkeit darüber, daß sich keiner von ihnen von irgendeiner Auslegung des Sabbatgesetzes daran hindern lassen würde, hier menschlich zu verfahren. Doch die *halaka* der Qumran-Gemeinde untersagt sogar solch eine menschliche Handlung in einer außergewöhnlichen Situation: „Niemand soll Vieh beim Werfen helfen am Sabbattag. Und wenn es in einen Brunnen fällt oder in eine Grube, so soll er es nicht am Sabbat wieder herausholen.“[39]

Die Qumran-Leute weigerten sich, an den Opfergottesdiensten teilzunehmen, solange unrechtmäßige Hohepriester die Herrschaft über den Jerusalemer Tempel ausübten; sie glaubten, Gott werde bis auf weiteres ihre Lobsprüche als ein ausreichendes Opfer ansehen, sahen erwartungsvoll dem Tag entgegen, an dem eine legitime zadokidische Priesterherrschaft Gott im gereinigten Tempel aufs neue annehmbare Opfer darbringen würde[40] und hielten in ihrer Gemeinde die Dienstabteilungen der Priester und Leviten funktionsfähig, damit die Wiederaufnahme des Tempelkults zur festgesetzten Zeit unverzüglich erfolgen könnte.

Die Qumran-Gemeinde war mancherlei Verfolgungen durch die Hasmonäer ausgesetzt. Ein Angehöriger der Dynastie wird in den Qumran-Texten als der „gottlose Priester“ besonders erwähnt.[41] (Während jeder

---

[37] 3 Mo 18, 13, zitiert in *CD* V, 9.

[38] In der Parallelstelle Mt 12, 11 ist von „einem Schaf“ die Rede (vgl. auch Lk 13, 15). Über die Haltung der Rabbinen siehe I. Abrahams, *Studies in Pharisaism and the Gospels*, Series I, Cambridge 1917, S. 129 ff.; ferner Strack-Billerbeck 1, S. 629.

[39] CD XI, 13 f.; in 16 f. wird eine Konzession gemacht, falls es sich um einen Menschen handelt.

[40] Dies geht aus 1 QM II, 1–6 und aus Bruchstücken der „Apokalypse des Neuen Jerusalems“ aus verschiedenen Höhlen hervor.

[41] Dieser Gleichsetzung stimmen nicht alle Forscher zu; andere Identifizierungen erstrecken sich von Menelaus in der Zeit Antiochus' IV. (vgl. H. H. Rowley,

hasmonäische Priester, ja jeder Hohepriester nach dem Fall des Hauses Zadoks in den Augen der Gemeinde insofern ein „gottloser Priester" war, als er sein Amt nicht rechtmäßig innehatte, betrachteten sie einen bestimmten Hasmonäer als den „gottlosen Priester" *par excellence*. Man ist sich nicht einig, welcher Hasmonäer mit dem gottlosen Priester zu identifizieren ist, doch deutet vieles darauf hin, daß es Jonathan, der Bruder und Nachfolger des Judas Makkabäus, war.[42] Es heißt, der gottlose Priester habe einmal einen Angriff auf den Lehrer der Gerechtigkeit unternommen, als dieser und seine Anhänger gerade den Versöhnungstag begingen.[43] Die Tatsache, daß der gottlose Priester das an diesem heiligen Tag zu tun vermochte (anstatt, wie man erwarten sollte, im Tempel zu amtieren), dürfte sich daraus erklären, daß die Tempelbehörden und die Qumran-Gemeinde verschiedene Kalender benutzten.

Der Kalender der Qumran-Gemeinde scheint im wesentlichen mit dem uns aus dem *Jubiläenbuch* bekannten identisch gewesen zu sein.[44] In diesem Kalender war allein die Sonne bestimmend; das Jahr war (zumindest der Absicht nach) ein Sonnenjahr (von 364 Tagen), aber die Monate waren herkömmliche Kalendermonate von dreißig oder einunddreißig Tagen und genausowenig durch die Mondphasen bestimmt wie die Monate unseres julianisch-gregorianischen Kalenders. Die Monate des amtlichen jüdischen Kalenders waren dagegen Mondmonate; der erste Monatstag fiel, soweit dies durchführbar war, mit dem Neumond zusammen, und die Feste richteten sich nach den Mondphasen. (Die Tatsache, daß man in Qumran nach einem anderen Kalender lebte als dem, der in Jerusalem benutzt wurde, ist ein weiterer Grund dafür, weshalb die Qumran-Gemeinde nicht an dem regulären Tempelkult teilnehmen konnte.)

Die Aufgabe, der sich die Qumran-Leute widmeten, war weder leicht noch unedel. Unter der gegenwärtigen Herrschaft der Sündhaftigkeit konnten sie als Lohn für ihre Hingabe an den Willen Gottes nichts als Leid erwarten, doch erduldeten sie dieses Leid nicht nur um ihrer

---

The Zadokite Fragments and the Dead Sea Scrolls, Oxford 1952, S. 67 ff.) bis zu Eleasar, Tempelhauptmann im Jahre 66 n. Chr. (vgl. G. R. Driver, *The Judaean Scrolls*, Oxford 1965, S. 267 ff.).

[42] Vgl. z. B. B. G. Vermes, *Les Manuscrits du Désert de Juda*, Tournai-Paris 1953, S. 94; J. T. Milik, *Ten Years of Discovery in the Wilderness of Judaea*, London 1959, S. 65 ff.; E. F. Sutcliffe, *The Monks of Qumran*, London 1960, S. IX ff., 42 ff.

[43] 1 Q pHab XI, 4—8 (zu Hab 2, 15).

[44] Vgl. A. R. C. Leaney, *The Rule of Qumran and its Meaning*, London 1966, S. 23 ff.

eigenen Rechtfertigung vor Gott willen, sondern sie hofften, damit auch Versöhnung für das Land Israel als Ganzes zu bewirken.[45]

Sie glaubten, daß Gott den gottlosen Priester und seine Spießgesellen eines Tages für ihre Schandtaten zur Rechenschaft ziehen werde. Im Laufe der Zeit wurde ihnen auch klar, wer die Werkzeuge des göttlichen Gerichts sein würden: Gott zog sich für diesen Zweck die „Kittim" heran, und mit den „Kittim" meinten die Qumran-Leute, wie schon erwähnt, vermutlich die Römer.[46] In der Tat waren es die Römer, die 63 v. Chr. durch ihre Besetzung Judäas der Hasmonäerherrschaft ein Ende bereiteten; aber die Qumran-Sekte vermochte schon vor diesem Zeitpunkt zu erkennen, wie sich die Dinge gestalten würden. Sie erkannte auch, daß die Römer über die Grenzen der ihnen gegebenen Kompetenz hinausgreifen und sich wegen ihres Unglaubens und ihrer Habgier selber dem Urteilsspruch Gottes aussetzen würden. Und die Erwählten Gottes, unter denen die Qumran-Gemeinde den ersten Platz einnahm, würden die Werkzeuge des göttlichen Urteilsspruchs gegen die Kittim sein.[47] In der *Kriegsrolle* von Qumran, die zum Teil ein erweiterter *Midrasch* zu Dan 11, 40—12, 3 ist, wird im einzelnen vorhergesagt, wie die Erwählten Gottes sein Urteil über die Kittim und andere „Söhne der Finsternis" vollstrecken werden. Man könnte sagen, daß die Gemeinde in dieser Hinsicht erwartungsvoll der Zeit entgegensah, da sie die Rolle des „Volkes der Heiligen des Höchsten" spielen würde, dem in Dan 7, 22. 27 richterliche Gewalt und ewige Herrschaft gegeben werden.

Aus den verschiedenen Bezeichnungen, die den Männern von Qumran in ihrer Literatur gegeben werden, wird deutlich, daß sie sich als den gerechten Überrest und Gottes wahres Israel ansahen. Sie erscheinen beispielsweise als die Heiligen des Bundes, die Armen der Herde, die Söhne des Lichts, die Männer der Wahrheit, die Gemeinde Israels und Aarons (in dem zuletzt genannten Titel meint „Israel" die Laien und „Aaron" die Priester unter ihnen).

Dank der Lehren, die sie vom Lehrer der Gerechtigkeit empfingen, vermochten sie den Schriften der Propheten zu entnehmen, welche Pflicht Gott ihnen auferlegt hatte. Außerordentlich interessant sind in diesem Zusammenhang die in Qumran gefundenen Bibelkommentare. Sie werfen zwar kein Licht auf den ursprünglichen Sinn der betreffenden Bücher, geben aber wichtige Aufschlüsse über die Glaubensüberzeugungen der

---

[45] Vgl. 1 QS V, 6 f.; IX, 3–5.
[46] Siehe S. 15.
[47] Vgl. 1 Q pHab II, 12–VI, 12.

Kommentatoren und ihrer Gefährten. Sie glaubten, sie seien in die Endzeit eingetreten, auf die alle Propheten vorauswiesen, und warteten begierig auf das Zeichen, das den Anbruch des neuen Zeitalters ankündigen würde, das Zeichen, das sie zugleich gegen die Feinde Gottes zu den Waffen rufen würde. Sie fuhren auch nach dem Tode des Lehrers der Gerechtigkeit (etwa 100 v. Chr.?) mit unverminderter Gläubigkeit fort, erwartungsvoll dieser Zeit der Entscheidung entgegenzusehen.[48]

Die von ihnen erwartete Entscheidung erfolgte indessen in anderer Weise, als sie es sich vorgestellt hatten. Die letzten Tage ihres Gemeindelebens lassen sich nur schwer rekonstruieren. Fest steht lediglich, daß ihr Hauptsitz in Qumran während des Krieges 66—73 n. Chr. mit Feuer und Schwert angegriffen und zerstört wurde.[49] Wir wissen nicht, ob die Gemeinde bis zum Ende dort blieb; es ist durchaus denkbar, daß sie, als der Aufstand gegen Rom losbrach, meinte, jetzt sei die Zeit gekommen, dem Herrn gegen die Mächtigen zu Hilfe zu eilen. Eine andere Möglichkeit ist, daß die Zeloten Chirbet Qumran in Besitz nahmen und es im Kriege als Stützpunkt benutzten. Das Zeugnis der „Kupferrolle“ aus Höhle 3 ist hier vielleicht von Belang, falls sie (laut einer sehr einleuchtenden Auslegung ihres Textes) ein Bestandsverzeichnis von Tempelgütern und ähnlichen Dingen enthält, die die Führer des Aufstands an verschiedenen Orten versteckten, um sie als Kampfmittel zu verwenden.[50] Was die anderen Rollen betrifft, die vermutlich aus der Gemeindebibliothek stammen, so wissen wir nicht, ob sie von Gemeindegliedern oder von anderen Juden in den benachbarten Höhlen eingelagert — in einigen Fällen, besonders in Höhle 4, sollte man wohl besser sagen „ausgekippt“ — wurden. Wahrscheinlich hofften die Gemeindeglieder, sie würden eines Tages zurückkehren und sie wieder in Besitz nehmen können. Was mit der Gemeinde oder den Gemeindegliedern geschah, die den Krieg überlebten, kann man nur vermuten. Vielleicht schlossen sich einige Überlebende jenen Gliedern der Kirche von Jerusalem an, die die untergehende Stadt um die gleiche Zeit verließen und östlich des Jordans eine Zuflucht fanden; gewisse Glaubensüberzeugungen und Praktiken der Ebioniten könnten sich aus einer Einwirkung des Ethos der Qumran-Sekte auf das frühe Judenchristentum erklären.[51]

---

[48] Vgl. die Bezugnahmen auf seinen Tod in CD XIX, 35 f.; XX, 14.

[49] Vgl. R. de Vaux, *L'Archéologie et les Manuscrits de la Mer Morte*, S. 28 ff.; H. H. Rowley, „The History of the Qumran Sect“, *BJRL* 49 (1966—7), S. 202 ff.

[50] Vgl. J. M. Allegro, *The Treasure of the Copper Scroll*, New York, S. 120 ff.

[51] Vgl. O. Cullmann, „Die neuentdeckten Qumran-Texte und das Judenchristentum der Pseudoklementinen“, in: *Neutestamentliche Studien für R. Bultmann* = *BZNTW* 21, hrsg. von W. Eltester, Berlin 1954, S. 35 ff.; *„The Signi-*

4.

Man hat die Qumran-Gemeinde der Reihe nach mit sämtlichen religiösen Parteien des Judentums in der Spätzeit des zweiten jüdischen Gemeinwesens identifiziert — mit den Sadduzäern,[52] Pharisäern,[53] Zeloten[54] und Essenern.[55]

Mit den Sadduzäern der Geschichte hat sie jedoch nichts gemein — abgesehen von der Ähnlichkeit zwischen der Bezeichnung „Sadduzäer" (von wem sie sich auch immer ableiten mag) und dem Namen Zadok, den die Gemeinde in hohen Ehren hielt. Auch wenn die Sadduzäer „Zadoksöhne" zu sein beanspruchten (was wenig wahrscheinlich ist), hatte der Ausdruck bei ihnen einen ganz anderen Sinn als in Qumran. Alle einschlägigen Zeugnisse deuten darauf hin, daß die bittersten Feinde der Gemeinschaft eng mit den Sadduzäern liiert waren.

Mit den Pharisäern hatte sie die Sorge um das Gesetz Gottes gemein. Ihre Gesetzesauslegung war indessen strenger als die irgendeiner bekannten pharisäischen Schule. Auch räumte sie in ihrer Bibelexegese den Prophetenschriften einen wichtigen und unabhängigen Platz ein, was sie eher mit Jesus und seinen ersten Anhängern als mit den Pharisäern verbindet. Ihre Kritik des zeitgenössischen Tempelwesens war radikaler als die der Pharisäer, von denen sie sich auch durch ihre Kalenderpraxis unterscheiden. Falls es zudem die Pharisäer sind, die von den Qumran-Leuten als „Sucher nach glatten Lehren" oder „Vermittler von glatten Interpretationen" bezeichnet werden (und man weiß nicht, wer mit dieser Bezeichnung sonst gemeint sein könnte), so ist ihre Identifizierung mit den Pharisäern oder auch nur mit einer besonders strengen pharisäischen Schule ausgeschlossen.

Einige angesehene Forscher sind nun überzeugt, die Qumran-Leute seien mit den Zeloten gleichzusetzen. Die bekannteste Darlegung dieser

---

ficance of the Qumran Texts for Research into the Beginnings of Christianity", in: K. Stendahl (Hrsg.), *The Scrolls and the New Testament*, London 1958, S. 18 ff. Siehe Teil II, Kap. 13/4.

[52] Vgl. R. North, „The Qumran ‚Sadducees'", CBQ 17 (1955), S. 164 ff.; A. M. Habermann, *Megillot Midbar Jehuda*, Jerusalem 1959, S. XV, 25 ff.

[53] Vgl. C. Rabin, *Qumran Studies*, Oxford 1957, S. 53 ff.

[54] Vgl. C. Roth, *The Historical Background of the Dead Sea Scrolls*, Oxford 1958, S. 22 ff.; G. R. Driver, *The Judaean Scrolls*, Oxford 1965, S. 237 ff.

[55] Diese These wird von der Mehrzahl der Forscher vertreten; unter den ersten, die sie vortrugen oder vorschlugen, waren E. L. Sukenik, *Megillot Genuzot* I, Jerusalem 1948, S. 16, und A. Dupont-Sommer, *Observations sur le Commentaire D'Habacuc découvert près de la Mer Morte*, Paris 1950, S. 26 ff.

These identifiziert den Lehrer der Gerechtigkeit mit dem zelotischen Anführer Menahem, dem Sohn Judas des Galiläers, der im September 66 n. Chr. von den Anhängern seines Rivalen, des Tempelhauptmanns Eleasar, umgebracht wurde, oder mit Eleasar ben Jair, einem Verwandten Menahems, der entkam, als dieser gefangengenommen und getötet wurde, und bis zur Einnahme der Festung durch die Römer im Mai 73 n. Chr. in Masada aushielt. Der gottlose Priester wird entsprechend mit dem Tempelhauptmann Eleasar identifiziert. Der Angriff dieses Eleasar auf Menahem und seine Anhänger wird mit dem des gottlosen Priesters auf den Lehrer gleichgesetzt, der erfolgte, als dieser mit seinen Schülern gerade den Versöhnungstag feierte. Die Jahreszeit könnte ungefähr stimmen, aber Eleasars Feindschaft gegen Menahem wurde dadurch entflammt, daß dieser oder seine Anhänger einige Tage zuvor Eleasars Vater Ananias, einen ehemaligen Hohenpriester, überfallen und getötet hatten.[56]

Abgesehen von dieser Diskrepanz zwischen den beiden Begebenheiten, stimmen der Charakter und Lebenslauf des Lehrers der Gerechtigkeit, soweit sie sich aus der Qumran-Literatur rekonstruieren lassen, nicht mit denen des Menahem oder Eleasar ben Jair überein. Der Lehrer war anscheinend Priester; es findet sich aber nirgendwo ein Hinweis, daß Menahem oder seine Verwandten priesterlicher Abkunft waren. Menahem machte königliche eher denn priesterliche Ansprüche geltend; vielleicht hoffte er, als Israels Krieger-Messias anerkannt zu werden. Josephus bezeichnet ihn (gleichwie seinen Vater Judas) als „Sophisten",[57] doch da Josephus die verschiedenen jüdischen Sekten als Philosophenschulen darstellt, mußte er auch ihre Führer als Philosophen vorstellen.

Der Lehrer der Gerechtigkeit der Qumran-Sekte war der effektive Gründer seiner Gemeinde.[58] Falls die Qumran-Gemeinde also mit der Zelotenpartei zu identifizieren ist, müßte man den Lehrer der Gerechtig-

---

[56] Für die in Rede stehenden Personen und Ereignisse siehe Ios. *bel. Iud.* II, 433 ff. (s. Teil II, Kap. 13/2). Vgl. H. E. Del Medico, *The Riddle of the Scrolls*, London 1958, S. 140 ff.; C. Roth, *The Historical Background of the Dead Sea Scrolls*, Oxford 1958, S. 6 ff., 74 f.; G. R. Driver, *The Judaean Scrolls*, Oxford 1965, S. 241 ff.

[57] *bel. Iud.* II, 118; der Text von II, 433, wo Menahem als *sophistēs* bezeichnet wird, ist umstritten, und nach einigen Handschriften wird auch Judas hier so genannt.

[58] Der „effektive Gründer", weil die Gläubigen vor seiner Heraufkunft zwanzig Jahre lang wie Blinde nach dem Weg tasteten (*CD* I, 9 f.) und damals anscheinend keinen Führer besaßen; erst der Lehrer organisierte sie als geschlossene Gemeinschaft.

keit eigentlich statt mit Menahem oder Eleasar ben Jair mit Judas oder sogar mit dessen Vater Hiskia[59] gleichsetzen.

Ein Teil der Qumran-Literatur — vor allem die *Damaskusschrift* — entstand zudem geraume Zeit nach dem „Heimgang" des Lehrers (ein Ausdruck, der eher auf einen natürlichen als auf einen gewaltsamen Tod deutet).[60] Doch zwischen Menahems Tod und dem schließlichen Zusammenbruch des zelotischen Widerstands in Masada lagen nicht einmal sieben Jahre — für die Abfassung der betreffenden Schriften eine zu kurze Zeit. Und die Zerstörung von Chirbet Qumran erfolgte noch vor dem Fall von Masada, vermutlich vier oder fünf Jahre früher.

Gegen die Zeloten-Hypothese sprechen auch die paläographischen Belege. Die Paläographen weichen bei der Datierung der Qumran-Handschriften zwar etwas voneinander ab, aber lediglich um eine Generation. Sollte sich die Zeloten-Hypothese in ihrer gängigen Form bestätigen, so irren sich die Paläographen um hundertundfünfzig Jahre. Die Fülle von Qumran-Handschriften hat jedoch die Erstellung einer *relativen* paläographischen Chronologie möglich gemacht, während die Handschriften aus anderen Gegenden westlich des Toten Meeres, die nach der Freiheitsära des zweiten jüdischen Aufstands (132—135 n. Chr.)[61] datiert sind, die Ausarbeitung einer absoluten Chronologie für die Qumran-Urkunden sehr erleichtert haben. Der Konflikt zwischen dem Lehrer der Gerechtigkeit und dem gottlosen Priester war zur Zeit der Anfertigung der Handschrift des Habakuk-Midraschs längst vorüber — und diese Handschrift ist mit an Gewißheit grenzender Wahrscheinlichkeit vor das Jahr 50 v. Chr. zu datieren.[62] Der Lehrer der Gerechtigkeit war zur Zeit der Abfassung der *Damaskusschrift* tot, und die früheste Handschrift dieses Werkes wird in den Anfang des ersten vorchristlichen Jahrhunderts datiert, — also so früh, daß man den Lehrer unmöglich mit Hiskia (gest. 47 v. Chr.) identifizieren kann, von irgendeinem seiner Nachkommen ganz zu schweigen.

Die Zeloten-Hypothese tut dem Quellenbefund in keiner Weise Genüge. Eine Hypothese ist allein dann akzeptabel, wenn sie nicht nur der inneren Evidenz des dokumentarischen Quellenmaterials entspricht, wie es von Philologen und Historikern ausgedeutet wird, sondern auch den

---

[59] Siehe S. 103.
[60] *CD* XIX, 35 f.; XX, 14.
[61] Besonders aus Murabba'at und En-Gedi.
[62] Der Kommentar selber entstand noch früher, wahrscheinlich vor 63 v. Chr., da die römische Okkupation, die in jenen Jahren erfolgte, anscheinend eher erwartet denn als ein eingetretenes Ereignis verzeichnet wird.

paläographischen und archäologischen Beweisstücken, wie sie von den Fachforschern interpretiert werden. Die Identifizierung der Qumran-Sekte mit Essenern — nicht mit dem gesamten Orden, sondern mit einer Gruppe von Essenern — wird dem Quellenbefund in stärkerem Ausmaß gerecht als jede andere Gleichsetzung.

Eine Identifizierung der Gemeinde mit den Essenern wurde schon zu Beginn der Funde in Höhle 1 vorgeschlagen. R. de Vaux und andere haben Chirbet Qumran mit dem von Plinius erwähnten Hauptsitz der Essener identifiziert. Außer dem Argument, daß die Archäologen kaum eine andere Möglichkeit sehen, Plinius' essenisches Hauptquartier zu lokalisieren, gibt es noch andere, z. T. gewichtigere Indizien.

Ein ziemlich fragwürdiges chronologisches Argument lautet, daß die Essener während der Zeit, als die Qumran-Gemeinde bestand, blühten; daß sie ungefähr um dieselbe Zeit — in der zweiten Hälfte des zweiten vorchristlichen Jahrhunderts — in die Geschichte eintraten, als die Qumran-Bewegung begann, und daß sie in der zweiten Hälfte des ersten nachchristlichen Jahrhunderts immer noch blühten.

Bedeutsamer ist das Argument, das sich auf die Ähnlichkeit zwischen den Glaubensanschauungen und -praktiken der Essener, wie zeitgenössische Autoren sie uns schildern, und denen der Qumran-Gemeinde, wie sie in deren eigenem Schrifttum bezeugt sind, gründet.

Zwischen den beiden bestehen auffallende Ähnlichkeiten (die jedoch nicht auf eine völlige Identität hinauslaufen): in Hinsicht der langen Probezeit, der bei der Aufnahme abgelegten feierlichen Gelübde, der strengen Disziplin, der rituellen Waschungen, des Gemeinschaftsmahls, des hierarchischen Aufbaus mit genauer Beobachtung der Vortrittsrechte, der herausragenden Stellung der Priester, der Gütergemeinschaft, der äußerst strengen Auslegung des Sabbatgesetzes und des gesetzlich ungewöhnlich strengen Standpunkts. Da aus der *Gemeinderegel* deutlich wird, daß eine häufige Strafe in Qumran in der Kürzung der Rationen bestand, kann man sich vorstellen, daß, wie Josephus berichtet, ein Sektenmitglied, das sich eines so schweren Vergehens schuldig gemacht hatte, daß man ihm sämtliche Rationen für eine hinreichend lange Zeit entziehen zu müssen glaubte, in der Gefahr schwebte, Hungers zu sterben. Bisweilen erstreckt sich die Ähnlichkeit zwischen den beiden Disziplinarordnungen auf Dinge, die wir als trivial bezeichnen würden; so entspricht der Angabe des Josephus, daß die Essener das Ausspeien „in die Mitte der Versammlung“ oder nach der rechten Seite hin mieden,[63]

[63] *bel. Iud.* II, 147.

die Bestimmung in der *Gemeinderegel,* daß „ein Mann, der mitten in die Sitzung der Vielen hineinspuckt, mit dreißig Tagen" — vermutlich durch Entzug seines Anteils am Gemeinschaftsmahl — „bestraft werden soll".[64]

Aus der Angabe des Josephus, daß, „wenn zehn zusammen eine Sitzung abhalten, keiner das Wort ergreift, falls die anderen neun dagegen sind",[65] könnte man folgern, daß es bei den Essenern üblich war, sich zu zehn Gliedern zu gruppieren, und wir sahen schon, daß in Qumran zehn Sektenmitglieder die regulären Gemeinschaftsveranstaltungen durchführen konnten, vorausgesetzt, daß sich unter ihnen ein Priester befand; da aber zehn bei den Juden ganz allgemein eine anerkannte Zahl für gemeinschaftliches Tun war (bei den orthodoxen Juden ist dies bis auf den heutigen Tag die für eine Synagogengemeinde zur Beschlußfassung erforderliche Zahl), kommt dieser Übereinstimmung keine Bedeutung zu.

Josephus' Angabe, die Essener hätten eifrig die alten Schriften, besonders die Propheten, studiert,[66] läßt sich an Hand der Qumran-Schriften ebenfalls veranschaulichen. Auf der anderen Seite scheinen die Beispiele, die er für die Prophetengabe der Essener anführt, trivial im Vergleich zu den auf der Deutung alttestamentlicher Prophetien gegründeten Vorhersagen künftiger Ereignisse, die uns in den Qumran-Texten begegnen. Seine Erwähnung des essenischen Interesses für Engel[67] steht mit der Aufmerksamkeit in Einklang, die man in Qumran spätjüdischen Werken zollte, in denen Engel eine große Rolle spielen.[68] Auch zu dem Interesse der Essener für Heilungen lassen sich anscheinend in Qumran Analogien aufweisen.[69]

Hippolyt berichtet, die Essener hätten einen Weltbrand am Tage des jüngsten Gerichts erwartet;[70] diese Überzeugung kommt gelegentlich in den *Lobliedern* der Qumran-Sekte auf eine Weise zum Ausdruck, die auf zoroastrischen Einfluß deutet.[71]

Alle Ähnlichkeiten und Parallelen, die man anführen kann, rechtferti-

---

[64] 1 QS VII, 13.
[65] *bel. Iud.* II, 146.
[66] *bel. Iud.* II, 136.
[67] *bel. Iud.* II, 142.
[68] Für die Stellung der Engel in der Liturgie der Qumran-Sekte vgl. J. Strugnell, „The Angelic Liturgy at Qumran, 4 Q Serek Sirot Olat Hassabat", *VT Supplement* 7 (1960), S. 318 ff.; ein anderes Bruchstück dieser Urkunde wurde 1963 in Masada gefunden.
[69] *bel. Iud.* II, 136; vgl. 4 Q *Therapeia* (ferner 4 Q *Or. Nab.;* 1 Q *Gen. Apoc.* XX, 28 f.).
[70] *haer.* IX, 22.
[71] Vgl. 1 QH III, 29 ff. (wo jedoch das verzehrende Feuer vielleicht kein eschatologisches ist).

gen indessen keine völlige Gleichsetzung der Qumran-Gemeinde mit den Essenern. Wo herausragende Charakteristika der einen Gruppe in den Quellen, denen wir unsere Nachrichten über die andere entnehmen, überhaupt nicht erwähnt sind, können wir nicht zu unbestreitbaren Schlußfolgerungen gelangen. Beide Gruppen änderten ihre Glaubensanschauungen und -übungen im Lauf der Jahre zweifellos in gewissem Ausmaß, so daß man die Unterschiede zwischen dem Essenertum und Qumran in Hinsicht der Häufigkeit und Bedeutung von Reinigungszeremonien, der Dauer der Probezeiten, der Opferlehre und -praxis, der Haltung zur (jüdischen oder heidnischen) Obrigkeit und der Anwendung von Gewalt vielleicht nicht überbewerten sollte. Im antiken Schrifttum findet sich jedoch eine derartige Menge von Hinweisen auf eine Vielzahl messianischer und „Täufer"-Gemeinden mit Hauptsitz im Jordantal und in der Totenmeergegend, daß eine völlige Identifizierung zweier dieser Gemeinschaften, über die wir derzeit mehr wissen als über die anderen, voreilig wäre.

Man hat vermutet, die Qumran-Gemeinde sei vielleicht mit den heiratenden Essenern zu identifizieren, von denen Josephus berichtet. Solche verheirateten Essener müssen in der Tat eine Sondergruppe gebildet haben, denn nicht nur Plinius und Philo, sondern auch Josephus selbst führen die Ehelosigkeit als eines der Kennzeichen der Essener auf. Es liegen keine Beweisstücke vor, daß die Qumran-Leute grundsätzlich ehelos blieben, obschon es, wie wir sahen, nicht unwahrscheinlich ist, daß die vollberechtigten Sektenmitglieder aus praktischen Erwägungen nicht heirateten und keine Familien gründeten. Eine andere Möglichkeit wäre, daß es sich bei Josephus' heiratenden Essenern um jene nicht vollberechtigten Mitglieder der Bruderschaft handelt, die sich nicht aus dem weltlichen Leben zurückzogen.

Die Essener werden nur in griechischen und lateinischen Urkunden erwähnt. Man mag fragen, ob die Qumran-Gemeinde mit irgendeiner der im jüdischen rabbinischen Schrifttum, das in hebräischer und aramäischer Sprache abgefaßt ist, erwähnten Gruppen identifiziert werden kann. Auch hierzu läßt sich noch nichts Definitives sagen. Man mag an jene Leute denken, die in der rabbinischen Überlieferung als die „Morgentaucher" *(tobele sacharin)* figurieren, weil sie, bevor sie den Namen Gottes in den Mund nahmen, bei Tagesanbruch erst ein rituelles Bad nahmen — und damit noch über die gesetzesstrengen Pharisäer hinausgingen, mit denen sie deshalb in Streit gerieten.[72] Angesichts der

---

[72] Tosefta, *Jadaim* 2, 20; sie sind möglicherweise den Hemerobaptisten von

Vielzahl derartiger Sekten im damaligen Judentum berechtigt uns unser derzeitiges Wissen indessen lediglich zu dem Verdikt: „unbewiesen".

Der Ausdruck „Essener" hatte offensichtlich einen ausgedehnten Bedeutungsspielraum. Wie wir sahen, unterscheidet Hippolyt vier essenische Parteien, und möglicherweise gab es noch andere Gruppen, die man mit demselben Namen bezeichnete. Wenn man die uns bekannten Ähnlichkeiten und augenscheinlichen Unterschiede zwischen der Qumran-Gemeinde und den Essenern erwägt, so drängt sich die Schlußfolgerung auf, daß die Qumran-Gemeinde eine — bedeutende — essenische Gruppe war, die freilich vielleicht in manchem von anderen essenischen Gruppen abwich.[73]

Wenn die Männer von Qumran auch keine Zeloten im Sinne von Mitgliedern der Zelotenpartei waren, so waren sie doch sicherlich Eiferer für Gott, für sein Gesetz und seine Sache. Was ihre Bereitschaft betrifft, sich an die Spitze des eschatologischen Kampfes gegen die Söhne der Finsternis zu setzen, so schließt sie ihre Identität mit den Essenern nicht aus. Nach Hippolyt wurden einige Essener Zeloten und *sicarii* genannt und taten sich als solche hervor:[74] wir können sicher sein, daß der Essener Johannes nicht der einzige Angehörige seines Ordens war, der 66 n. Chr. gegen Rom zu den Waffen griff.

Epiphan. *Anak.* 17 zuzuordnen (vgl. Clem. *hom.* II, 23, wo Johannes der Täufer als Hemerobaptist bezeichnet wird).

[73] Ich stimme A. R. C. Leaney zu, daß die Qumran-Gemeinde „eine Sonderform einer Bewegung war, die ursprünglich in verschiedenen Zweigen in vielen Städten und Dörfern Palästinas existierte. Es kann durchaus sein, daß diese Bewegung mit derjenigen oder einem Teil derjenigen identisch war, die Josephus die Essener nennt" *(The Rule of Qumran and its Meaning*, S. 33). Vielleicht existierten auch außerhalb Palästinas Zweige — möglicherweise in Ägypten und höchstwahrscheinlich in Damaskus, falls die Angabe, daß einige Anhänger des Lehrers der Gerechtigkeit nach Damaskus gingen, wörtlich aufzufassen ist (*CD* VI, 5, 19; VII, 19; XIX, 34; XX, 12).

[74] *haer.* IX, 21. Siehe S. 95.

ZEHNTES KAPITEL

Die Messiashoffnung

1.

Die Bezeichnung „Messias“ stellt ein hebräisches (oder aramäisches) Verbaladjektiv dar, das durch „gesalbt“ zu übersetzen ist.[1] Wenn es auf Personen angewandt wird, bezeichnet es deren sakrale Funktion: es gibt an, daß sie ihr Amt „von Gottes Gnaden“ innehaben. Im Alten Testament wird es in Ausnahmefällen auf Propheten angewandt,[2] gelegentlich auf die Oberpriester[3] und zumeist auf den König von Israel, den „Gesalbten des Herrn“.[4]

Die geschichtliche „Messiashoffnung“ ist aufs engste mit dem Königtum in Israel und besonders mit der von David begründeten Königsdynastie verknüpft. Sie ist mit der Verheißung ewiger Herrschaft an Davids Haus in der Weissagung des Nathan verbunden, die in Prosa im zweiten Buch Samuel 7, 8—16 überliefert ist und in (vermutlich früherer) gebundener Form in den Psalmen 89, 19—37 und 132, 11 ff. zitiert wird. Als von der Zeit seiner Bedrohung durch die Assyrer an das Haus Davids zu zerfallen begann, wurde der Gegensatz zwischen den stolzen Hoffnungen der dynastischen Weissagung und der tatsächlichen Sachlage immer schmerzlicher offenbar. Doch gerade in dieser bedrückenden Situation begannen Propheten voll Überzeugung von einem kommenden Tag zu sprechen, da Davids zerfallene Hütte wiedererstehen und sein ehemaliger Glanz in einem zweiten und größeren David wiederhergestellt und übertroffen werden würde.[5]

Man empfand auch lebhaft den Gegensatz zwischen dem idealen Königtum Jahwes in seinem Volk Israel und über die Welt, das im nationalen Kult gefeiert wurde, und der unvollkommenen Art und Weise, wie

---

[1] Hebr. *maschiach* von dem Verb *maschach;* aram. *meschicha.*

[2] Zum Beispiel Ps 105, 15 für den Parallelismus „Gesalbte“ // „Propheten“. Vgl. 1 Kö 19, 16 für einen (außergewöhnlichen) Fall einer Salbung zum Propheten.

[3] 3 Mo 4, 3. 5. 16; 6, 22.

[4] Zum Beispiel 1 Sam 16, 6; 24, 10; Klgl 4, 20 usw.

[5] Vgl. Am 9, 11 f. (in Apg 15, 16 f. als in der Heidenmission der Apostel erfüllt zitiert); Hos 3, 5.

seine menschlichen Stellvertreter sein Königtum repräsentierten und bisweilen sogar der Lächerlichkeit preisgaben. Dieser Gegensatz belebte zudem die Hoffnung auf einen Tag — den Tag Jahwes —, an dem das Ideal verwirklicht werden und die Rechtfertigung der Sache Jahwes in der Welt seinem Volk Sicherheit bringen würde. Wie Amos betonte, neigte das Volk des Herrn dazu, seinen Sieg vorschnell mit dem eigenen Wohlergehen gleichzusetzen.[6]

Diese beiden Hoffnungen — die Hoffnung auf den Tag Jahwes und die Hoffnung auf die Erneuerung der Herrschaft Davids — vermischten sich häufig, so zum Beispiel in einigen Weissagungen des Jesaja. Der „Fürst mit den vier Namen“ soll Davids Thron auf ewig aufrichten, dank des Eifers des Herrn der Heerscharen, seiner Sorge, sein Wort zu halten (Jes 9, 6 f.); das „Reis aus dem Stumpf Isais“, auf dem der Geist des Herrn in reicher Fülle ruhen wird, wird ein goldenes Zeitalter heraufführen, in dem nicht allein Israel, sondern die ganze Erde sich der Erkenntnis des Herrn erfreuen wird (Jes 11, 1—10).

Jesajas Schilderung des gerechten Königs der Zukunft ist eng mit seiner Lehre über Israels gerechten Rest verknüpft. Die verheerende Sintflut, die über das ungehorsame Volk hereinbrechen wird, wird nur ein Überrest überleben, aber es wird zumindest diesen Überrest geben, in dessen Mitte Israels Hoffnung in das neue Zeitalter hinübergerettet wird. Es wird nicht nur ein überlebender Rest, sondern ein gläubiger Rest sein, der Grundstein des wiederhergestellten Zions. Wenn der Sohn Davids erscheint, wird er somit über eine heilige Stadt als Hauptstadt und über ein gerechtes Volk als seine Untertanen verfügen.[7] Diese enge Verbindung zwischen König und Volk findet in anderen vorchristlichen Äußerungen der Hoffnung Israels wie auch in der neutestamentlichen Schilderung des Gottesknecht-Messias und seines Knecht-Volkes ihr Gegenstück.

Auf Jesajas Wirken folgten keine helleren, sondern düsterere Tage, doch blieb die Hoffnung, der er Ausdruck gab, lebendig. Freudig begrüßt Jeremia die Ankunft eines Fürsten aus dem Hause Davids, der mit Recht den Namen *Jahwe-sidqenu* („Der Herr ist unser Heil“) tragen wird, dessen sich sein Zeitgenosse Zedekia *(sidqi-Jahu)*, der letzte gekrönte König der davidischen Dynastie, wenig würdig zeigt. „In jenen Tagen wird Juda geholfen werden, und Israel wird sicher bleiben“ (Jer 23, 5 f.; 33, 14—16). Desgleichen sieht sein jüngerer Zeitgenosse Hesekiel, der den Sturz des

---

[6] Am 5, 18—20.
[7] Jes 4, 3; 10, 20 ff.; 28, 16; 32, 1 ff.

meineidigen Zedekia erwartet, voraus, daß die Davidskrone lange, aber nicht für immer ohne Träger bleiben wird: „Trümmer, Trümmer, Trümmer will ich aus der Stadt machen! Wehe ihr! so soll sie bleiben, bis der kommt, dem das Recht zusteht und dem ich sie übergebe" (Hes 21, 32). Die Worte „bis der kommt, dem das Recht zusteht", sind wahrscheinlich Hesekiels Deutung des Satzglieds „bis daß Schiloh kommt"[8] in Jakobs Segen über seine Söhne, wo ein Herrscher aus dem Stamm Juda angekündigt wird (1 Mo 49, 10). An anderer Stelle gibt Hesekiel diesem künftigen Herrscher den Namen David und schildert ihn als den guten Hirten Israels, der Herde Jahwes (Hes 34, 23 f.; 37, 24 f.).

Daß man gleichzeitig auch die Restauration der Dynastie Davids erwartete, als Kyros die Rückkehr der judäischen Exilanten und den Wiederaufbau des Tempels in Jerusalem gestattete, war nur natürlich. Ja, Serubbabel, der Enkel des früheren Königs Jojachin und Statthalter von Judäa am Beginn der Regierung Darius' I. (521 v. Chr.), wird in Sach 6, 12 als „der Sproß" begrüßt — mit dem Titel, den Jeremia bereits dem kommenden Fürsten *Jahwe-sidqenu* gegeben hatte.[9] Während Jahwe seinen Großvater Jojachin verworfen hatte, „wenngleich er ein Siegelring wäre an seiner rechten Hand" (Jer 22, 24 ff.), empfängt Serubbabel durch den Propheten Haggai die Verheißung, daß Jahwe ihn als seinen Siegelring erwählt hat (Hag 2, 23). Serubbabel sollte die Krone seiner königlichen Ahnen niemals tragen, doch die aus dem Exil Heimgekehrten nahmen die Tatsache, daß ein Sproß aus dem Hause Davids als Statthalter in Judäa amtierte, zum Zeichen, daß die diesem Haus zuteil gewordenen Verheißungen nicht in Vergessenheit geraten waren.

Nach Serubbabel versinkt das Haus Davids jedoch im Dunkel. Die spätere Weissagung von Sacharja 9, 9 bezieht sich wahrscheinlich auf einen davidischen Fürsten:

Frohlocke laut, Tochter Zion!
  Jauchze, Tochter Jerusalem!
Siehe, dein König kommt zu dir;
  gerecht und siegreich ist er —

doch sollten noch Jahrhunderte vergehen, ehe dieser Ruf ein Echo fand. Nach dem Machtantritt der Hasmonäer hatte es den Anschein, als sollten die Hoffnungen, die sich an das Geschlecht Davids knüpften, angesichts der Ruhmestaten jener Familie aus dem Stamm Levi, in der die Königswürde mit dem Amt des Hohenpriesters vereinigt war, zur Bedeutungslosigkeit herabsinken.

---

[8] Was vielleicht bedeutet „bis der Herrscher kommt" (ZÜ).
[9] Jer 23, 5; 33, 15 (hebr. *semach*).

Auf diese Vereinigung der Königswürde mit dem Amt des Hohenpriesters im Stamm Levi spielt vermutlich eine Stelle im *Testament Rubens* (6, 7—12) an, wo Ruben wie folgt zu seinen Söhnen spricht:

> Denn Levi gab der Herr die Herrschaft . . . Deshalb befehle ich euch, auf Levi zu hören; denn er wird das Gesetz des Herrn erkennen und wird anweisen zum Gericht und zu Opfern für ganz Israel bis zur Vollendung der Zeiten des Hohenpriesters Christus, von welchem der Herr gesagt hat . . . Levi naht euch in Demut des Herzens, damit ihr Segen aus seinem Mund empfangt. Er selbst wird nämlich Israel segnen und Juda. Denn ihn hat der Herr auserwählt zu herrschen über alle Völker. Und ihr sollt niederfallen vor seinem Stamm, denn er wird für euch sterben in sichtbaren und unsichtbaren Kriegen, und er wird unter euch ein König in Ewigkeit sein.[10]

Doch nicht alle Judäer waren mit dem hasmonäischen Priesterkönigtum einverstanden. So lebte zum Beispiel die Qumran-Gemeinde in der Erwartung eines priesterlichen wie eines königlichen Messias, die beide in der Endzeit aufstehen und unter Gott das neue Zeitalter heraufführen würden, doch waren die Hasmonäer die letzten, mit denen sie den priesterlichen Messias in Verbindung brachte. Ihrer Erwartung zufolge würde es sich um einen Priester aus dem Hause Zadoks handeln, dem in dem kommenden Zeitalter die Staatsführung obliegen und der noch über dem davidischen Messias stehen würde.[11] Eine andere fromme Gemeinschaft, die die achtzehn Lieder der *Salomo-Psalmen* schuf, griff die Hasmonäer scharf an, weil sie in ihrem Hochmut „den Thron Davids verwüsteten", und erblickte in der römischen Eroberung des Jahres 63 v. Chr. ein Gottesurteil über sie. Die Römer selbst benahmen sich nicht weniger hochmütig, aber ihre Tage waren gezählt; sie würden eine Niederlage erleiden, und der davidische Messias würde sie aus dem Land Israel vertreiben. So betet der Psalmist (17, 23 f.; 32 — 36):[12]

---

[10] (Übersetzung F. Schnapp.) Die *Testamente der Zwölf Patriarchen* sind als Ganzes nur in einer christlichen Rezension in griechischer Sprache überliefert. Bruchstücke früherer, vorchristlicher Rezensionen von einigen *Testamenten* sind erhalten geblieben, darunter Fragmente des *Testaments Levis* in aramäischer Sprache aus der Geniza der Esra-Synagoge von Alt-Kairo und aus Qumran sowie des *Testaments Naphtalis* in hebräischer Sprache aus Qumran.

[11] So hat in 1 QSa II, 11 ff., 17 ff. „der Priester" bei Ratssitzungen und Festmahlen vor dem „Messias Israels" den Vorrang, und in 1 QSb II, 24 ff., V, 20 ff. geht der für den Hohenpriester und „die Söhne Zadoks, die Priester" erflehte Segen dem für den „Fürsten der Gemeinde" erflehten voraus. Wenn in den Qumran-Texten „der Messias" schlechthin erwähnt wird, so ist der davidische Messias gemeint.

[12] Man hat die Salomo-Psalmen gewöhnlich für pharisäische Kompositionen gehalten, doch bringen sie vielleicht allgemeiner die Empfindungen jeder beliebigen frommen Gemeinschaft zum Ausdruck, die die Hoffnung Israels hegte.

Sieh' darein, o Herr, und laß ihnen erstehen ihren König, den Sohn
Davids,
zu der Zeit, die du erkoren, Gott,
daß er über deinen Knecht Israel regiere.
Und gürte ihn mit Kraft, daß er ungerechte Herrscher zerschmettere ...

Und er hält die Heidenvölker unter seinem Joche, daß sie ihm dienen,
und den Herrn wird er verherrlichen offenkundig vor der ganzen Welt
und wird Jerusalem rein und heilig machen, wie es zu Anfang war,
so daß Völker vom Ende der Erde kommen, seine Herrlichkeit zu sehen,
bringend als Geschenk ihre erschöpften Söhne,
und um zu schauen des Herrn Herrlichkeit, mit der sie Gott verherrlicht hat.
Er aber herrscht als gerechter König, von Gott unterwiesen, über sie,
und in seinen Tagen geschieht kein Unrecht unter ihnen,
weil sie alle heilig sind, und ihr König der gesalbte Herr.

Diese letzten Worte, „der gesalbte Herr" (gr. *christos kyrios*), sind dieselben, die in der Verkündigung des Engels an die Hirten in Bethlehem in Lk 2, 11 vorkommen: „Euch ist heute der Heiland geboren, welcher der Christus ist, der Herr, in der Stadt Davids."[13] Und vielleicht ist dies kein bloßer Zufall, ist doch die Atmosphäre der lukanischen Erzählung von der Geburt Jesu der der *Salomo-Psalmen* recht ähnlich; die frommen Israeliten, denen man darin begegnet — Zacharias und Elisabeth, Joseph und Maria, Simeon und Hanna —, die auf „den Trost Israels" und „die Erlösung Jerusalems" warten, gehörten offenbar einer frommen Gruppe der „Stillen im Lande" an, die dem Kreis, welcher die *Salomo-Psalmen* hervorbrachte, nicht unähnlich war. In den Gesängen des Lukas von der Geburt Christi kommen die Sehnsüchte der *Salomo-Psalmen* erneut zum Ausdruck, doch jetzt sind sie der Erfüllung nahe. Mit folgenden Worten verkündet Gabriel die Geburt des Sohnes der Maria (Lk 1, 32 f.):

Dieser wird groß sein und Sohn des Höchsten genannt werden,
und Gott der Herr wird ihm den Thron seines Vaters David geben,
und er wird König sein über das Haus Jakob in Ewigkeit,
und seines Königtums wird kein Ende sein.

Wir vernehmen darin einen Widerhall der Weissagung des Jesaja über den „Fürsten mit den vier Namen", dessen gerechte Herrschaft „auf dem Throne Davids und über seinem Königreiche ... von nun an bis in Ewigkeit" dauern wird (Jes 9, 7). Und ganz ähnlich klingt es in Zacharias' Lobeshymne (Lk 1, 68—71):

Gepriesen sei der Herr, der Gott Israels;
denn er hat sich seines Volkes angenommen und ihm Erlösung bereitet

[13] An beiden Stellen ist *christos kyrios* oftmals zu *christos kyriou* („der Gesalbte des Herrn") emendiert worden; vgl. Lk 2, 26.

und hat uns aufgerichtet ein Horn des Heils
in dem Hause Davids, seines Knechtes,
wie er geredet hat durch den Mund seiner heiligen, von Ewigkeit her ausgesandten Propheten:
Errettung von unsern Feinden
und aus der Hand aller, die uns hassen . . .

Dies waren die edelsten Ausprägungen der Messiashoffnung am Vorabend von Jesu Geburt. Eine zureichende Würdigung ihrer Deutung und Erfüllung durch Jesus kann jedoch nicht ohne Bezugnahme auf eine andere Form erfolgen, in der uns die Hoffnung Israels im Alten Testament wie in den außerkanonischen Schriften neben dem Alten Testament entgegentritt.

2.

Einer der Propheten Israels bezeichnet die Messiashoffnung als „die dem David verheißene Gnade" (Jes 55, 3) — die Summe der Verheißungen, die Jahwe David machte und ihm durch einen dynastischen Bund verbriefte. Diese Worte finden sich am Ende des Korpus von Weissagungen, das mit der Trostbotschaft an Jerusalem beginnt und der Stadt das nahe bevorstehende Ende ihrer Drangsale und die Rückkehr ihrer verschleppten Bürger aus dem babylonischen Exil ankündigt: „Tröstet, tröstet mein Volk! spricht euer Gott" (Jes 40, 1). Diese Erneuerung wird die Erlösungstat des Gottes Israels sein; zu ihrer Durchführung hat er Kyros, den Begründer des Perserreiches, ausersehen. Der von Sieg zu Sieg schreitende Kyros weiß nicht, daß sein triumphaler Vormarsch von einem ihm unbekannten Gott, dem einen wahren Gott, gelenkt wird, im Vergleich zu dem alle Götter der Völker zur Bedeutungslosigkeit herabsinken. Dennoch ist es Jahwe, der Kyros gesalbt und seine Rechte gehalten hat, um ihm eine weltbeherrschende Stellung zu geben, von der aus er Jahwes Willen auszuführen und die jüdischen Exilanten ihrem Heimatland wiederzugeben vermag. Diese Zurückbringung wird dazu führen, daß alle Völker erkennen: Jahwe allein ist Gott. So wird die Zion verkündete frohe Botschaft in der ganzen Welt ein Echo finden; sie ist in der Tat nicht allein für Zion eine frohe Botschaft, sondern im letzten Grunde für die gesamte Menschheit.[14]

Aber wie kann der Aufstieg eines heidnischen Eroberers, wie kann die Rückkehr einiger tausend entwurzelter Juden solch eine allumfassende

[14] Jes 45, 1 ff.

Bedeutung erlangen? Weil durch diese Bewegungen — wie gering ihre vordergründige Bedeutung auch sein mag — die Voraussetzungen für etwas weit Bedeutungsvolleres geschaffen werden: für das Auftreten einer Gestalt, die Kyros in den Schatten verweist, den Gottesknecht, der die Aufgabe hat, die Kenntnis des wahren Gottes auf der ganzen Erde zu verbreiten. Kyros hat Jahwe gedient, ohne sich dessen bewußt zu sein; hier ist einer, der ihm bereitwillig und klug dienen wird. Kyros hat Gottes Absichten mit den zeitlichen und begrenzten Methoden der militärischen Eroberung und imperialen Macht gefördert; hier ist einer, der sie auf ganz andere Art und Weise fördern wird — nicht, indem er die Welt mit Lärm erfüllt, sondern in der Verborgenheit und durch geduldigen Gehorsam; nicht, indem er anderen seinen Willen aufzwingt, sondern indem er klaglos Verachtung, Ungerechtigkeit, Leiden und Tod auf sich nimmt. Dieses Schicksal bereiten ihm andere dafür, daß er Gott gehorsam ist, und doch steckt noch mehr dahinter: die Krönung seines Gehorsams besteht darin, daß er sich dieser Behandlung fügt; hierfür hat Jahwe ihn auserwählt und seinen Geist auf ihn gelegt (Jes 42, 1). Gerade sein Leiden ist das Mittel, durch das er den Plan Gottes vollkommener erfüllt, als es Kyros je zu tun vermochte, und den Vielen Segen und Befreiung bringt.[15]

Wer ist dieser Knecht? Gelegentlich wird er als „Israel" angesprochen, wie zum Beispiel in Jes 49, 3, wo Jahwe zu ihm sagt:

> Du bist mein Knecht,
> Israel, durch den ich mich verherrliche.

Er ist indessen nicht gänzlich die Verkörperung des Volkes Israel: Israel als Ganzes ist ein ungehorsamer Knecht gewesen, und die Aufgabe, der Welt die Erkenntnis Gottes zu vermitteln, ist jemandem anvertraut, der in seiner Person das ideale Israel verwirklicht und sowohl dem Volk Israel wie den anderen Völkern die erlösende Gnade Gottes bringt (Jes 49, 6):

> Zuwenig ist es, daß du mein Knecht sein solltest,
> nur um die Stämme Jakobs aufzurichten
> und die Geretteten Israels zurückzubringen;
> so will ich dich denn zum Lichte der Völker machen,
> daß mein Heil reiche bis an das Ende der Erde.

Dieser Gottesknecht ist mithin eng mit dem Volk Israel verbunden und dennoch von ihm unterschieden; tatsächlich leidet er zum Teil für die Sünde des Volkes — „ob der Sünde meines Volkes", sagt der Prophet, „zum Tode getroffen" (Jes 53, 8).[16] Er ist in Wirklichkeit Israels

---

[15] Jes 42, 1—4; 49, 1—6; 50, 4—9;52, 13—53, 12.
[16] LXX: *lammawet* („zum Tode"), anstatt MT *lamo* („ihm").

König, sakralisiert dargestellt, der sowohl sein Volk zu repräsentieren als auch stellvertretend für es zu leiden vermag;[17] er ist der, dessen Wirken die Erfüllung der „David verheißenen Gnaden" gewährleistet. Wenn er es im ersten der vier „Gottesknechtlieder" ist, der „die Wahrheit unter die Völker hinaustragen" wird (Jes 42, 1), so sagt Jahwe in einer daraufolgenden Weissagung, die in diese Lieder nicht mit eingeschlossen ist, von ihm (Jes 55, 4):

Wie ich ihn für Völker zum Zeugen gemacht,
zum Fürsten und Gebieter von Nationen.

In welchem Sinn diese Worte auch immer auf den ursprünglichen David zutrafen, sie sind in sehr viel stärkerem Maße auf den Knecht anwendbar, der, durch Leiden triumphierend, Wahrheit und Gerechtigkeit auf Erden aufrichtet.

Zwei Aussagen über den jesajanischen Knecht klingen im Danielbuch nach. „Mein Knecht", sagt Jahwe am Anfang des vierten Gottesknechtliedes (Jes 52, 13), „wird weise handeln *(jaskil)*".[18] Das Pluralpartizip dieses hebräischen Verbs, *maskilim,* wird in Daniel 11, 33; 12, 3 mit Bezug auf jene verwandt, die die Hauptlast des Angriffs tragen, als Antiochus Epiphanes die Religion der Juden abzuschaffen versucht, und andere durch ihre Lehren und ihr Vorbild ermutigen, fest zu bleiben und sich zu weigern, das Gesetz ihres Gottes zu brechen.[19] Obwohl diese *maskilim* Schlimmes erdulden müssen, ist ihnen ihr Lohn gewiß: wenn das Auferstehungszeitalter herannaht, werden sie „leuchten wie der Glanz der Himmelsfeste und, die viele zur Gerechtigkeit geführt, wie die Sterne immer und ewig" (Dan 12, 3). Die Worte „die viele zur Gerechtigkeit geführt", die in synonymem Parallelismus mit den „Weisen" (den *maskilim*) gebraucht werden, gemahnen an Jahwes Worte in Jes 53, 11: „der Gerechte, mein Knecht, wird vielen Gerechtigkeit schaffen". Es ist sehr wohl möglich, daß die verfolgten *maskilim* das Gefühl hatten, bis zu einem gewissen Grade korporativ die Rolle des Gottesknechts zu spielen.

Man mag diese *maskilim* mit dem Volk identifizieren, das in einer früheren Vision Daniels „die Heiligen des Höchsten" genannt wird und nach dem Sturz des letzten heidnischen Weltreiches richterliche Gewalt und die Macht über alle Reiche empfängt (Dan 7, 22. 27). Die Wendung „die

---

[17] Vgl. C. R. North, *The Suffering Servant in Deutero-Isaiah,* Oxford 1948, S. 207 ff.; A. Bentzen, *King and Messiah,* London 1955, S. 48 ff.; H. H. Rowley, *The Servant of the Lord and Other Essays on the Old Testament,* Oxford ²1965, S. 1—94 und besonders S. 61 ff.

[18] Dieselbe Form *jaskil* wird mit bezug auf den messianischen „Sproß" in Jer 23, 5 verwandt („der wird ... weise regieren").

[19] Siehe S. 106.

Heiligen des Höchsten“ erscheint allerdings in der Deutung des Traumes, in dem nach dem Aufstieg und Sturz von vier wilden Tieren, die die heidnischen Weltreiche bezeichnen, „einem, der einem Menschensohn glich“ (aram. *ke bar 'änasch,* das heißt einer menschenähnlichen Gestalt), der mit den Wolken des Himmels kommt und vor den „Hochbetagten“ geführt wird (Dan 7, 13 f.), die ewige und allumfassende Herrschaft gegeben wird.

Man braucht die Quellen dieser Gestalt, „die einem Menschensohn glich“, nicht außerhalb Israels — beispielsweise in iranischen Vorstellungen von einem Ur- oder Himmelswesen — zu suchen.[20] Der Wortlaut erinnert an Stellen wie Ps 80, 17, wo der Psalmist im Gebet zu Jahwe, dem „Hirten Israels“, von Israel als „dem Mann deiner Rechten, dem Menschensohn, den du dir gestärkt hast“, spricht („Menschensohn“, hebr. *ben 'adam* wird hier in synonymem Parallelismus mit „Mann“, hebr. *'isch,* gebraucht), oder Ps 8, 5, wo „des Menschen Sohn“ (hebr. *ben 'adam*), in Parallelismus mit dem „wenig niedriger als Gott“ gemachten Menschen *('änasch),* die Herrschaft über die niederen Lebewesen ausübt und das Ideal des Menschen verwirklicht, wie er nach dem Willen Gottes sein sollte. Eine unmittelbarere, wenngleich andersartig bezeichnete Vorstufe kann man indessen im Gottesknecht erblicken, besonders wenn man die Neigung des hebräischen Denkens berücksichtigt, zwischen korporativer und individueller Persönlichkeit zu schwanken — in diesem Fall zwischen der Nation und ihrem Repräsentanten.

Daniels „einer, der einem Menschensohn glich“, wird nicht ausdrücklich als leidende Gestalt dargestellt, doch werden „die Heiligen des Höchsten“, sein Gegenstück in der Deutung von Daniels Vision, von dem „kleinen Horn“ auf dem Kopf des vierten großen Tieres — des Verfolgers Antiochus — angegriffen und überwältigt. Die Situation wird nur durch göttliches Eingreifen umgekehrt, so daß der Verfolger vernichtet wird und die verfolgten Heiligen gerechtfertigt und erhöht werden. Wenn man sich nicht so sehr an die Worte oder Symbole hält, sondern an die Wirklichkeit, die sie vermitteln, geht man jedenfalls nicht zu weit, wenn man in diesem „einem, der einem Menschensohn glich“ eine weitere Verkörperung der Messiashoffnung Israels erblickt.

---

[20] Vgl. R. Otto, *Reich Gottes und Menschensohn,* München [1]1940, S. 133 ff.; ferner S. Mowinckel, *He that Cometh,* Oxford 1956, S. 335 ff., 346 ff.

3.

Die Vision von Daniel 7 steht vermutlich hinter einer Anzahl Stellen in den *Bilderreden des Henoch.* Mit diesem Titel bezeichnet man gewöhnlich Kapitel 37 bis 71 des äthiopischen Henochbuches, einen in vielen Hinsichten von anderen Teilen des aus mehreren Überlieferungen zusammengewachsenen Henochbuches verschiedenen Abschnitt. Vielleicht ist es bezeichnend, daß man unter den Qumran-Handschriften zwar Bruchstücke aller anderen Hauptabschnitte des äthiopischen Henochbuches identifizieren konnte, aber kein Fragment der *Bilderreden* gefunden hat. Obwohl dieser Abschnitt möglicherweise von einem anderen Autor und aus einer anderen Zeit stammt als die übrigen Teile des äthiopischen Henochbuches, wurde er wahrscheinlich vor der Zeitwende verfaßt.[21]

In den *Bilderreden* tauchen die gefallenen Engel, die an anderen Stellen des äthiopischen Henochbuches eine so große Rolle spielen, nicht auf. Gott, der „Herr der Geister", wird in den *Bilderreden* als „der, der ein betagtes Haupt hat" (oder kürzer als „das Haupt der Tage") bezeichnet, dessen Haupt „weiß wie Wolle" ist (46, 1). Diese Beschreibung gründet sich offensichtlich auf Dan 7, 9, wo Daniel Gott als „einen Hochbetagten" schaut, dessen „Haupthaar rein wie Wolle" war. Bei ihm war „ein anderer, dessen Antlitz wie das Aussehen eines Menschen war" (46, 2). Dieser andere wird als „jener Menschensohn" bezeichnet, ein Ausdruck, in dem zweifellos Dan 7, 13 anklingt, doch ist „jener Menschensohn" in den *Bilderreden* kein Titel, sondern bedeutet „jener Menschensohn (Mensch), der zusammen mit dem Haupt der Tage erscheint", „der Menschensohn, der die Gerechtigkeit hat", wie er in 46, 3 heißt; er ist offensichtlich identisch mit demjenigen, der sonst „der Gerechte ..., dessen Werke von dem Herrn der Geister aufbewahrt sind" (38, 2), genannt wird, der „Auserwählte der Gerechtigkeit und der Treue", der „seine Wohnung unter den Fittichen des Herrn der Geister" hat (39, 6 f.), und der „Gesalbte" (Messias) des Herrn der Geister (48, 10; 52, 4).[22] Dieser Menschensohn wird ein Stab für die Gerechten und das Licht der Völker sein (48, 4) — hier vernehmen wir ein Echo des zweiten jesajanischen Gottesknechtliedes (Jes 49, 6) —, aber der Vollstrecker des göttlichen Gerichts über die Gottlosen (1 Hen 48, 8—10).

---

[21] Siehe E. Sjöberg, *Der Menschensohn im äthiopischen Henochbuch,* Lund 1946, S. 35 ff.

[22] Für eine erhellende Darstellung des Menschensohnes im ägyptischen Henochbuch siehe M. D. Hooker, *The Son of Man in Mark,* London 1967, S. 33 ff.

Denn der Menschensohn war vorher verborgen,
Und der Höchste hat ihn vor seiner Macht aufbewahrt
Und ihn den Auserwählten geoffenbart (62, 7).

Am Tage der Heimsuchung aber erweist sich dieser Menschensohn als Fürsprecher der Gerechten und Richter der Ungerechten:

Ein Teil von ihnen wird den anderen ansehen;
Sie werden erschrecken,
Ihren Blick senken,
Und Schmerz wird sie ergreifen,
Wenn sie jenen Menschensohn
Auf dem Throne seiner Herrlichkeit sitzen sehen werden (62,5).

Dergleichen Worte haben eine auffallende Ähnlichkeit mit den Worten Jesu über die Zeit, da der Menschensohn „auf dem Throne seiner Herrlichkeit" sitzen wird, um zusammen mit zwölf Beisitzern Gericht zu halten (Mt 19, 28), während alle Völker vor ihm versammelt sind, um in zwei Gruppen aufgeteilt zu werden, „wie der Hirt die Schafe von den Böcken sondert" (Mt 25, 31 ff.).

Der Menschensohn in den *Bilderreden* „wurde bei dem Herrn der Geister und sein Name vor dem Betagten genannt ... Bevor die Sonne und die Zeichen geschaffen, bevor die Sterne des Himmels gemacht wurden" (1 Hen 48, 2 f.). Sein Name wird aber bis gegen den Schluß der *Bilderreden* geheimgehalten; in Kapitel 71 wird Henoch in den Himmel entrückt und von Gott mit den Worten begrüßt: „*Du* bist der Menschensohn, der zur Gerechtigkeit geboren wird; Gerechtigkeit wohnt über dir, und die Gerechtigkeit des betagten Hauptes verläßt dich nicht" (71, 14). Diese Identifizierung des Menschensohnes mit Henoch[23] beweist zur Genüge, daß die *Bilderreden* nicht das Werk eines christlichen Verfassers sind.

Wie der „eine, der einem Menschensohn glich" im Danielbuch ist auch der „Menschensohn" in den *Bilderreden* als Kollektivpersönlichkeit aufzufassen, als die von Ewigkeit her in Gott erwählte und „verborgene" Gemeinschaft der Gerechten und Erwählten,[24] die von Zeit zu Zeit in jemandem individualisiert werden kann, der durch besondere Gerechtigkeit hervorragt, wie Henoch, der in einem anderen Abschnitt des äthiopischen Henochbuches seiner Gerechtigkeit wegen den Auftrag bekommt, die gefallenen Engel zu richten,[25] und der in den *Bilderreden* auserwählt

---

[23] Man mag damit die Darstellung Henochs als Knecht des Herrn im Buch der Weisheit Salomos 4, 10—15 (vgl. 2, 13) vergleichen.

[24] Vgl. Eph 1, 4, wo das Volk Gottes vor der Grundlegung der Welt in Christus erwählt wird.

[25] Vgl. 1 Pt 3, 18 f., wo Christus diese Aufgabe erfüllt, der „lebendig gemacht wurde nach dem Geist", nachdem er „getötet wurde nach dem Fleisch".

worden ist, in der Endzeit über alle Gottlosen das Urteil zu sprechen. In den *Bilderreden* ist der Menschensohn eng mit der Gemeinde der Gerechten verbunden: wie er, sind auch sie gerecht (38, 1 ff. usw.); wie er, sind auch sie auserwählt (38, 3 usw.).

In einer der Visionen der Esra-Apokalypse (4 Esr 13, 1—53) begegnet man einer späteren Weiterentwicklung des „Menschensohnes" des Danielbuches und des äthiopischen Henochbuches in einem „Menschen", der aus dem Herzen des Meeres emporsteigt und mit den Wolken des Himmels fliegt, um die Gottlosen zu richten und die Schöpfung zu erlösen. Er wird von Gott als „mein Sohn" anerkannt und als „derjenige, den der Höchste lange Zeiten hindurch aufspart", bezeichnet — Worte, die in anderen Teilen derselben Apokalypse mit Bezug auf den Messias gebraucht werden (4 Esr 7, 28 f.; 12, 32 f.).

Die Esra-Apokalypse wurde jedoch erst nach 70 n. Chr. verfaßt und kann daher keinen Einfluß auf die Evangelientradition ausgeübt haben. Der Titel „Menschensohn" in der Evangelientradition, wo man ihm nur im Munde Jesu begegnet, bezeichnet einen schöpferischen Fortschritt in seiner Verwendung und Bedeutung.[26]

4.

Jesu Zeitgenossen waren auf keine bestimmte Form von Messiaserwartung festgelegt, doch herrschte die Hoffnung auf einen kriegerischen Messias vor. Vielen schien es, als seien die Verheißungen eines Fürsten aus dem Hause Davids, der sein Volk von dem Joch der Unterdrücker befreien werde, für eine Zeit wie die ihre gemacht worden, gleichgültig, ob ihnen ein Herodäer oder ein römischer Statthalter dieses Joch auferlegt habe. Im Kreise einer Minderheit von „Stillen im Lande" wurden indessen von Zeit zu Zeit Erwartungen mehr geistlicher Art laut. In Lukas' Gesängen von der Geburt Christi ist nicht nur Platz für das von Gabriel und Zacharias angeschlagene davidische Thema, sondern auch für Simeons *Nunc dimittis* mit seinem Widerhall der Gottesknechtlieder (Lk 2, 30—2):

Denn meine Augen
  haben dein Heil gesehen,
das du im Angesicht aller Völker
  bereitet hast,

---

[26] Siehe S. 179.

ein Licht zur Erleuchtung
der Heiden
und zur Verherrlichung
deines Volkes Israel.[27]

Im Geist dieser Worte, der Lukas in hohem Grade angesprochen haben muß, sollte die Messiashoffnung im ersten christlichen Jahrhundert verwirklicht werden.

---

[27] Siehe Teil II, Kap. 6/3 für eine weitere Anwendung von Jes 49, 6.

ELFTES KAPITEL

Das Judentum am Beginn des christlichen Zeitalters

I.

Am Beginn des christlichen Zeitalters sahen alle Juden in der ganzen Welt Palästina und Jerusalem als ihre Heimat an, doch lebten die meisten von ihnen weit davon entfernt.[1] Die Aufzählung der Völker in Apg 2, 9—11, die sieben Wochen nach Jesu Tod beim Pfingstfest in Jerusalem durch Gläubige vertreten waren, verdient wegen ihrer literarischen Verwandtschaften Interesse,[2] bezeichnet indessen deutlich den weiten Bereich der jüdischen Diaspora, von den Herrschaftsgebieten der „Parther und Meder und Elamiter" im Osten bis nach Rom im Westen, wobei die dazwischen liegenden Gebiete Mesopotamien, Kleinasien, Kreta, Arabien, Ägypten und Kyrene besonders erwähnt werden.

Seit den Deportationen durch die Assyrer und Babylonier (8.—6. Jahrhundert v. Chr.) waren in Mesopotamien und den daran angrenzenden Ländern stets Juden ansässig gewesen. Von den Nachkommen der Verbannten machten viele von der unter der persischen Herrschaft bestehenden Möglichkeit, in die Heimat zurückzukehren, keinen Gebrauch. Artaxerxes III. von Persien siedelte eine Anzahl jüdischer Gefangener in Hyrkanien am Kaspischen Meer an (etwa 350 v. Chr.).[3] Für diese unter den „innerasiatischen Nichtgriechen" lebenden Juden verfaßte Flavius Josephus die erste (aramäische) Ausgabe seines *Jüdischen Krieges*.[4]

Die Judenkolonien in Ägypten entstanden am Anfang des 6. Jahrhunderts v. Chr. Die Elephantine-Papyri berichten uns einiges über das

---

[1] Aussagen zeitgenössischer Autoren, die Ausmaß und Umfang der jüdischen Diaspora zeigen, sind bei Schürer *GJV*, 3, S. 3 ff. zusammengestellt.

[2] S. Weinstock („The Geographical Catalogue in Acts 2, 9—11", *JRS* 38 [1948], S. 43 ff.) erwähnt eine handschriftliche Randnotiz von F. C. Burkitt in einem Separatabdruck von F. Cumont „La plus ancienne géographie astrologique", *Klio* 9 (1909), S. 263 ff. — einem Aufsatz, der die Aufteilung der Völker unter die Tierkreiszeichen behandelt. Burkitts Notiz tabellarisiert die Aufzählung von Apg 2, 9—11 neben dem nach den Tierkreiszeichen angeordneten Verzeichnis der Völker aus den *Apotelesmatica* des Paulus Alexandrinus (4. Jh. n. Chr.). Die Notiz soll anscheinend besagen, daß „Lukas in Wirklichkeit sagen wollte, ‚die ganze Welt' ... alle Völker, die unter den zwölf Tierkreiszeichen leben".

[3] Hier. *chron. a. Abr.* (105. Olympiade).

[4] Ios. *bel. Iud.* I, 3.

Schicksal einer solchen Niederlassung: sie bestand aus jüdischen Söldnern und ihren Familien, die Psamtek II. von Ägypten (594—588 v.Chr.) für einen Krieg gegen die Äthiopier und danach zur Bewachung seiner Südgrenze angeworben hatte. Diese Juden, die Josias religiöser Reform vom Jahre 621 v. Chr. offenbar kaum Beachtung schenkten, errichteten Jahwe auf der Nilinsel Elephantine einen Tempel und Altar und lebten dort und in Syene (Assuan) bis etwa 400 v. Chr.[5] Sie gehörten vielleicht mit zu denjenigen, an die Jeremia im Jahre 586 v. Chr. seine Botschaft richtete, als er die judäischen Führer und ihre Gefolgsleute begleiten mußte, die sich nach Ägypten aufmachten, um der Rache der Babylonier nach der Ermordung des von Nebukadnezar eingesetzten Statthalters von Judäa, Gedalja, zu entgehen (Jer 44).

Im Verlauf der Eroberungszüge Alexanders des Großen und der Eingliederung Ägyptens und der Cyrenaika in sein Reich ließen sich noch sehr viel mehr Juden in diesen Gebieten nieder, besonders in Alexandrien (331 v. Chr. von Alexander d. Gr. gegründet) und Kyrene. Philo von Alexandrien schätzte die Zahl der in Ägypten und den benachbarten Gebieten lebenden Juden um das Jahr 38 n. Chr. auf mindestens eine Million.[6] Diese Angabe dürfte stark übertrieben sein, doch waren in Ägypten sicherlich sehr viele Juden ansässig. In Alexandrien selbst war damals einer der fünf Stadtbezirke gänzlich und ein weiterer zum großen Teil jüdisch.[7] Die Ptolemäer forderten die Ansiedlung von Juden in Alexandrien, besonders während der Zeit, als Judäa zu ihrem Reich gehörte; Ptolemäus I. (323—285 v. Chr.) brachte eine Anzahl Juden nach der Cyrenaika, um die Loyalität dieses Gebiets zu festigen.[8] In ähnlicher Weise begünstigte der Seleukide Antiochus III., nachdem er Judäa und Coelesyrien den Ptolemäern entrissen hatte, die Gründung von Judenkolonien in Antiochien und anderen Städten seines Reiches. Noch vor der Eroberung Coelesyriens verpflanzte er eine große Anzahl Juden aus dem östlichen Teil seines Reiches nach Phrygien und Lydien in Kleinasien, um die Loyalität dieser Provinzen zu stärken.[9] Die phrygischen Juden waren dafür bekannt, daß sie alles andere als gesetzesstreng und durchaus bereit waren, sich an ihre Umwelt anzupassen; die Grenzen zwischen Judentum und Heidentum waren dort nicht hermetisch, wenn es auch

[5] Siehe A. E. Cowley, *Aramaic Papyri of the Fifth Century B.C.*, Oxford 1923; E. G. Kraeling, *The Brooklyn Museum Aramaic Papyri*, Oxford 1953.
[6] Phil. *Flacc.* 43.
[7] Phil. *Flacc.* 55; vgl. Ios. *bel. Iud.* II, 495.
[8] Ios. *c. Ap.* II, 44.
[9] Ios. *ant. Iud.* XII, 149 ff.

zweifelhaft ist, ob das *Prugita,* dessen Weine und Bäder laut dem Talmud die zehn Stämme von ihren israelitischen Brüdern getrennt hatten,[10] mit Phrygien gleichzusetzen ist.[11]

Was Rom anbelangt, mit dem die Juden in der Zeit des Judas Makkabäus diplomatische Beziehungen aufgenommen hatten, so wuchs die dortige jüdische Kolonie nach der Eroberung Judäas durch Pompejus im Jahre 63 v. Chr. rasch an; 59 v. Chr. stellte sie laut Cicero ein einflußreiches Element in der römischen Gesellschaft dar.[12] Zu Beginn des christlichen Zeitalters waren in Rom schätzungsweise 40—60 000 Juden ansässig.[13] Unsere Kenntnis der römischen Judenschaft gründet sich nicht nur auf literarische Zeugnisse, sondern auch auf die Untersuchung von sechs jüdischen Katakomben in Rom.[14] Vor allem drei dieser Katakomben haben uns wertvolles Material geliefert — die Monteverde-Katakombe an der Via Portugensis, die erstmals im Jahre 1602 entdeckt und 1904 wiederentdeckt wurde, die 1853 entdeckte Katakombe an der Via Appia und die Katakombe an der Via Nomentana, die 1919 ausgegraben wurde. Die römischen Juden sprachen im allgemeinen griechisch und trugen griechische Namen, gaben ihren Kindern aber (nach Inschriften in den Katakomben zu urteilen) lateinische Namen. Als es im Jahre 19 n. Chr. zu einem öffentlichen Skandal kam, weil vier römische Juden einen wohlhabenden Proselyten namens Fulvia überredet hatten, eine größere Geldsumme für den Jerusalemer Tempel zu spenden, die sie dann unterschlugen, verfügte der Kaiser Tiberius die Ausweisung aller Juden; viertausend römische Juden wurden damals als Soldaten nach Sardinien geschickt.[15] Wenige Jahre später war die jüdische Gemeinde jedoch nach Rom zurückgekehrt und wieder so zahlreich wie zuvor.[16]

---

[10] bT *Schabbat,* 147 b.

[11] Vgl. A. Neubauer, *Géographie du Talmud,* Paris 1868, S. 315. M. Jastrow (*A Dictionary of the Targumin* usw., New York 1926, S. 1217) verlegt Prugita nach Nordpalästina. Für die Assimilationsbestrebungen phrygischer Juden siehe auch W. M. Ramsay, *Cities and Bishoprics of Phrygia* II, Oxford 1897, S. 637 ff., 649 ff., 673 ff.; das von ihm beigebrachte epigraphische Material veranlaßt ihn zu der Feststellung (S. 67): „Wir können also die Heirat der Jüdin Eunice aus Lystra mit einem Griechen und die Freistellung ihres Sohnes vom mosaischen Gesetz als typisch für eine Lockerung der jüdischen Ausschließlichkeit in Lykaonien und Phrygien und für eine Annäherung an die heidnische Bevölkerung, in deren Mitte die Juden lebten, ansehen" (vgl. Apg 16, 1—3; 2 Tim 1, 5; siehe Teil II, Kap. 9/1).

[12] Cic. *Flacc.* 66.

[13] H. J. Leon, *The Jews of Ancient Rome,* Philadelphia 1960, S. 135 f.

[14] H. J. Leon, *a. a. O.,* S. 46 ff.

[15] Ios. *ant. Iud.* XVIII, 81—4; vgl. Tac. *ann.* II, 85, 5; Suet. *Tib.* 36.

[16] Siehe Teil II, Kap. 8/2.

2.

Das Herzstück des jüdischen Lebens bildete der Jerusalemer Tempel, der an derselben Stelle stand, wo König Salomo nahezu tausend Jahre zuvor Jahwe das Haus „von gewaltiger Größe" gebaut hatte. Nachdem die Heere der Chaldäer es 587 v. Chr. niedergebrannt hatten, war etwa siebzig Jahre später das bescheidenere Heiligtum des Serubbabel dort errichtet worden. Dieser zweite Tempel bestand ungeachtet seiner drei Jahre währenden Entweihung durch Antiochus Epiphanes (167—164 v. Chr.) und seiner gelegentlichen Verschönerung durch Stifter — vor allem durch Herodes, der ihn umbaute und die heilige Stätte beträchtlich erweiterte — bis zu seiner Zerstörung durch römische Truppen im Jahre 70 v. Chr. Nach seiner Restaurierung durch Herodes übertraf er an Pracht noch den Bau König Salomos. Hier wurde Tag für Tag im Priestervorhof dem Gotte Israels das *tamid,* das ständige Brandopfer, dargebracht — jeden Morgen bei Tagesanbruch ein Lamm und jeden Nachmittag „zur Stunde des Gebets, der neunten" (Apg 3, 1) ein weiteres Lamm.[17] Die Einzelheiten dieser beiden täglichen Brandopfer sind im Mischna-Traktat *Tamid* verzeichnet; obwohl sein Inhalt, wie die übrige Mischna, erst gegen Ende des 2. Jahrhunderts n. Chr. aufgezeichnet wurde, bewahrte er in einer im großen und ganzen verläßlichen Form eine bis in die Zeit des Tempelbestandes zurückreichende mündliche Überlieferung. Das *tamid* wurde jeden Morgen von Chorgesang und Gemeindegebeten begleitet; ein Weihrauchopfer ging ihm vorauf und ein vom Hohenpriester bezahltes und in seinem Namen Gott dargebrachtes *mincha* (Speiseopfer aus Weizenmehl und Öl) sowie ein Wein-Trankopfer folgten ihm; daran schlossen sich ein Gebetsgottesdienst in der „Quaderhalle" *(lischkat haggazit)* mit dem *Sch'ma* („Höre Israel ...") und dem Segen an, sowie ein Lobgottesdienst mit musikalischer Begleitung, der mit dem Tagespsalm endete. Der Nachmittagsgottesdienst verlief ähnlich, nur daß dabei das Weihrauchopfer dem Brandopfer nicht vorausging, sondern sich anschloß.

Am Sabbat[18] wurden morgens und nachmittags je zwei Lämmer geopfert; an jedem Neumondstag[19] und an Festtagen[20] wurde die Zahl der Opfer vervielfacht.

Die Priester waren in vierundzwanzig Abteilungen gegliedert, von de-

---

[17] Das biblische Gesetz über das *tamid* ist in 4 Mo 28, 3—8 verzeichnet.
[18] Vgl. 4 Mo 28, 9 f.
[19] Vgl. 4 Mo 28, 11—15.
[20] Vgl. 4 Mo 28, 16—29, 38.

nen jede jeweils eine Woche Dienst tat.[21] Die meisten Priester amtierten somit jedes Jahr insgesamt zwei Wochen, doch mußten an den hohen Festtagen wegen der größeren Zahl der Opfer sämtliche Wochenabteilungen Dienst tun.

Außer den festgesetzten Opfern wurden noch viele weitere auf Veranlassung von Privatpersonen dargebracht, besonders zum Dank für die Errettung aus Gefahr oder für andere Wohltaten und aufgrund von Gelübden,[22] wie zum Beispiel des Nasiräergelübdes der vier Männer in Apg 21, 23 ff., dessen Kosten Paulus übernahm. Unter allen diesen Einzelopfern ragt das tägliche Opfer hervor, das von Augustus bis Nero für den römischen Kaiser dargebracht wurde;[23] seine Einstellung im Sommer 66 n. Chr. kam der offiziellen Bestreitung seiner Autorität gleich.[24]

Die drei großen Wallfahrtsfeste waren (1) das durch die Passahfeier eröffnete Massotfest, an dem man sieben Tage lang ungesäuertes Brot aß, um die Zeit des Frühlings-Äquinoktiums, (2) sieben Wochen später das Pfingstfest und (3) das Laubhüttenfest um die Zeit des Herbst-Äquinoktiums. Diese drei Feste waren ursprünglich Ackerbaufeste und bezeichneten (1) den Beginn bzw. (2) das Ende der Gersten- und Weizenernte und (3) das Ende der Wein- und Olivenlese, die den Abschluß der gesamten jährlichen „Einsammlung" bildete. In neutestamentlicher Zeit — und was das erste und dritte dieser Feste betrifft, schon sehr viel früher — trat ihre Bedeutung als Ackerbaufeste indessen hinter dem Gedenken an historische Ereignisse zurück: das Fest der ungesäuerten Brote erinnerte an die ungesäuerten Brotkuchen, die die Israeliten bei ihrem überstürzten Auszug aus Ägypten buken (2 Mo 12, 29), das Pfingstfest erinnerte an die

---

[21] Vgl. 1 Chron 24, 7—19; Mischna, *Ta'anit* 4, 2. Der ersten Abteilung (Jojarib) gehörten die Hasmonäer an (1 Makk 2, 1) wie auch Josephus (*vit.* 2). Es waren nicht immer vierundzwanzig Abteilungen; in den Listen von Neh 12, 1—7 (in der Zeit Serubbabels), 12, 12—21 (frühes 5. Jahrhundert v. Chr.) und 10, 3—9 (etwa 430 v. Chr.) sind zweiundzwanzig verzeichnet. Die Qumran-Gemeinde traf Vorkehrungen für sechsundzwanzig Abteilungen (1 QM II, 2) — eine Anpassung an den „Jubiläen"-Kalender mit seinen 52 Wochen im Jahr (siehe S. 117). Der offizielle jüdische Kalender hatte ein Jahr von 354 Tagen, geteilt in zwölf Mondmonate; von Zeit zu Zeit wurde ein dreizehnter Monat eingeschaltet. Siehe auch E. J. Vardaman, „Introduction to the Caesarea Inscription of the Twenty-Four Priestly Courses", und M. Avi-Yonah, „The Caesarea Inscription of the Twenty-Four Priestly Courses", in: E. J. Vardaman und J. L. Garrett (Hrsg.), *The Teacher's Yoke*, Waco 1964, S. 42 ff., 46 ff.

[22] Mehrere der kanonischen Psalmen wurden anscheinend für solche Gelegenheiten verfaßt (zum Beispiel Ps 66, besonders V. 13—20); vgl. auch Jon 2, 2—9, besonders Vers 9.

[23] Siehe Teil II, Kap. 4/3.

[24] Siehe Teil II, Kap. 13/2.

Gesetzgebung am Sinai (2 Mo 19, 1 ff.)[25] und das Laubhüttenfest an die Laubhütten, in denen die Israeliten während ihrer Wüstenwanderung wohnten (3 Mo 23, 42 f.).

Ihre ursprüngliche Bedeutung als Ackerbaufeste geriet indessen nicht gänzlich in Vergessenheit. So bekundete man zum Beispiel mit der Wasserspende, die während des Laubhüttenfestes an sieben Morgen dargebracht wurde,[26] daß noch so viel Arbeit keine Ernte hervorbringen würde, wenn nicht zur rechten Zeit Regen vom Himmel fiel. Daß die Begehung des Laubhüttenfestes (vermutlich einschließlich der Zeremonie der Wasserspende) für das kommende Jahr Regen sicherte, wird aus Sach 14, 17 deutlich: „Die aber nicht heraufziehen nach Jerusalem von den Geschlechtern der Erde, um den König, den Herrn der Heerscharen anzubeten, über diese wird kein Regen kommen."[27] Diese Wasserspende bildet den Hintergrund des Aufrufs Jesu am achten und letzten Tage des Laubhüttenfestes 30 n. Chr. (dem Tage, an dem diese Zeremonie anscheinend nicht durchgeführt wurde):

> Wenn jemand dürstet, komme er zu mir und trinke!
> Wer an mich glaubt, aus dessen Leibe werden Ströme
> lebendigen Wassers fließen (Joh 7, 37 f.).

In der Frühzeit des Volkes Israel war jeder Mann gehalten, bei diesen drei Anlässen am Heiligtum zu erscheinen,[28] und selbst unter den ganz andersartigen Bedingungen des ersten nachchristlichen Jahrhunderts machten sich aus allen Teilen der Diaspora die Juden in Scharen nach Jerusalem auf den Weg, um an dem einen oder anderen dieser Feste teilzunehmen. Mit ihnen pflegten eine Anzahl Proselyten und sogar gottesfürchtige Heiden zu kommen: „Besucher aus Rom, Juden und Judengenossen" (Apg 2, 10) waren am Pfingsttag 30 n. Chr. in Jerusalem, und sieben Wochen zuvor werden „unter denen, die hinaufzogen, um am Passafest anzubeten", und Jesus gerne sehen wollten, einige Griechen erwähnt (Joh 12, 20 f.). Mehr als einmal verließ Paulus sein Heidenmis-

---

[25] Die Anerkennung des Pfingstfestes als Jahrfeier der Sinaigesetzgebung erscheint erstmals im Jubiläenbuch 1, 1 mit 6, 17; vgl. auch bT *Pesachim* 68 b; Midrasch *Tanchuma* 26 c; sie ist wahrscheinlich in der Erzählung von Apg 2, 1—11 impliziert. Für den jüdischen heiligen Kalender siehe den Anhang zu diesem Kapitel, S. 156.

[26] Mischna, *Sukka* 4, 9.

[27] Da die Ernte der Ägypter von der jährlichen Nilüberschwemmung abhing und nicht von Regenfällen (zumindest auf das Land Ägypten), sollte ihre Strafe, falls sie nicht heraufzogen, das Laubhüttenfest zu feiern, nicht Dürre, sondern die Pest sein (Sach 14, 18 f.).

[28] 2 Mo 23, 17; 34, 23; 5 Mo 16, 16.

sionsgebiet eigens, um in Jerusalem an einem dieser Feste teilzunehmen.[29]

Außer den Wallfahrtsfesten wurde am Beginn des Herbstmonats Tischri das Neujahrsfest gefeiert (vielleicht das nicht näher bezeichnete „Fest der Juden" in Joh 5, 1), um die Zeit der Wintersonnenwende das Chanukkafest (Tempelweihfest zum Gedenken an die Wiedereinweihung des Tempels unter Judas Makkabäus 164 v. Chr., nach seiner Entheiligung durch Antigonus IV.[30] [vgl. Joh 10, 22]) und zu Beginn des Frühjahrs das Purimfest zur Erinnerung an die Befreiung der Juden von ihrem Feinde Haman, wie sie im Buche Esther berichtet wird.[31] Kein Tag im ganzen Jahr wurde so feierlich begangen wie der Versöhnungstag (am 10. Tischri, fünf Tage vor dem Beginn des Laubhüttenfestes), an dem der Hohepriester das im Innern des Heiligtums befindliche Allerheiligste betrat, um die Sünde des ganzen Volkes zu sühnen.[32]

Man versteht die Begebenheit, mit der das Lukasevangelium beginnt — das Räucheropfer des Zacharias, des Vaters Johannes' des Täufers, im Tempel — besser, wenn man sich klar macht, daß dies der Höhepunkt seiner priesterlichen Laufbahn war. Jede „Wochenabteilung" umfaßte so viele Priester, daß keiner von ihnen hoffen konnte, das Vorrecht, am goldenen Räucheraltar zu amtieren, mehr als einmal auszuüben. Der Engel erschien dem Zacharias, als seine Dienstabteilung — „die Dienstabteilung Abia" (vgl. 1 Chron 24, 10) — Dienst hatte, und „er wurde durch das Los bestimmt, in den Tempel des Herrn zu gehen und zu räuchern" (Lk 1, 9).

Die Tempelgottesdienste wurden in der Hauptsache durch die Kopfsteuer in Höhe von einem halben Schekel unterhalten, die jeder männliche Jude von zwanzig Jahren und darüber jedes Jahr am ersten Adar (Februar/März) zu entrichten hatte.[33] Juden aus allen Teilen der Welt bezahlten diese Steuer, und ihre Einziehung und Weiterleitung nach Jerusalem wurde von den römischen Behörden gefördert. Die gängigste Münze hierfür war das einem Schekel entsprechende tyrische Tetradrachmon; gewöhnlich entrichteten damit zwei Juden gemeinsam ihre

---

[29] Apg 18, 21, westlicher Text („Ich muß auf jeden Fall zum kommenden Fest [Passah oder Pfingsten] in Jerusalem sein"); 20, 16 („er eilte, um, wenn es ihm möglich wäre, auf den Tag des Pfingstfestes in Jerusalem zu sein").
[30] Vgl. 1 Makk 4, 36—59; 2 Makk 1, 18; 2, 16—18; 10, 1—8.
[31] Est 9, 17—32.
[32] 3 Mo 16; Mischna, *Soma.*
[33] Vgl. 2 Mo 30, 11—16; 2 Chron 24, 6; Ios. *ant. Iud.* XIV, 110; Mischna, *Scheqalim.* Die jährliche Steuer betrug einmal, um 430 v. Chr. (vgl. Neh 10, 32 f.), einen Drittelschekel.

Steuer. Es war dies die Münze, die Petrus in Mt 17, 24—27 auf Jesu Geheiß den Einnehmern „für mich und dich" geben sollte.

Die Abgabe des Brennholzes für die Opfer war gleichfalls eine öffentliche Spende, die jedes Jahr am 15. Ab (Juli/August) geleistet wurde.[34]

Eine weitere Einnahmequelle waren die freiwilligen Gaben, die auf verschiedene Weise gespendet wurden. Es gab umfangreiche Zuwendungen, über die man die Öffentlichkeit ausführlich ins Bild setzte;[35] außerdem existierten in der Tempelkasse, die sich im Frauenvorhof befand, dreizehn trompetenförmige Opferstöcke, in die man Münzen einwerfen konnte,[36] wie es die arme Witwe von Markus 12, 41—44 tat, die, indem sie zwei Heller einlegte, „alles, was sie hatte, ihr ganzes Gut" opferte.

Die Priester bezogen ihre Einkünfte aus verschiedenen Quellen: die Sündopfer und Schuldopfer flossen ihnen gewöhnlich zu, desgleichen ein beträchtlicher Teil der Mahlopfer, die Schaubrote, Brust und rechte Schulter der Dankopfer, die Häute der als Brandopfer dargebrachten Tiere, die Erstlinge vom Korn und von anderen Bodenfrüchten *(teruma)* sowie von der Grütze *(challa)*, die Erstlinge vom Vieh (oder der entsprechende Geldbetrag), die fünf Schekel Lösegeld für die Erstgeburt von Menschen, ein Teil des Ertrags der Schafschur und eine große Anzahl Sonderabgaben.[37] Der Zehnte (eine zehnprozentige Einkommensteuer) wurde hauptsächlich den Leviten, den nichtpriesterlichen Tempeldienern, zugeteilt, die ein Zehntel davon an die Priester abführten.[38] Der Zehnte von 5 Mo 14, 22 ff.; 26, 12 ff. wurde damals als ein zweiter Zehnter interpretiert (was er ursprünglich nicht war), der auf Tiere, die zum gewöhnlichen Gebrauch geschlachtet wurden (zum Unterschied von den zu Opferzwecken geschlachteten), zu entrichten war, von dem die Priester bestimmte Teile bekamen (5 Mo 18, 3).[39]

Die Oberpriester wußten sich in wachsendem Maße den Löwenanteil an diesen Nebeneinkünften und -bezügen zu sichern; wie erwähnt, erreichte dieser Mißstand seinen Höhepunkt unter dem Hohenpriester

---

[34] Neh 10, 34; Ios. *bel. Iud.* II, 425; *Megillat Ta'anit* 11; Mischna, *Ta'anit* 4, 5. 8.

[35] Wie das von Alexander aus Alexandrien (Philos Bruder) zur Ausschmükkung der Tempeltore gestiftete Gold und Silber (Ios. *bel. Iud.* V, 205). Siehe S. 55, Anm. 24.

[36] Von diesen dreizehn Behältern waren sieben für verschiedene gesetzliche Abgaben und sechs für freiwillige Spenden bestimmt (Mischna, *Scheqalim* 6, 1, 5).

[37] Die meisten dieser Bestimmungen sind im Priesterkodex des Pentateuchs niedergelegt.

[38] Siehe Teil II, Kap. 11/4.

[39] Siehe Mischna, *Ma'aser Scheni.*

Ananias, dem Sohn des Nedebäus; damals gerieten viele gewöhnliche Priester in große Not.[40]

3.

Solange der Tempel bestand, bildete er das Herzstück des jüdischen religiösen Lebens, doch konnte er im täglichen Leben der meisten Juden nicht die gleiche Rolle spielen wie zur Zeit des Königs Josia, unter dessen Regierung Jerusalem zum Zentrum der Anbetung des Volkes wurde, das für jedermann im Königreich Juda ohne Schwierigkeiten erreichbar war. Vor allem die Diasporajuden konnten den Tempel nur hin und wieder aufsuchen. Der Mittelpunkt ihres gewöhnlichen religiösen und Gemeindelebens war die Synagoge.

Die Ursprünge der Synagoge liegen zwar im dunkeln,[41] doch geht man sicherlich nicht fehl, wenn man sie im babylonischen Exil und der nachfolgenden Zeit sucht. Auf welche Weise vermochten die Verbannten ihrem Väterglauben so sehr die Treue zu wahren, daß diejenigen, die schließlich aus der Verbannung zurückkehrten, „das Volk des Landes" als zu lax oder in seinen Praktiken zu synkretistisch ansahen, um es am Wiederaufbau des Tempels teilnehmen zu lassen? Wenn sie während des Exils zusammentrafen, um sich gegenseitig Mut zu machen, festgelegte Gebete zu sprechen und die Gesänge Zions auch in der Fremde anzustimmen, so wären das zumindest die Anfänge einer Synagoge gewesen. Die Synagoge entfaltete sich in den nachexilischen Jahrhunderten und wurde zu einem unveränderlichen Bestandteil des jüdischen Lebens nicht allein in der Zerstreuung, sondern auch in Palästina und sogar in Jerusalem selber. Dort wurden an den Sabbat- und Festtagen gottesdienstliche Versammlungen abgehalten, bei denen die Gebete und Lobpreisungen der Tempelgottesdienste wiederholt wurden, doch während diese Gebete und Lobpreisungen im Tempel, wo die Opfer im Mittelpunkt standen, Beiwerk waren, stellten sie in der Liturgie der Synagoge, die keine Opfer kannte, die Hauptbestandteile dar. Außerdem fanden im Rahmen des synagogalen Gottesdienstes Gesetzeslesungen und -auslegungen statt. Das Gesetz wurde von Anfang bis Ende verlesen — in den östlich von Palästina gelegenen Synagogen nach einem einjährigen und in den weiter westlich

---

[40] Siehe S. 69; Teil II, Kap. 11/4.
[41] Die früheste Bezugnahme auf Synagogen findet sich vielleicht in Psalm 74, 8 (häufig in die Makkabäerzeit datiert): „sie verbrannten alle Gottesstätten *(mo'ade'El)* im Lande".

gelegenen Ländern nach einem dreijährigen Zyklus.[42] In Palästina und im Orient war die Verlesung des hebräischen Textes von einer mündlichen Übersetzung (einem *targum*) in die aramäische Sprache begleitet; in den griechischsprachigen Westprovinzen benutzte man die gemeinhin als Septuaginta bezeichnete griechische Fassung.[43] Auf die Lesung aus dem Pentateuch folgte an jedem Sabbat eine Lesung aus den Propheten (eine *haphtara);* diese Lektionen wurden jedoch nicht fortlaufend vorgelesen, sondern jeweils aufgrund irgendeiner Beziehung zu der vorgeschriebenen Lesung aus dem Pentateuch ausgewählt. Aus den lukanischen Schriften des Neuen Testaments erfährt man einige Einzelheiten über zwei Synagogengottesdienste — aus Lk 4, 16 ff., wo Jesus an einem Sabbattag aufsteht, um die zweite Lektion (die einleitenden Sätze von Jes 61) vorzulesen und dann sitzend auszulegen, und aus Apg 13, 14 ff., wo Paulus und Barnabas in der Synagoge zu Antiochien in Pisidien nach der Verlesung der beiden Lektionen von den Vorstehern der Synagoge aufgefordert werden, „ein Wort des Zuspruchs an das Volk" zu richten, und Paulus aufsteht, um eine Ansprache an die Versammelten zu halten.[44]

Ein Synagogengottesdienst begann zu jener Zeit mit dem Ruf zur Anbetung und dem *Sch'ma* nebst den dazugehörenden Benediktionen und dem Dekalog;[45] daran schlossen sich die vorgeschriebenen Gebete und Segnungen, die Lesung aus dem Gesetz und den Propheten und ein „Wort des Zuspruchs" oder der Erklärung; den Abschluß bildete ein Segen.[46] Obwohl die Synagogengottesdienste in der ganzen jüdischen Welt zweifellos nach einem allgemeinen Schema gestaltet wurden, herrschte doch eine beträchtliche Vielfalt; Israel Abrahams kann deshalb

[42] Vgl. A. Büchler, „The Reading of the Law and Prophets in a Triennial Cycle", *JQR* 5 (1892—3), S. 420—68; 6 (1893—4), S. 1—73; J. Mann, *The Bible as Read and Preached in the Old Synagogue,* Cincinnati 1940; A. Guilding, *The Fourth Gospel and Jewish Worship*, Oxford 1960.

[43] Des Griechischen pflegte man sich auch in den hellenistischen Synagogen von Palästina wie zum Beispiel der Jerusalemer Synagoge der Freigelassenen aus Cyrene, Alexandrien, Kilikien und Asia zu bedienen, wo Stephanus mit seinen Widersachern disputierte (Apg 6, 9); tatsächlich war der Umstand, daß Griechisch die Sprache dieser Synagogen war, möglicherweise ein Hauptgrund dafür, daß man ihre Mitglieder als Hellenisten bezeichnete (siehe Teil II, Kap. 2).

[44] Siehe Teil II, Kap. 6/3.

[45] Der Dekalog wurde später nicht mehr gesprochen. Vgl. bT *Beraka* 3 c; C. W. Dugmore, *The Influence of the Synagogue upon the Divine Office,* Oxford 1944, S. 21 f.; M. Simon, „The Ancient Church and Rabbinical Tradition" in: F. F. Bruce und E. G. Rupp (Hrsg.), *Holy Book and Holy Tradition,* Manchester 1968, S. 110. Siehe Teil II, Kap. 7/1.

[46] Vgl. Mischna, *Megilla* 4, 3.

von der „Freiheit der Synagoge" sprechen.[47] Der allgemeine Ablauf des Synagogengottesdienstes erlangte indessen über den Bereich der jüdischen Geschichte hinaus Bedeutung; er beeinflußte in gewissem Ausmaß die frühchristliche Kultordnung.[48] Invokation, Gebet, Danksagung, Schriftlesung, Zuspruch und Segen bilden seit dem Beginn des Christentums integrale Bestandteile der Liturgie, wenn auch der spezifisch christliche Ritus des Abendmahls im Mittelpunkt steht.

Überall in der Welt vermittelten die Synagogen den heidnischen Städten, in denen es jüdische Gemeinden gab, die Kenntnis von Israels Gott und Israels Religion. „Mose hat von alten Zeiten her in jeder Stadt seine Verkündiger, da er in den Synagogen an jedem Sabbat vorgelesen wird" (Apg 15, 21). Das Bild, das uns die Apostelgeschichte von Paulus und seinen Gefährten vermittelt, wie sie in jeder neuen Stadt, in die sie gelangten, sogleich die Synagoge aufsuchten und sie, solange man es ihnen gestattete, als Aktionsbasis benutzten, stimmt voll und ganz mit dem überein, das uns die Archäologie und die literarischen und inschriftlichen Zeugnisse verschaffen. Sogar Athen, das seinen jüdischen Einwohnern sicherlich weniger zusagte als viele andere griechische Städte, hatte laut Apg 17, 17 seine Synagoge, und offensichtlich übte die jüdische Religion so viel Anziehungskraft auf einige Athener aus, daß sie sie als „Gottesfürchtige" regelmäßig besuchten. Philippi bildete anscheinend eine Ausnahme: nach der wahrscheinlichsten Lesart von Apg 16, 13[49] fanden Paulus und drei Gefährten dort keine Synagoge vor und gingen daher am Sabbattag „zum Tor hinaus an einen Fluß, wo . . . eine jüdische Gebetsstätte war", und „setzten sich und redeten zu den Frauen, die zusammengekommen waren". Das heißt offenbar, daß, da nicht genügend jüdische Männer vorhanden waren (die Errichtung einer Synagogengemeinde setzte die Anwesenheit von mindestens zehn voraus), eine Anzahl Frauen — Jüdinnen und Gottesfürchtige — zusammenkamen und die für den Sabbattag vorgeschriebenen Gebete sprachen. Obwohl sie keine Synagoge bilden konnten, stellten sie doch den Kern der christlichen Kirche in Philippi dar. Die für eine Kirche erforderliche Mindestzahl waren „zwei oder drei" (Mt 18, 20), sehr viel weniger als ein jüdischer *minjan,*[50]

---

[47] *Studies in Pharisaism and the Gospels* 1, Cambridge 1917, S. 1 ff.
[48] Vgl. C. W. Dugmore, a. a. O.
[49] Das Zeugnis von Sinaiticus, A, B läßt vermuten, daß die alexandrinische Lesart *enomizomen proseuchēn einai* („wir vermuteten, dort sei eine Gebetsstätte") eine Überarbeitung eines früheren Textes ist, der wahrscheinlich in der byzantinischen Lesart *enomizeto proseuchē einai* („man pflegte zu beten", Luther) bewahrt ist.
[50] Siehe S. 124.

und was die Vorrechte der Kirchenmitgliedschaft betraf, so legte Paulus selber fest, daß in Christus „nicht Mann und Weib“ sei, desgleichen „nicht Jude noch Grieche, ... nicht Sklave noch Freier“ (Gal 3, 28).[51]

Nach Auskunft der Apostelgeschichte gab es Synagogen auch in Damaskus, Zypern, Ikonium, Thessalonich, Beröa, Korinth und Ephesus.[52] In Rom haben wir inschriftliche Zeugnisse für elf Synagogen,[53] von denen die meisten anscheinend auf dem rechten Tiberufer standen, wo sich laut Philo das jüdische Viertel befand.[54] Wie in Korinth[55] gab es dort eine „Synagoge der Hebräer“, vielleicht die früheste der stadtrömischen Synagogen. Einige waren nach Schutzherren benannt, wie die Synagogen der Augustenser (die den Kaiser als ihren Schutzherrn bezeichneten) und der Agrippenser (nach dem Freund und Ratgeber des Kaisers, Agrippa). Andere tragen die Namen der Bezirke, aus denen ihre Gemeinden kamen — so die Synagogen der Suburenser (nach der Subura, einem Elendsquartier am Abhang des Esquilin, benannt) und der (vermutlich am Marsfeld wohnenden) Campenser. Überreste von irgendeiner der römischen Synagogen konnten bisher nicht identifiziert werden, doch wurde im Jahre 1963 in Ostia (dem an der Tibermündung gelegenen Hafen von Rom) eine Synagoge aus dem vierten Jahrhundert n. Chr. entdeckt, die auf einem früheren Fundament aus dem späten ersten Jahrhundert n. Chr. errichtet war, das ebenfalls eine Synagoge gewesen war.[56]

4.

Als Paulus in der Synagoge im pisidischen Antiochien zu sprechen begann, redete er die Gemeinde als „ihr israelitischen Männer und ihr, die ihr Gott fürchtet“ (Apg 13, 16) an. In vielen Synagogen bestand die Gemeinde nicht nur aus Juden und Proselyten (in die religiöse Gemeinschaft Israels aufgenommene Heiden), sondern auch aus Gottesfürchti-

---

[51] Es ist verlockend, anzunehmen, daß Paulus hier das dreifache Vorrecht des frommen Juden ablehnt, der im Verlauf seiner Morgengebete Gott dafür dankt, daß er ihn weder als Heiden noch als Sklaven noch als Frau schuf — falls man diese Danksagung schon in das Jahr 50 n. Chr. datieren kann.

[52] Apg 9, 2. 20; 13, 5; 14, 1; 17, 1. 10; 18, 4 ff. 26; 19, 8.

[53] Vgl. Schürer, *GJV* III, S. 44 ff.; H. J. Leon, *The Jews of Ancient Rome*, S. 135 ff.

[54] Phil. *Gai.* 155.

[55] Siehe Teil II, Kap. 9/3.

[56] Vgl. M. F. Squarciapino, „The Synogogue at Ostia“, *Archaeology* 16 (1963), S. 194 ff.

gen — Heiden, die zwar starke Sympathien für den jüdischen Kultus und Lebenswandel hegten, sich aber nicht dazu entschließen konnten, „das Joch des Himmelreichs auf sich zu nehmen" und sich als Proselyten in die Gemeinschaft der Juden einzugliedern. Da sich ein Mann, der Proselyt werden wollte, normalerweise beschneiden lassen mußte,[57] ist es nicht verwunderlich, daß mehr Frauen als Männer den entscheidenden Schritt vollzogen. Wer sich damit begnügte, ein Gottesfürchtiger zu bleiben, war, so sehr er sich den ethischen und religiösen Praktiken der Juden auch verbunden fühlen oder wie großzügig er jüdische Anliegen auch durch Spenden fördern mochte, gleichwohl ein Außenseiter. Cornelius, der Zenturio aus Caesarea, war „fromm und gottesfürchtig samt seinem ganzen Hause, der dem jüdischen Volk viele Almosen gab und allezeit zu Gott betete" (Apg 10, 2), aber strenggenommen nach wie vor ein Heide.

Auf solche Leute übte das Evangelium in einer Synagoge nach der anderen sogleich eine Wirkung aus. Es verlangte von ihnen weder die Beschneidung noch die Unterwerfung unter die spezifisch jüdischen Bestandteile des mosaischen Gesetzes und bot ihnen Erlösung und Mitgliedschaft im Volk Gottes kraft ihres Glaubens, ohne zwischen ihnen und gläubigen Juden einen Unterschied zu machen. Die Synagogenbehörden, die naturgemäß hofften, daß sie oder jedenfalls ihre Kinder sich eines Tages zur vollen Mitgliedschaft im israelitischen Gemeinwesen entschließen würden, waren über ihre Hinneigung zu Paulus und anderen Missionaren oftmals alles andere als erbaut. Der römische Satiriker Juvenal schildert noch zu Beginn des zweiten Jahrhunderts diesen Vorgang wie folgt:[58] während der Vater den Sabbat hält und auf den Genuß von Schweinefleisch verzichtet, aber ein Gottesfürchtiger bleibt, macht der Sohn keine Vorbehalte mehr, läßt sich beschneiden und wird ein Vollproselyt. Wenn solch ein Vater indessen an das Evangelium glaubte und sich der christlichen Gemeinde anschloß, so ging seine Familie der Synagoge verloren.

Die Synagoge bot also dem Heidenapostel bei der Ausübung seiner Missionstätigkeit eine Aktionsbasis, und immer wieder fand er in einer neuen Stadt in der gottesfürchtigen Randzone der Synagogengemeinde den Kern der Kirche.

Ein weiteres ist noch über die Synagoge zu bemerken: als der Tempel und sein Ritual im Jahre 70 n. Chr. ausgelöscht wurden, blieb das Juden-

---

[57] Neben einem Reinigungsbad und der Darbringung eines Opfers im Jerusalemer Tempel, die von weiblichen Proselyten verlangt wurden. Für das Bad („Proselytentaufe") siehe S. 161; Teil II, Kap. 6/1.
[58] Iuv. XIV, 96 ff.

tum bestehen, weil die Institution, von der sein Überleben und das jüdische Gemeindeleben ganz allgemein abhingen, bereits festgefügt war. Der Tempel hatte sich überlebt; es war die Synagoge, die auch weiterhin den immerwährenden Interessen des Judentums diente, wie sie es schon seit Generationen getan hatte.

5.

Angesichts der wichtigen Rolle, die die Verlesung und Erklärung der heiligen Schriften in der Synagoge spielte, mußte man wissen, welche Werke dazu gehörten und welche nicht. Die endgültige Festlegung des Kanons der hebräischen Schrift wurde ebenso wie die Vereinheitlichung ihres Textes in der Zeit nach 70 n. Chr. vorgenommen und wird von altersher mit der Errichtung des neuen rabbinischen Synedriums in Jamnia unter der Leitung des Jochanan ben Zakkai und seiner Anhänger in Verbindung gebracht. Über die Grundzüge des Kanons scheint jedoch schon am Beginn des christlichen Zeitalters weithin Einigkeit geherrscht zu haben. Die Dreiteilung der hebräischen Bibel in Gesetz, Propheten und Schriften ist bereits für die Zeit des Enkels des ben Sira bezeugt, der, nachdem er 132 v. Chr. nach Alexandrien ausgewandert war, das „Weisheits"-Buch (Ecclesiasticus) seines Großvaters aus dem Hebräischen ins Griechische übertrug und ein Vorwort zu dieser griechischen Übersetzung verfaßte, in dem er seinen Großvater einen eifrigen Erforscher „des Gesetzes, der Propheten und der anderen Bücher unserer Väter" nennt. Ja, allem Anschein nach lag der Inhalt des „Gesetzes selber, der Prophetien und der übrigen Bücher" zu der Zeit, als er dieses Vorwort verfaßte, bereits in griechischer Übersetzung vor.

Die Evangelien enthalten keinerlei Hinweis auf irgendwelche Meinungsverschiedenheiten zwischen Jesus und seinen theologischen Widersachern in bezug auf die Grenzen der Heiligen Schrift; sie stritten sich vielmehr über ihre Auslegung. Auch wenn es sich bei der Erwähnung des „Gesetzes des Mose und der Propheten und Psalmen" in Lukas 24,44 um eine Formulierung des Evangelisten handeln sollte, steht sie doch mit den Tatsachen der Wirksamkeit Jesu im Einklang. Jesu Worte über all das seit dem Beginn der Zeiten vergossene Märtyrerblut, „vom Blut Abels an bis zum Blut des Zacharias, der zwischen dem Altar und dem [Tempel-] Haus umkam" (Lk 11,51; vgl. Mt 23,35) versteht man am besten, wenn seine Bibel wie die herkömmliche hebräische Bibel mit der

Genesis begann und mit den Chronikbüchern endete;[59] denn wie Abel der erste Märtyrer ist, der in dieser Reihe erscheint (1 Mo 4, 8), so ist der Priester Zacharias (der Sohn des Jojada) der letzte (2 Chron 24, 20—24).[60] Man versteht sonst nicht, warum Zacharias hier den Abschluß der „treuen Märtyrer allzumal" bildet, wie Abel den Anfang markiert. In den kanonischen Schriften werden Märtyrer genannt, die später lebten,[61] von den Märtyrern unter Antiochus IV.[62] und anderen noch späteren zu schweigen.[63]

Ungewißheit herrscht lediglich in Hinsicht einiger weniger Urkunden im dritten Teil, wie zum Beispiel Prediger und Esther. Es ist möglich, daß die Qumran-Gemeinde das Buch Esther nicht als kanonisches Buch ansah,[64] und im Neuen Testament wird es nicht erwähnt. Die Rabbinen von Jamnia waren jedoch keine Neuerer, als ihre Synode die Zugehörigkeit dieser Bücher zur Bibel bestätigte. „Ihre Erörterungen galten weniger der Aufnahme bestimmter Schriften in den Kanon als vielmehr ihrem Recht, darin zu bleiben."[65] Wenn Josephus in seiner Schrift *Gegen Apion* die Zahl der heiligen Bücher seines Volkes mit zweiundzwanzig

---

[59] In der traditionellen Anordnung der hebräischen Bibel besteht das Gesetz aus dem Pentateuch und umfassen die Propheten die vier „früheren Propheten" (Josua, Richter, Samuel, Könige) und die vier „späteren Propheten" (Jesaja, Jeremia, Hesekiel, Zwölfprophetenbuch), während die Schriften mit den Psalmen, Sprüchen und dem Buch Hiob beginnen, mit den fünf *Megillot* („Buchrollen"), nämlich Hoheslied, Ruth, Klagelieder, Prediger, Esther, fortfahren und mit Daniel, Esra, Nehemia und den Chronikbüchern enden.

[60] Vgl. bT *Sanhedrin* 96 b. Es ist gänzlich unwahrscheinlich, daß irgendein anderer Sacharja gemeint ist. „Sacharja, der Sohn des Berechja" (Mt 23, 35) ist auf eine Verwechslung des von Joas getöteten Sohnes des Jojada mit dem späteren Propheten Sacharja zurückzuführen (Sach 1, 1); von Sacharja, dem Sohn des Baris, der 67—68 n. Chr. von Zeloten getötet wurde (Ios. *bel. Iud.* IV, 335 ff.), ist hier nicht die Rede. Es ist auch völlig ausgeschlossen, daß Zacharias, der Vater Johannes des Täufers, gemeint sein könnte. Die Legende von seiner Ermordung (Protevangelium des Jakobus 23, 1 ff.) beruht wahrscheinlich auf einer Fehlinterpretation von Lk 11, 51.

[61] Zum Beispiel der Prophet Uria (Jer 26, 20 ff.).

[62] 2 Makk 6, 18—7, 42; vgl. Hebr 11, 36 ff.

[63] Zum Beispiel der Regenbringer Onias, um 66 v. Chr. (Ios. *ant. Iud.* XIV, 22 ff.).

[64] Esther ist das einzige Buch der hebräischen Bibel, das unter den Qumran-Handschriften fehlt; gegenüber jeder Schlußfolgerung aus seinem Fehlen ist jedoch Vorsicht geboten.

[65] A. Bentzen, *Introduction to the Old Testament*, 1, Kopenhagen 1948, S. 31. Für eine eingehende Erörterung siehe G. F. Moore, *Judaism in the First Centuries of the Christian Era*, 1, Cambridge/Mass. 1927, S. 238 ff. Bei dem Disput unter den Rabbinen über die Beibehaltung des Hesekielbuches ging es wahrscheinlich um seine Verlesung in der Synagoge; die Kanonizität der Propheten, zu denen Hesekiel gehört, war damals nicht mehr umstritten.

angibt,[66] so geschieht dies wahrscheinlich nicht unter dem Einfluß der Dispute, die zur Zeit der Abfassung seiner Schrift in Jamnia stattfanden, noch auch besagt die Tatsache, daß seine Aufzählung unter der traditionellen jüdischen Gesamtzahl von vierundzwanzig bleibt, daß er zwei Bücher ausschloß, die man in Jamnia mit einbezog;[67] er benutzt vielmehr lediglich eine andere Zählweise, wobei er großenteils der Anordnung der von ihm benutzten griechischen Fassung folgt.[68] In seiner palästinischen Frühzeit betrachtete Josephus sich als Anhänger der Pharisäerpartei und vertrat vermutlich die in ihr gängige Auffassung über die Grenzen des Kanons.

Wir wissen nicht, wieweit die Sadduzäer in dieser Hinsicht mit den Pharisäern übereinstimmten. Hippolyt, Origenes, Hieronymus und andere frühchristliche Autoren behaupten, sie hätten allein den Pentateuch anerkannt,[69] doch beruht diese Aussage vermutlich auf einem Mißverständnis einer Josephusstelle. Wenn Josephus angibt, die Sadduzäer verträten die Auffassung, allein das geschriebene Gesetz müsse befolgt werden, so stellt er den Pentateuch (das geschriebene Gesetz) nicht den prophetischen Büchern gegenüber, sondern den mündlichen Geboten, die die Pharisäer als „von früheren Generationen überliefert und nicht in den Gesetzen Moses verzeichnet" akzeptierten.[70]

Es heißt bisweilen, daß, wenn Jesus die Einwände der Sadduzäer gegen die Lehre von der Auferstehung eher durch einen Hinweis auf den Pentateuch (2 Mo 3, 6) als auf solche „näherliegenden" Stellen wie Jes 26, 19 („Deine Toten werden leben, werden auferstehen") oder Dan 12, 2 („viele von denen, die schlafen im Erdenstaube, werden erwachen") abgewehrt habe, so deshalb, weil die Sadduzäer die Propheten oder die Schriften nicht annahmen. Man mag in der Tat bezweifeln, daß sie das Danielbuch annahmen, doch stellte Jesus, anstatt einen oder zwei der konventionelleren Beweistexte zu zitieren, die ganze Frage auf eine festere Grundlage, indem er die Lehre auf das Sein und Wesen Gottes gründete: „Er ist nicht ein Gott von Toten, sondern von Lebendigen" (Mk 12, 26 f.).

---

[66] *c. Ap.* I, 37—41.

[67] Nach seiner ausführlichen Wiedergabe der Esthergeschichte zu urteilen (*ant. Iud.* XI, 184—296), schloß er dieses Buch anscheinend nicht aus. Wahrscheinlich behandelte er das Buch Ruth als Anhang zum Richterbuch und die Klagelieder als Zusatz zu Jeremia.

[68] Es besteht keinerlei Evidenz für eine autoritative Festlegung des griechischen Kanons unter den alexandrinischen Juden. Philos Bibel hatte allem Anschein nach denselben Umfang wie die hebräische Bibel.

[69] Vgl. Hippol. *haer.* IX, 24; Orig. *c. Cels.* I, 49; Hier. *Comm. in Matt.* 22, 31 f.

[70] *ant. Iud.* XIII, 297.

ANHANG ZU KAPITEL 11

Das Heilige Jahr in Israel

	Hebräischer Monatsname in der nachexilischen Epoche	Entsprechung im gregorianischen Kalender	Fest- oder Fasttag	Name des Fest- oder Fasttags
I	Nisan	März—April	14.	Passah
			15.—21.	Fest der ungesäuerten Brote
			(etwa) 17.	Erstlinge
II	Ijjar	April—Mai		
III	Siwan	Mai—Juni	(etwa) 7.	Wochenfest (Pfingsten)
IV	Thammuz	Juni—Juli		
V	Ab	Juli—August	9.	Fasttag für die Tempelzerstörung
VI	Elul	Aug.—Sept.		
VII	Tischri	Sept.—Okt.	1.	(Neujahr (Tag des Lärmblasens)
			10.	Versöhnungstag
			15.—22.	Sukkot (Erntefest, Laubhüttenfest)
VIII	Marcheschwan	Okt.—Nov.		
IX	Kislew	Nov.—Dez.	25.	Chanukka (Erneuerung)
X	Tebeth	Dez.—Jan.		
XI	Schebat	Jan.—Febr.		
XII	Adar	Febr.—März	14.—15.	Purim

ZWÖLFTES KAPITEL

Johannes der Täufer

Von allen religiösen Bewegungen in Palästina am Vorabend der Heraufkunft des Christentums ist keine für das Christentum selbst in so unmittelbarer Weise bedeutungsvoll wie die Wirksamkeit Johannes' des Täufers. Alle vier Evangelien schicken ihrem Bericht über die Wirksamkeit Jesu eine kurze Zusammenfassung der Tätigkeit des Johannes voraus,[1] und aus der Apostelgeschichte läßt sich entnehmen, daß dies die Predigt der Urkirche widerspiegelt. Der Apostelgeschichte zufolge leiteten sowohl Petrus wie Paulus ihre Berichte über Jesu Wirksamkeit mit einem Hinweis auf die Taufe des Johannes ein,[2] und als sich die Frage erhob, wer anstelle des abgefallenen Judas zum Apostel zu berufen sei, hieß es, es komme nur einer von jenen in Frage, „die mit uns gegangen sind die ganze Zeit hindurch, in der der Herr Jesu bei uns ein und aus ging, von der Taufe des Johannes an" (Apg 1, 21 f.).

Johannes' Stellung in den Evangelien und in der Apostelgeschichte ist in der Rolle begründet, die ihm als Jesu „Vorläufer" zufiel, doch hinterließ seine öffentliche Wirksamkeit auch aus eigenem Recht bei vielen palästinischen Juden einen tiefen, freilich nur kurzlebigen Eindruck.

Die einzige Quelle außerhalb des Neuen Testaments, die uns verläßliche Angaben über Johannes liefert, ist eine Stelle in den *Jüdischen Altertümern* des Josephus, wo die Besiegung des Herodes Antipas durch seinen Schwiegervater Aretas IV. berichtet wird.[3] Josephus führt aus:

> Manche Juden waren übrigens der Ansicht, der Untergang der Streitmacht des Herodes sei nur dem Zorne Gottes zuzuschreiben, der für die Tötung Johannes' des Täufers die gerechte Strafe gefordert habe. Den letzteren nämlich hatte Herodes hinrichten lassen, obwohl er ein edler Mann war, der die Juden anhielt, nach Vollkommenheit zu streben, indem er sie ermahnte, Gerechtigkeit gegeneinander und Frömmigkeit gegen Gott zu üben und so zur Taufe zu kommen. Dann werde, verkündigte er, die Taufe Gott angenehm sein, weil sie dieselbe nur zur Heiligung des Leibes, nicht aber zur Sühne für ihre Sünden anwendeten; die Seele nämlich sei dann ja schon vorher durch ein gerechtes Leben entsündigt. Da nun infolge der wunderbaren Anziehungskraft solcher Reden eine gewaltige Menschenmenge zu Johannes strömte, fürchtete Herodes, das

---

[1] Mt 3, 1—12; Mk 1, 2—8; Lk 3, 1—20; Joh 1, 6—8, 19—36; 3, 23—30.
[2] Apg 10, 38; 13, 24 f.
[3] Siehe S. 33.

> Ansehen des Mannes, dessen Rat allgemein befolgt zu werden schien, möchte das Volk zum Aufruhr treiben, und hielt es daher für besser, ihn rechtzeitig aus dem Wege zu räumen, als beim Eintritt einer Wendung der Dinge in Gefahr zu geraten und dann, wenn es zu spät sei, Reue empfinden zu müssen. Auf diesen Verdacht hin ließ also Herodes den Johannes in Ketten legen, nach der Festung Machaerus bringen . . . und dort hinrichten. Sein Tod aber war, wie gesagt, nach der Überzeugung der Juden die Ursache, weshalb des Herodes Heer aufgerieben worden war, da Gott in seinem Zorn diese Strafe über den Tetrarchen verhängt habe.[4]

Nach Lukas war Johannes ein von einem schon bejahrten Priesterehepaar geborenes „Wunderkind“, das die Jahre vor seiner öffentlichen Wirksamkeit „in der Einöde“ verbrachte (Lk 1, 80) — vermutlich in der Wüste von Judäa, da sein Elternhaus im judäischen Bergland lag. Wir erfahren nicht, ob er allein oder in Gemeinschaft mit anderen in der Wüste lebte. Vor allem seit den Funden von Qumran hat man häufig gemutmaßt, er sei in der Qumran-Gemeinde oder einer ähnlichen essenischen Gruppe aufgewachsen.[5] Diese Hypothese läßt sich weder beweisen noch widerlegen. Johannes' Aufenthaltsort war sicherlich nicht weit von Qumran entfernt, und einem jungen Mann von priesterlicher Abkunft dürfte eine Bewegung, die der Bewahrung eines reinen Priestertums solch große Bedeutung beimaß, besonders zugesagt haben.

Doch unabhängig davon, ob diese Mutmaßungen zutreffen oder nicht, fügt sich die Wirksamkeit, durch die sich Johannes einen Namen machte, nicht in den Rahmen des Essenertums, sondern trug vielmehr einen ausgesprochen prophetischen Charakter. Als „das Wort Gottes an Johannes, den Sohn des Zacharias, in der Wüste erging“ (Lk 3, 2), wie es in früherer Zeit an manchen Propheten ergangen war, rief es zu Dingen auf, die von der Lehre und Übung der Qumran-Sekte durchaus verschieden waren.

---

[4] *ant. Iud.* XVIII, 116—19. Der Zusatz über Johannes im altrussischen Josephus-Text (11.—12. Jahrhundert) nach *bel. Iud.* II, 168 enthält zu viele historische Irrtümer und muß daher außer Betracht bleiben. (Dort steht zum Beispiel, der Tetrarch Philippus sei der erste Gatte der Herodias gewesen.) Ein weiterer Zusatz im altrussischen Text, nach *bel. Iud.* II, 110, schildert einen „wilden Mann", der während des Ethnarchats des Archelaus (4 v. Chr.—6 n. Chr.) blühte; R. Eisler identifizierte ihn mit Johannes dem Täufer *(Iesous basileus, ou basileusas*, II, Heidelberg 1930, S. 3 ff.); dieser Autor identifiziert Johannes auch mit dem Lehrer der Gerechtigkeit der Damaskusschrift (*a. a. O.*, S. 697 f.).

[5] Vgl. W. H. Brownlee, „John the Baptist in the New Light of Ancient Scrolls", *Interpretation* 9 (1955), S. 71 ff., wieder abgedruckt in: K. Stendahl (Hrsg.), *The Scrolls and the New Testament*, London 1958, S. 35 ff.; A. S. Geyser, „The Youth of John the Baptist", *NovT* 1 (1956), S. 70 ff.

Für Johannes wie für die Qumran-Leute, andere Essener und verwandte Gruppen war die Wüste der Ort, wo sie die Offenbarung Gottes erwarteten.[6] Seine Wirksamkeit begann Johannes indessen im belebtesten Teil der judäischen Wüste, an der Jordan-Übergangsstelle nördlich des Toten Meeres, dem Verkehrsknotenpunkt zwischen Judäa und Peräa, und er richtete seine Botschaft an alle, die sie hören wollten, auch an die „Söhne der Grube", von denen sich die frommen Qumran-Leute fernzuhalten gelobt hatten.[7] Falls Johannes vorher einem Bund wie dem von Qumran angehört hatte, so war jetzt für ihn die Zeit gekommen, sich von seinen ehemaligen Gefährten zu trennen und einen neuen Weg einzuschlagen. Die Massen, die aus allen Teilen Palästinas im Jordantal zusammenströmten, um ihm zu lauschen, taten dies, weil sie in seiner Predigt einen autoritativen Klang vernahmen, wie man ihn seit Jahrhunderten in Israel nicht mehr vernommen hatte: „alle hielten dafür, Johannes sei wirklich ein Prophet" (Mk 11, 32). Der historische Johannes der Täufer tritt uns nicht als Jünger irgendeines anderen Lehrers der Gerechtigkeit entgegen, sondern als ein neuer Lehrer der Gerechtigkeit mit seiner eigenen Jüngerschaft.

Johannes' Predigt war eschatologischer Natur. Der Gerichtstag, verkündete er, sei nahe herbeigekommen. Gericht halten werde der „Kommende", dem er, Johannes, den Weg bereite. Der Kommende erfüllt die dem „Menschensohn" (Dan 7, 13 ff.) zugewiesene Aufgabe, wenn auch nicht überliefert ist, daß Johannes die Bezeichnung „Menschensohn" benutzte. Doch wenn der vierte Evangelist berichtet, Johannes habe von der Präexistenz des Kommenden — „Der nach mir kommt, ist vor mir gewesen; denn er war als Erster vor mir" (Joh 1, 15.30) — gesprochen, so mag eine gewisse Berührung mit dem Menschensohn der *Bilderreden des Henoch* vorliegen, „dessen Name vor dem Herrn der Geister genannt wurde, bevor die Sonne und die Sterne des Himmels gemacht wurden" (1 Hen 48, 3).[8]

Der Kommende werde alle unfruchtbaren Bäume beseitigen — alle die, deren Leben nicht die Früchte der Gerechtigkeit hervorbrächten. Oder, um ein anderes Bild zu wählen, er werde die Welt zu seiner Tenne machen und die Spreu vom Weizen trennen. Seinen Weizen —

---

[6] Vgl. J. Steinmann, *St. John the Baptist and the Desert Tradition,* London 1958; W. H. Brownlee, *The Meaning of the Qumran Scrolls for the Bible,* New York 1964, S. 112 ff. Für die Konsequenzen, die die Qumran-Sekte aus Jes 40, 3 (in Mk 1, 3; Joh 1, 23 auf Johannes den Täufer angewandt) zog, siehe oben S. 109.

[7] *CD* VI, 14 f.

[8] Siehe S. 136.

die Gerechten — werde er in die Scheuer sammeln, doch die vom Winde verwehte Spreu werde er zusammenkehren und verbrennen. Israel solle daher Buße tun. Vor diesem kommenden Richter würden die Verdienste der Väter nicht zählen, die Abstammung von Abraham ohne Bedeutung sein. Allein aufrichtige Bußfertigkeit würde der Forderung der Stunde gerecht werden und das kommende Zorngericht abwenden. Und diese Bußfertigkeit müsse, um wirksam zu werden, in der Taufe zum Ausdruck kommen.[9]

Man hat Johannes' Schilderung des Kommenden auch mit der Erwartung der Qumran-Leute verglichen, zur Endzeit werde einer erscheinen, der einige der charakteristischsten Anliegen ihrer Gemeinde verkörpern werde — einer, der in mehreren Hinsichten dem jesajanischen Gottesknecht ähnelt:

> Und dann wird Gott durch seine Wahrheit alle Werke eines Mannes läutern und ihn sich mehr als die Menschenkinder reinigen, indem er allen Geist des Frevels aus dem Innern ihres Fleisches tilgt und sie reinigt durch heiligen Geist von allen gottlosen Taten. Und er wird über sie sprengen den Geist der Wahrheit wie Reinigungswasser (zur Reinigung) von allen Greueln der Lüge und dem Sich-Wälzen in unsauberem Geist, um die Rechtschaffenen zu unterweisen in der Erkenntnis des Höchsten und der Wahrheit der Söhne des Himmels und klug zu machen, die vollkommen im Wandel sind.[10]

Diese Stelle lehrt nicht, daß der, der diese besondere Gabe des Heiligen Geistes empfängt, selber andere mit dem Geist taufen wird, wie es Johannes zufolge der Kommende tun wird, doch Johannes' prophetischer Blick geht nicht nur in dieser Beziehung über all das hinaus, was man sich in Qumran vorzustellen vermochte.

Die Johannestaufe war etwas Neues in Israel, wenn sie auch nicht gänzlich ohne Vorläufer war. Das Gesetz schrieb Reinigungen mittels des Reinigungswassers[11] und auf andere Weise vor, und manche from-

---

[9] Vgl. Mt 3, 7—12 // Lk 3, 7—9. 16 f.

[10] 1 QS IV, 20—2; W. H. Brownlee, „The Servant of the Lord in the Qumran Scrolls", *BASOR* 135 (Okt. 1954), S. 33 ff. (besonders S. 36 f.); J. P. Audet, „Affinités littéraires et doctrinales du Manuel de Discipline", *RB* 60 (1953), S. 41 ff. (besonders S. 74); vgl. J. A. T. Robinson, „The Baptism of John and the Qumran Community", *HTR* 50 (1957), S. 175 ff. (besonders S. 188 f.), wieder abgedruckt in: *Twelve New Testament Studies*, London 1962, S. 11 ff. (besonders S. 23 f.). Anstatt „eines Mannes" sollte man indessen in der ersten Zeile des Zitats vielleicht „des Menschen" übersetzen und in Parallele hierzu im darauffolgenden Satzteil anstatt „mehr als die Menschenkinder" „einige aus den Menschenkindern" (d. h. die Präposition *min* nicht komparativisch, sondern partitivisch fassen); in diesem Fall mag die Stelle auf die Erfüllung der Verheißung der Ausgießung des Geistes in Joe 2, 28 weisen.

[11] Siehe S. 62.

men Gemeinschaften intensivierten die Beobachtung derartiger Riten. Die Pharisäer maßen häufigen Waschungen große Bedeutung bei,[12] und einige kleinere und noch radikalere Gruppen bestanden so sehr darauf, daß man sie als „Morgentaucher", „Hemerobaptisten" u. ä. bezeichnete.[13]

Eine weitere Analogie zur Johannestaufe mag man in der Praxis der jüdischen Proselytentaufe erblicken. Ein zum Judentum bekehrter Nichtjude mußte sich beschneiden lassen (wenn er männlichen Geschlechts war), ein besonderes Opfer im Tempel (solange dieser bestand) darbringen und ferner ein rituelles Bad nehmen. Es ist eine umstrittene Frage, wann dieses Bad oder diese Selbsttaufe eingeführt wurde, aber da der Zeitpunkt zwischen der Schule Schammais und der Hillels kontrovers war, muß es vor der Zerstörung Jerusalems und spätestens am Beginn des christlichen Zeitalters gewesen sein.[14] Einige Angehörige der Schule Hillels gingen so weit, die — allerdings kaum ernstgemeinte — Behauptung aufzustellen, ein Nichtjude werde eher durch diese Taufe als durch die Beschneidung Jude.[15]

Insoweit die Proselytentaufe eine Analogie zur Johannestaufe bildet, sagte Johannes im Grunde den gebürtigen, auf ihre Abstammung von Abraham stolzen Juden folgendes: „Euer untadeliger Stammbaum ist vor Gott ohne jede Bedeutung; wenn ihr zu dem neuen Israel des in Kürze anbrechenden Zeitalters gehören wollt, so müßt ihr euch von eurer bisherigen Haltung distanzieren, erkennen, daß ihr in seinen Augen nicht besser als die Heiden seid, und müßt euch deshalb wie sie durch die Taufe in die endzeitliche Gemeinschaft seines Volkes aufnehmen lassen."

Die Taufe des Johannes unterschied sich jedoch von der Proselytentaufe, die ja eine Selbsttaufe war, auch in ihrer eschatologischen Bedeutung. Hesekiels Verheißung lautete, daß der Gott Israels sein Volk beim Anbruch des neuen Zeitalters mit reinem Wasser von all seiner Unreinheit reinigen, ihm ein neues Herz geben und einen neuen Geist in sein Inneres legen werde — seinen eigenen Geist.[16] Wahrscheinlich ist es

---

[12] Mk 7, 3 f.; C. G. Montefiore, *The Synoptic Gospels*, London, ^{2}1927, I, S. 133—144.
[13] Siehe S. 125.
[14] Siehe H. H. Rowley, „Jewish Proselyte Baptism and the Baptism of John", *HUCA* 15 (1940), S. 313 ff., wieder abgedruckt in: *From Moses to Qumran*, London 1963, S. 211 ff.
[15] Vgl. die *baraita* (Überlieferung außerhalb der Mischna von der Generation nach 70 n. Chr.) in bT *Jebamot* 46 a (siehe Rowley, *From Moses to Qumran*, London 1963, S. 211 ff.).
[16] Hes 36, 25 ff.

diese Verheißung, die den Worten im Johannesevangelium (3, 5) über die Neugeburt „aus Wasser und Geist“ zugrunde liegt — Worten, die sich in ihrem ursprünglichen Zusammenhang auch auf die Johannestaufe bezogen haben mögen. Die, die sich Johannes' Ruf zur Buße zu Herzen nahmen und von ihm taufen ließen, würden den gerechten Rest der Endzeit bilden, das „wohlgerüstete Volk“, das Johannes „dem Herrn zu bereiten“ beauftragt war (Lk 1, 17). Dies ist vermutlich der entscheidende Punkt der Angabe des Josephus, Johannes habe seine Hörer aufgefordert, durch die Taufe zusammenzukommen“.[17] Wenn Josephus freilich sagt, die Johannestaufe sei zur Heiligung des Leibes derjenigen gespendet worden, deren Seele schon vorher durch ein gerechtes Leben entsündigt worden sei, so mag er von seiner Kenntnis der Bedeutung der essenischen Waschungen beeinflußt sein: die Qumran-Leute betonten nachdrücklich, keine Waschung würde jemals einen Menschen reinigen, der sein Herz gegen Gott verhärte.[18] In der Tat hätte Johannes bestätigt, daß die von ihm gespendete Taufe niemandem von Nutzen sein werde, der sie ohne aufrichtige Reue empfange, doch steht Markus' Beschreibung der Johannestaufe als einer Taufe „auf Grund der Buße zur Vergebung der Sünden“ (Mk 1, 4) mit sämtlichen Zeugnissen, die uns für die Wirksamkeit des Täufers zu Gebote stehen, in Einklang.

Wer seine Sünden bekannte und zum Zeichen seiner Bußfertigkeit die Johannestaufe empfing, sollte „der Buße gemäße Früchte bringen“ (Lk 3, 8) und ein Leben führen, das Johannes' „Lehre von der Gerechtigkeit“ (Mt 21, 32) entsprach.

Dieser „rechte Weg“ unterschied sich nicht wesentlich von dem, den die früheren Propheten gefordert hatten — Recht üben und die Güte lieben und demütig wandeln vor Gott.[19] Johannes lehrte seine Zuhörer, ihre Speise und Kleidung mit den Bedürftigen zu teilen; er gebot den Steuereinnehmern nicht, ihren Beruf aufzugeben, untersagte ihnen aber, den Steuerpflichtigen einen Zuschlag für ihre eigene Tasche abzuverlangen; er bedeutete den Soldaten nicht, dem Militär Valet zu sagen, sondern forderte sie auf, sich mit ihren Rationen und ihrem Sold zufrieden zu geben und Zivilpersonen nicht gewaltsam oder erpresserisch Geld abzunehmen.[20] (Diese Soldaten waren vermutlich Auxiliartruppen unter dem Kommando des Prokurators von Judäa; die Vertreter der An-

---

[17] Ios. *ant. Iud.* XVIII, 117; der Dativ in *baptismō synienai* bezeichnet vermutlich nicht den Zweck, sondern ist ein Instrumentalis.

[18] 1 QS III, 4—6.

[19] Mi 6, 8.

[20] Lk 3, 12—14.

sicht, es habe sich um Angehörige jüdischer Zelotenscharen gehandelt, denen Johannes als „Feldgeistlicher" beigegeben gewesen sei, lesen etwas in die Texte hinein, was nicht darin steht;[21] außerdem hätte Josephus einen aufständischen „Feldgeistlichen" nicht einen „edlen Mann" genannt!)

Während sich das Volk und zum Teil sogar diejenigen, die als asoziale Elemente galten, von seiner Predigt zutiefst beeindruckt zeigten und in großer Zahl von ihm die Taufe zu empfangen begehrten, vermochte der Täufer die religiösen Führer der Nation, die Schriftgelehrten und vor allem die Pharisäer nicht zu überzeugen.[22] Sie hatten ihre eigenen Vorstellungen vom rechten Weg und weigerten sich, in der Johannestaufe eine Verbesserung ihrer eigenen rituellen Waschungen zu erblicken.

Von Johannes' Hörern gingen die meisten anschließend wieder heim, um die Ankunft des Kommenden zu erwarten. Einige blieben indes bei ihm und wurden seine Jünger.[23] Wir wissen nicht, wie viele es waren, doch bildeten sie eine ansehnliche Gemeinschaft, die sich in dieser Hinsicht mit den Jüngern der großen pharisäischen Lehrer und, später, den Jüngern Jesu wohl vergleichen ließ. Johannes lehrte sie eine Gebetsform,[24] in der sicherlich der eschatologische Ton seiner Predigt anklang, und erlegte ihnen offensichtlich regelmäßige Fastenzeiten auf.[25] Es ist jedoch unwahrscheinlich, daß er von ihnen die gleiche strenge Askese forderte, die er selber übte, trug er doch ein Gewand aus Kamelhaar, mied Brot und Wein und aß nur das, was die Wüste bot — Heuschrecken und wilden Honig.[26] Die Tatsache, daß er Heuschrecken aß, zeigt, daß seine Asketik den Vegetarismus als Lebensprinzip nicht mit einschloß, wenn ihn auch die halb-vegetarisch lebenden Enkratiten im zweiten Jahrhundert zu ihrem Gesinnungsgenossen machten, indem sie die Heuschrecken und den Honig in „Milch und Honig" abänderten (so Tatian im *Diatessaron*).[27]

Für die Verfasser des Neuen Testaments war der Gipfel der Wirksamkeit des Täufers die Taufe Jesu, der sich von seinem Heimatort Nazareth in Galiläa ins Jordantal aufmachte und Johannes bat, ihm die Taufe zu spenden. Dieses Ereignis bezeichnet auch den Beginn der

---

21 Vgl. R. Eisler, *Iesous basileus, ou basileusas*, II, Heidelberg 1930, S. 54 ff.
22 Vgl. Lk 7, 29 f.
23 Vgl. Mk 6, 29; Joh 1, 35; 3, 25 f.
24 Lk 11, 1.
25 Mk 2, 18.
26 Mk 1, 6; Mt 11, 18 // Lk 7, 33.
27 Im *Ebionitenevangelium* (bei Epiphan. *panar.* 30. 13. 4 f.) sind aus den „Heuschrecken" *(akrides)* „Pfannkuchen" *(egkrides)* geworden.

öffentlichen Wirksamkeit Jesu. Einige frühe christliche Autoren konnten sich nicht recht erklären, warum Jesus von Johannes die Taufe zu empfangen begehrte.[28] Wahrscheinlich erblickte Jesus in Johannes einen Propheten und erkannte seine Tauftätigkeit als Gottes Werk an. Man kann noch weitergehen und sagen, daß er wußte, daß mit Johannes' Predigt die Stunde für seine eigene Wirksamkeit herbeigekommen war; folglich verband er sich auf die denkbar öffentlichste und unmißverständlichste Art und Weise mit der Tätigkeit des Johannes, indem er sich von ihm taufen ließ: „so entspricht es dem Auftrag, den Gott mir gab, und seinem Willen" (Mt 3, 15; Übers J. Zink).

Wenn dies Jesu Überzeugung war, dann wurde sie durch das, was ihm beim Verlassen des Flusses widerfuhr, vollauf bestätigt.[29] Ebensowenig haben wir Anlaß, zu bezweifeln, daß Johannes seinerseits von Stund an Jesus als den Kommenden ansah, von dem er gesprochen hatte. Die Botschaft, die er später Jesus aus dem Gefängnis sandte: „Bist du es, der da kommen soll, oder sollen wir auf einen andern warten?" (Mt 11, 3 / Lk 7, 20) legt keineswegs nahe, daß er Jesus zuvor nicht als den Kommenden betrachtet hatte. Sie läßt eher darauf schließen, daß er, nachdem er ihn als den Kommenden angesehen hatte, nunmehr Zweifel zu hegen begann, da die Berichte, die er über Jesu Tätigkeit in Galiläa empfangen hatte, nur wenig Ähnlichkeit mit seiner Schilderung des Gerichts hatten, das der Kommende halten würde.

Johannes setzte nach der Taufe Jesu seine Tätigkeit nicht nur im Jordantal, sondern auch in anderen Landesteilen fort. Der vierte Evangelist überliefert uns einen kurzen, aber wertvollen Bericht über eine Phase seiner Tauftätigkeit „in Aenon nahe bei Salim", womit aller Wahrscheinlichkeit nach das östlich von Sichem gelegene Wadi Far'ah gemeint ist, denn es war dort Johannes zufolge „viel Wasser" (Joh 3, 23).[30] Das heißt, daß er in der Gegend von Samaria predigte und taufte. Selbst wenn die Samaritaner vom Standpunkt des gesetzesstrengen Judentums

---

[28] Vgl. Mt 3, 14 f. Im *Nazaräerevangelium* (nach Hier. *adv. Pelag.* III, 2) „sagten die Mutter des Herrn und seine Brüder zu ihm: ‚Johannes der Täufer tauft zur Vergebung der Sünden; laßt uns hingehen und uns von ihm taufen lassen.' Er aber sprach zu ihnen: ‚Was habe ich gesündigt, daß ich hingehe und mich von ihm taufen lasse? Es sei denn das, was ich gesagt habe, Unwissenheit (Unwissenheitssünde)'".

[29] Siehe S. 172 f.

[30] Vgl. W. F. Albright, „Recent Discoveries in Palestine and the Gospel of St. John", in: W. D. Davies und D. Daube (Hrsg), *The Background of the New Testament and its Eschatology*, Cambridge 1954, S. 153 ff.; *The Archaeology of Palestine*, Harmondsworth 1960, S. 247 f.

rituell unrein waren, muß dies nicht besagen, daß die jüdischen Nonkonformisten die gleiche Haltung ihnen gegenüber einnahmen, und in der Tat beweisen neueste Entdeckungen und Forschungen ein beachtliches Maß an Ähnlichkeit zwischen bestimmten Aspekten der samaritanischen Lehre und des jüdischen Nonkonformismus.[31]

Während Johannes dort wirkte, blieb Jesus in Judäa und übte kurze Zeit eine eigene Tauftätigkeit aus. Einige junge Männer, die früher Jünger des Johannes gewesen waren, hatten sich inzwischen Jesus angeschlossen, und zwischen ihnen und ihren früheren Gefährten, die sich nach wie vor als Johannesjünger betrachteten, kam es naturgemäß zu Spannungen. Als Jesus erfuhr, daß einige Pharisäer diese Spannungen dazu benutzten, einen Keil zwischen ihn und Johannes zu treiben, zog er sich in den Norden des Landes zurück.[32]

Johannes' Tätigkeit in Samaria war vermutlich nur von kurzer Dauer, legte indes den Grund für weitere bedeutsame Entwicklungen in diesem Gebiet während der nächsten Jahrzehnte, auf die sich in den kurzen Berichten über die Wirksamkeit Jesu (Joh 4, 30 ff.) und des Philippus (Apg 8, 5 ff.) in Samaria Hinweise finden.[33]

Nach Galiläa scheint Johannes nicht gelangt zu sein, und doch fand er durch die Hand des Herodes Antipas, des Tetrarchen von Galiläa, den Tod. Antipas' Tetrarchie umfaßte neben Galiläa auch Peräa, und Johannes' Tätigkeit im Jordantal vollzog sich nicht nur am Westufer des Flusses, sondern auch am peräischen Ufer (Joh 1, 28). Johannes kehrte aller Wahrscheinlichkeit nach von Aenon nach Peräa zurück und wurde dort auf Befehl des Tetrarchen in Haft genommen. Josephus gibt an, Antipas habe befürchtet, daß Johannes' Fähigkeit, Menschenmengen um sich zu versammeln, einen Aufruhr hervorrufen würde; die Synoptiker sind etwas genauer und fügen hinzu, Johannes habe den Antipas wegen seiner Ehe mit seiner Schwägerin Herodias zurechtgewiesen.[34] Das Gesetz (3 Mo 18, 16 und 20, 21) untersagte einem Mann die Ehe mit der Frau seines Bruders. Es galt auch, wenn der Bruder nicht mehr lebte; mehrere Jahre zuvor hatte die Ehe des älteren Bruders des Antipas, Archelaus, mit Glaphyra, der Witwe des unglückseligen Alexander, des Sohnes Herodes' des Großen und der Mariamne, schweres Ärgernis erregt.

---

[31] Vgl. M. Black, *The Scrolls and Christian Origins*, London 1961, S. 54 ff.
[32] Joh 1, 35 ff.; 3, 25 f.; 4, 1 ff.
[33] Vgl. J. A. T. Robinson, „The ‚Others' of John 4, 38", in: *Twelve New Testament Studies*, S. 61 ff.; einen anderen Standpunkt vertritt O. Cullmann, „Samaria and the Origins of the Christian Mission", in: *The Early Church*, London 1956, S. 185 ff.
[34] Mk 6, 18; Lk 3, 19.

(Das Leviratsgesetz 5 Mo 25, 5—10 bezog sich nur auf den Fall, daß der verstorbene Bruder kinderlos geblieben war.) Eine noch krassere Gesetzesverletzung lag vor, wenn der Bruder, mit dem die Frau zuvor verheiratet gewesen war, noch lebte.[35]

Die Mißbilligung ihrer Ehe durch Johannes berührte nicht nur das Privatleben von Antipas und Herodias, sondern hatte auch, wie wir schon sahen, einen politischen Aspekt.[36] Ein Prophet, der einen Herrscher wegen einer flagranten Gesetzesverletzung öffentlich tadelte, konnte ihm damit seine Untertanen abspenstig machen. Johannes auf freiem Fuß zu lassen, war riskant, folglich ordnete Antipas seine Verhaftung und Einkerkerung in der peräischen Festung Machaerus an. Ein noch schärferes Vorgehen schien dem Tetrarchen untunlich, und Johannes konnte über seine Jünger eine Zeitlang mit der Außenwelt in Verbindung treten; so sandte er zwei von ihnen aus, die Jesus befragen und ihm über Jesu Wirksamkeit in Galiläa berichten sollten. Laut Markus war es Herodias, die Johannes' Hinrichtung betrieb und ihren widerstrebenden Gatten, der „den Johannes fürchtete" und „ihn gern hörte", obwohl er, „wenn er ihn hörte, in schwere Ratlosigkeit kam" (Mk 6, 20), schließlich umzustimmen vermochte.

Johannes' Hörerschaft behielt ihn noch viele Jahre im Gedächtnis; ein Vierteljahrhundert nach seinem Tode hören wir von einer Gruppe im fernen Ephesus, die die Johannestaufe empfangen zu haben behauptete.[37] Man hat gefolgert, daß noch später eine „johannitische" Gruppe in der gleichen Gegend gelebt habe, gegen die der vierte Evangelist polemisierte, doch stehen uns keine weiteren Zeugnisse für ihr Vorhandensein zu Gebote. Die Johannesjünger blieben wahrscheinlich noch eine oder zwei Generationen lang als eine ihrer selbst bewußte Gemeinschaft zusammen, abgesehen von jenen, die in Jesus den Kommenden erkannten, von dem Johannes sprach, und folglich Jesu Jünger wurden. Die Herstellung einer Verbindung zwischen den Johannesjüngern und verschiedenen schismatischen jüdischen Gruppen, über die christliche Autoren wie Justin, Hegesipp, Hippolyt und Epiphanius einiges berichten, erweist sich als schwierig. Noch problematischer ist die historische Verbindung zwischen den Anhängern des Täufers und der gnostischen

---

[35] Herodias' erster Mann lebte noch (Ios. *ant. Iud.* XVIII, 136).

[36] Siehe S. 33.

[37] Apg 19, 1—7; sie werden indessen nicht Johannesjünger genannt. Wenn Lukas sie als „einige Jünger" einführt, dann soll das, entsprechend dem bei ihm üblichen absoluten Gebrauch des Wortes „Jünger", heißen, daß sie Jünger Jesu waren (vgl. A. Ehrhardt, *The Framework of the New Testament Stories*, Manchester 1964, S. 159).

Taufsekte der Mandäer, die noch heute im Irak existiert. Die Mandäer bringen Johannes hohe Verehrung entgegen, doch sind die in ihrem Schrifttum über ihn verzeichneten Nachrichten augenscheinlich sämtlich den Evangelien entnommen, insbesondere Lukas; offenbar wurden sie ihnen durch irgendwelche vom Marcionismus und Manichäismus beeinflußten syrischsprachigen Christen vermittelt.[38]

In Jesu Augen bezeichnete Johannes' Wirksamkeit das Ende des Zeitalters des Gesetzes und der Propheten; ihm folgte das neue Zeitalter des Reiches Gottes, an dessen Schwelle Johannes als der letzte und größte in der langen Reihe jener stand, die seine Heraufkunft voraussahen und voraussagten (Lk 16, 16). Und Jesus soll hier das letzte Wort über Johannes sprechen: „Was zu schauen seid ihr in die Wüste hinausgegangen? Ein Rohr, das vom Wind bewegt wird? Oder was zu sehen seid ihr hinausgegangen? Einen Menschen, der mit weichen Kleidern angetan ist? ... Oder was zu sehen seid ihr hinausgegangen? Einen Propheten? Ja, ich sage euch: Sogar mehr als einen Propheten ... Ich sage euch: Unter denen, die von Frauen geboren sind, ist kein größerer Prophet als Johannes. Doch der Kleinste im Reiche Gottes ist größer als er" (Lk 7, 24—28).[39]

---

[38] Vgl. F. C. Burkitt, „The Mandaeans", *JTS* 29 (1928), S. 228 ff.; *Church and Gnosis*, Cambridge 1932, S. 100 ff.; C. Colpe, „Mandäer", *RGG*³, IV, Tübingen 1961, 709—12.

[39] Siehe die ausgezeichneten Ausführungen von T. W. Manson über die Bedeutung Johannes des Täufers in: *The Servant Messiah*, Cambridge 1953, S. 47; ferner seinen Aufsatz „John the Baptist", *BJRL* 36 (1953—4), S. 395 ff.

DREIZEHNTES KAPITEL

Jesus und das Reich Gottes

1.

Außer den Schriften des Neuen Testaments und späteren, die darauf aufbauen, stehen uns nur wenig — und zudem umstrittene — Quellen über Jesu Leben und Lehre zu Gebote. Was das römische Reichsganze anbelangt, braucht uns diese Tatsache keineswegs zu überraschen. Eine Episode aus unseren Tagen mag dies veranschaulichen.

In der Zeit, als sich die britische Herrschaft über Indien ihrem Ende näherte, machte in Wasiristan in der Nordwest-Grenzprovinz ein gewisser Haji Mirza Ali Khan, Fakir von Ipi, der sich den Titel eines „Vorkämpfers des Islam" beigelegt hatte, als Unruhestifter von sich reden. In Meldungen der britischen und indischen Presse war hin und wieder von ihm die Rede, wenn er die *pax Britannica* in jener Gegend erneut zu stören versucht hatte. Danach hörte man jahrelang nichts mehr von ihm, bis schließlich im April 1960 sein Ableben mitgeteilt wurde.[1] Es ist nicht anzunehmen, daß ihm künftige Historiker unseres Jahrhunderts besondere Bedeutung beimessen werden.

Der Fakir von Ipi war ein heiliger Mann, und seine Anhänger hielten ihn zweifellos für eine außerordentlich bedeutungsvolle Persönlichkeit. Hätten sie ihn zum Mittelpunkt eines Kults gemacht, diesen zu propagieren begonnen und damit einen unerwartet großen Erfolg gehabt, wären daraufhin in Karatschi und Neu Delhi Unruhen ausgebrochen, die Kunde von ihrer Wirksamkeit nach England gedrungen, die dort ansässigen Inder und Pakistaner in Bewegung geraten — so würde jedermann den Namen des Fakirs von Ipi kennen und kein Historiker ihn übergehen. Ein solcher Vorgang würde freilich einige Zeit beanspruchen.

Gleichermaßen bedeutete im Jahre 30 n. Chr. der Name und die Tätigkeit Jesu von Nazareth den im Herzen des Römerreiches lebenden Menschen zweifellos nicht mehr als der Fakir von Ipi den Engländern des zwanzigsten Jahrhunderts. Ein religiöser Führer, der sich als König ausgab und eine Gefolgschaft um sich sammelte, und den man daraufhin aus dem Wege zu räumen beschloß, war im Palästina jener Tage nichts

---

[1] Siehe *Illustrated London News* vom 30. April 1960.

Außergewöhnliches. Doch als seine Anhänger behaupteten, er sei von den Toten auferweckt worden, und ihn als den Erlöser verkündigten, auf den die Welt warte, als ihre Mission erstaunliche Erfolge aufzuweisen hatte, nicht nur nach Antiochien und Alexandrien, sondern in die Hauptstadt Rom selber vordrang und dort Unruhen hervorrief, da wurde der Name Christi (wie die Heiden ihn nannten)[2] und seiner Anhänger, der Christen, im Herzen des Römerreichs zu einem Begriff. Dieser Prozeß brauchte freilich seine Zeit. Und die römische Geschichtsschreibung erwähnt Christus und die Christen zwar schließlich, doch treten die Berichte in der römischen „Literatur" erstmals in jener Sparte in Erscheinung, die man heute als „Polizeibericht" bezeichnen würde.

Das Eindringen des Christentums in die stadtrömische Judenschaft scheint diese um das Jahr 49 n. Chr. in Aufruhr versetzt zu haben, als dessen Anstifter Sueton um 120 n. Chr. den „Chrestus" bezeichnet.[3] Die Bedeutung seiner Angabe soll in einem späteren Kapitel eingehend erörtert werden; wahrscheinlich entnahm er sie römischen „Polizeiakten".[4]

Suetons Zeitgenosse Tacitus erwähnt in seinen zwischen 115 und 117 n. Chr. verfaßten *Annalen* den Brand Roms im Jahre 64 n. Chr. und Neros Versuch, ihn den Christen zur Last zu legen. Er erklärt dann seinen Lesern den Ursprung ihres Namens: „Der Stifter dieser Sekte, Christus, ist unter der Regierung des Tiberius durch den Prokurator Pontius Pilatus hingerichtet worden. Der unheilvolle Aberglaube wurde dadurch für den Augenblick unterdrückt, trat aber später wieder hervor und verbreitete sich nicht bloß in Judäa, wo er entstanden war, sondern auch in Rom, wo alle furchtbaren und verabscheuungswürdigen religiösen Gebräuche, die es in der Welt gibt, sich zusammenfinden und geübt werden."[5]

Wenn Polizeiberichte hinreichend bedeutungsvoll werden, dann beginnt sich die Geschichtsschreibung für sie zu interessieren, wie diese Tacitusstelle zeigt. Nicht nur war das Vorgehen der neronischen Polizei gegen die Christen Roms der Erwähnung wert (vor allem angesichts der Ausmaße, die das Christentum zur Zeit Trajans angenommen hatte,[6] unter dessen Regierung Tacitus seine Annalen verfaßte), sondern auch die vor

[2] Gr. *christos*, die Entsprechung zu hebr. *maschiach*, wurde ursprünglich als Titel („der Gesalbte") auf Jesus angewandt, dann aber bald als sein Name gebraucht.

[3] Suet. *Claud.* 25.

[4] Siehe Teil II, Kap. 8/2.

[5] Tac. *ann.* XV, 44.

[6] Kaiser von 98 bis 117 n. Chr.

mehr als dreißig Jahren unter der Statthalterschaft des Pilatus in Judäa durchgeführte Polizeiaktion erlangte nunmehr eine Bedeutung, wie sie im Jahre 30 n. Chr. kein Römer hätte voraussehen können. Der verachtungsvolle und feindselige Ton, in dem Tacitus von den Christen spricht, legt die Vermutung nahe, daß er seine präzisen Angaben über Christi Hinrichtung nicht von Christen erhielt; wenn damals noch ein Bericht über die Angelegenheit in den staatlichen Archiven vorhanden war, so hatte ein Mann seiner Stellung zweifellos die Möglichkeit, ihn einzusehen.

Ein anderer Zeitgenosse Suetons und des Tacitus, der jüngere Plinius, liefert eine Art eigenen „Polizeiakt" in dem Bericht über die Ausbreitung des Christentums in seiner Provinz, den er um das Jahr 112 n. Chr. als Kaiserlicher Legat von Bithynien an den Kaiser Trajan sandte.[7] Er gibt darin die Aussagen einiger Christen, die sich gewissermaßen als Kronzeugen zur Verfügung gestellt hatten, über die sonntäglichen Zusammenkünfte der Christgläubigen wieder — an und für sich Harmlosigkeiten, wenn sie auch nach Plinius' Ansicht einen erschreckenden Aberglauben offenbarten, darunter das Singen eines Wechselgesangs an „Christus als ihren Gott" (oder „an Christus wie an einen Gott"). Dies sind die frühesten Erwähnungen Christi im heidnischen Schrifttum.[8]

Die Bezugnahmen auf ihn in den jüdischen Überlieferungen der Tannaiten-Zeit (etwa 70—200 n. Chr.) ergeben folgendes Bild: Jesus von Nazareth trat in Israel als Rechtsbrecher auf, trieb Zauberei, spottete über die Worte der Weisen, verführte das Volk und leitete es in die Irre und sagte, er sei nicht gekommen, um von der Thora etwas wegzunehmen oder ihr etwas hinzuzufügen (oder, nach einer anderen Lesart, um von der Thora etwas wegzunehmen, sondern um ihr etwas hinzuzufügen). Am Rüsttag zum Passahfest wurde er als Häretiker und Volksverführer gehängt. Seine Jünger (von denen fünf namentlich genannt werden: Mattai, Naqai, Neser, Buni und Todah) sollen in seinem Namen Kranke geheilt haben. Dieser Bericht entspricht in etwa dem, was man von den Erben der theologischen Widersacher Jesu, wie die Evangelien sie uns schildern, erwarten würde.[9]

---

[7] Plin. *epist.* X, 96. Siehe Teil II, Kap. 15/2.

[8] Problematischer sind die Hinweise auf Jesus in der verlorengegangenen Geschichte des Thallus (etwa 52 n. Chr.), die Julius Africanus zitiert (F. Jacoby, *Die Fragmente der griechischen Historiker*, II B, Berlin 1929, § 256), und in dem (in einer syrischen Handschrift des Britischen Museums [Additional 14, 658] aus dem siebten Jahrhundert bewahrten) Brief, den Mara bar Serapion nach 73 n. Chr. an seinen Sohn schrieb.

[9] Die rabbinischen Stellen über Jesus finden sich bei J. Klausner, *Jesus von*

Zwei frühere jüdische Bezugnahmen auf ihn finden sich in der handschriftlichen Überlieferung der *Jüdischen Altertümer* des Josephus (etwa 93 n. Chr. verfaßt). Eine von ihnen bezeichnet Jakobus von Jerusalem (den „Jakobus den Gerechten“ späterer christlicher Autoren) als den „Bruder Jesu, des sogenannten Christus“,[10] die andere, ein Absatz über Jesus selbst, wurde offenbar schon frühzeitig im Verlauf der Überlieferung mit Rücksicht auf Josephus' christliche Leser durch Einschiebungen abgeändert.[11] Man kann sie daher nicht ohne weiteres als Beleg heranziehen, doch mag sie im Lichte ihres Kontextes, wo verschiedene jüdische Wirren unter dem Prinzipat des Tiberius geschildert werden, ursprünglich etwa folgendermaßen gelautet haben:

> Etwa um diese Zeit erstand eine Quelle weiterer Unruhen[12] in einem gewissen Jesus; er war ein weiser Mann[13] und ein Wundertäter, ein Lehrer aller jener Menschen, die für ungewöhnliche Dinge aufgeschlossen sind.[14] So zog er viele Juden und auch viele Heiden an sich. Dieser Mann war der sogenannte Christus[15]. Als Pilatus ihn aufgrund von Mitteilungen, die er von den Vornehmsten unseres Volkes erhalten hatte, zum Kreuzestode verurteilte, wurden doch diejenigen, die ihn von Anfang an geliebt hatten, ihm nicht untreu.[16] Und noch bis auf den heutigen Tag besteht der Stamm der Christen, wie sie sich nach ihm nannten, fort.[17]

Nazareth, Jerusalem 1952, S. 17—57, zusammengestellt; vgl. T. W. Manson, *Studies in the Gospels and Epistles*, Manchester 1962, S. 16 ff. Die wichtigste Einzelstelle in der rabbinischen Literatur, die auf Jesus Bezug nimmt, ist bT *Sanhedrin* 43 a, wo eine *baraita* berichtet, wie man „Jesus am Vorabend des Passahfestes hängte", nachdem vierzig Tage lang vergeblich durch einen Ausrufer die Aufforderung ergangen war, wer zu seiner Verteidigung etwas zu sagen habe, möge sich melden.

10 *ant. Iud.* XX, 200.

11 *ant. Iud.* XVIII, 63 f. Siehe J. Klausner, *Jesus von Nazareth*, S. 68 ff.

12 „Eine Quelle weiterer Unruhen" ist eine in den Zusammenhang passende Ergänzung von R. Eisler, *Iesous basileus, ou basileusas*, I, Heidelberg 1929, S. 48 ff.

13 Der überlieferte Text fügt hinzu: „wenn man ihn überhaupt einen Menschen nennen darf".

14 Im überlieferten Text steht: „mit Freuden bereit sind, die Wahrheit zu empfangen" (TALETHE, hier zu TAAETHE emendiert).

15 Der überlieferte Text lautet: „Dieser Mann war der Christus." Die Wendung „der sogenannte Christus" erscheint in der Bezugnahme auf Jakobus in *ant. Iud.* XX, 200 und wird hier durch Hieronymus' Lesung *„credebatur esse Christus"* (*vir. ill.* 13) gestützt. Nach Origenes (*c. Cels.* I, 47) glaubte Josephus nicht an Jesus als den Christus — nicht daß wir Origenes' Zeugnis zu diesem Punkt brauchten.

16 Der überlieferte Text fügt hinzu: „Denn er erschien ihnen am dritten Tage wieder, lebend, wie gottgesandte Propheten dies und tausend andere wunderbare Dinge von ihm vorher verkündet hatten."

17 Die zusätzlichen Erwähnungen Jesu in der altrussischen Fassung von Josephus' *Jüdischem Krieg* (siehe S. 158, Anm. 4) sind interessante christliche Überlieferungen, können aber keinen Anspruch auf Authentizität erheben. Zwei

Christliche Nachrichten über Jesus, die über das hinausgehen, was die neutestamentlichen Schriften überliefern, stehen uns, von einigen ihm zugeschriebenen Aussprüchen abgesehen, nicht zu Gebote. Die bekannteste Sammlung solcher Jesusworte stammt aus dem zweiten Jahrhundert und ist in einer im vierten Jahrhundert verfaßten koptischen Übersetzung aus dem Griechischen, dem *Thomasevangelium,* auf uns gekommen, das um 1945 zusammen mit vielen anderen, zumeist gnostischen Urkunden in der Nähe des antiken Chenoboskion in Oberägypten entdeckt wurde. Einige von diesen, die in den Schriften des Neuen Testaments keine Parallelen haben, sind möglicherweise echt, doch stellt die Frage ihrer Authentizität die Forschung vor eine schwierige Aufgabe, da sie zumeist ohne Zusammenhang überliefert sind.[18]

2.

Die neutestamentlichen Schriften bleiben somit unsere Primärquellen, und wir können uns glücklich schätzen, daß uns ein derart gründlich geprüftes und analysiertes Quellenmaterial zu Gebote steht.[19]

Jesu erstes öffentliches Auftreten erfolgte bei seiner Taufe durch

---

dieser Zusätze seien erwähnt. Der eine, zu *bel. Iud.* II, 174, ist eine Erweiterung der Passage in *ant. Iud.* XVIII, 63 f. Er enthält eine Zusammenfassung des Prozesses und der Hinrichtung Jesu, derzufolge Pilatus (der Jesus dankbar war, weil er seine Frau geheilt hatte) sich weigert, ihn zu verurteilen, den „Gesetzeslehrern" aber freie Hand läßt, mit ihm nach Gutdünken zu verfahren; diese lassen ihn daraufhin kreuzigen. Diese Entlastung des Pilatus auf Kosten der jüdischen Führer ist für das christliche Schrifttum charakteristisch. Im Verlauf von Josephus' Tempelbeschreibung ist in *bel. Iud.* V, 195 ein weiterer Hinweis auf Jesus eingeschaltet; nach dem Bericht über die im Tempel angeschlagenen Warnungen an alle Heiden, nicht in das Innere vorzudringen, heißt es, daß „über diesen eine vierte Inschrift in denselben [griechischen, lateinischen und hebräischen] Buchstaben hing, welche lautete: ‚Jesus, ein König, der nie regierte, wurde von den Juden ans Kreuz geschlagen, weil er die Zerstörung der Stadt und die Verwüstung des Tempels vorhersagte'". Auch hier kann die Angabe, daß Jesus „von den Juden ans Kreuz geschlagen wurde", nicht dem Josephus zugeschrieben werden. Der Wortlaut der Inschrift in ihrer griechischen Form, IESOUS BASILEUS OU BASILEUSAS („Jesus, ein König, der nie regierte"), lieferte R. Eisler den Titel für sein *magnum opus* (Heidelberg 1929—30), in dem er diese altrussischen Zusätze, angemessen emendiert, als Quellenmaterial für seine Rekonstruktion der Ursprünge des Christentums benutzt; vgl. die Kritik von J. W. Jack, *The Historic Christ,* London 1933.

[18] Siehe A. Guillaumont u. a. (Hrsg.), *Evangelium nach Thomas,* Leiden 1959; R. McL. Wilson (Hrsg.), *New Testament Apocrypha* I, London 1963, S. 511 ff.

[19] Die neutestamentlichen Schriften wurden natürlich nicht als Quellenmaterial für Historiker geschrieben und sind, abgesehen vom Lukasevangelium

Johannes im Jordan; diese wird gewöhnlich, und mit Recht, als das den Beginn seiner Wirksamkeit kennzeichnende Ereignis angesehen. Sobald er aus dem Wasser stieg, sah er, nach dem Bericht des Markus, „die Himmel sich öffnen und den Geist wie eine Taube auf sich herabschweben. Und eine Stimme erscholl aus den Himmeln: ‚Du bist mein geliebter Sohn, an dir habe ich Wohlgefallen gefunden'" (Mk 1, 10 f.). Der zerrissene Himmel weist auf eine göttliche Offenbarung wie in Jes 64, 1: „O daß du den Himmel zerrissest und führest herab . . .!" Das Herabschweben der Taube deutet auf eine besondere Begabung mit dem Geiste Gottes für ein spezielles Amt wie das des „Reises aus dem Stumpf Isais" in Jes 11, 1 ff. („Auf ihm wird ruhen der Geist des Herrn") oder des in Jes 42, 1 ff. vorgestellten Gottesknechts, von dem Jahwe sagt: „Ich habe meinen Geist auf ihn gelegt." Das Vorstellen seines Gottesknechts durch Jahwe in der letzteren Stelle scheint hinter den Worten der himmlischen Stimme bei Jesu Taufe zu stehen, die wahrscheinlich als ein *bat qol,* ein „Echo" der göttlichen Äußerung vom Himmel zu verstehen ist.[20] Wenn der Zuruf „Mein Sohn bist du", mit dem der Gesalbte des Herrn in Psalm 2, 7 angesprochen wird, Jesus als den davidischen Messias bezeichnet, so erinnern die folgenden Worte an Jes 42, 1, „mein Erwählter, an dem meine Seele Wohlgefallen hat", und bekunden, daß Jesus seine messianische Aufgabe im Sinne des Weges des Knechtes erfüllen soll.[21]

Nach seiner Taufe zog Jesus sich für vierzig Tage in die Einsamkeit der Wüste von Judäa zurück, wo ihm die in der Erzählung von seiner Versuchung so lebendig beschriebenen Erlebnisse widerfuhren.[22] Bestärkt in dem bei seiner Taufe gefaßten Entschluß, verließ er sein Wüsten-

---

und der Apostelgeschichte, nicht im Stil der Geschichtsschreibung abgefaßt; dies hindert den Historiker indessen nicht daran, sie als Quellenmaterial zu benutzen, und er läßt sich auch nicht von Theologen einschüchtern, die ihm einzureden versuchen, seine Aufgabe sei unausführbar und illegitim. Siehe F. F. Bruce, „History and the Gospel" in: C. F. H. Henry (Hrsg.), *Jesus of Nazareth: Saviour and Lord,* London 1966, S. 87 ff.

[20] Die *bat qol,* „Tochter der Stimme", ist die Bezeichnung, die die Rabbinen einer Äußerung vom Himmel gaben, durch die Gott seinen Willen kundtat, nachdem die Prophetien aufgehört hatten.

[21] Mit der Annahme, daß sie eine Verbindung zwischen den beiden mit „Siehe da, mein Knecht" beginnenden Passagen (Jes 42, 1; 52, 13) feststellten, macht man sich noch nicht des Anachronismus schuldig, Menschen des ersten Jahrhunderts die Erkennung der von B. Duhm ausgeschiedenen vier Gottesknechtlieder zuzuschreiben.

[22] Es wird gemeinhin angenommen, daß die ausführlichen Berichte über Jesu Versuchung in Mt 4, 1—11 und Lk 4, 1—13 aus der Spruchquelle Q hergeleitet sind.

refugium. Es galt, die Aufgabe, zu der er sich berufen wußte, im Geiste vollkommenen Gottvertrauens zu erfüllen. Er würde sie nicht als Mittel zu seinem persönlichen Vorteil benutzen; er würde nicht auf ihrer Bestätigung durch irgendein aufsehenerregendes Zeichen beharren; er würde sie nicht mit den Methoden der militärischen Eroberung oder der politischen Gewalt erfüllen, wie es das Volk von dem Messias, auf den es hoffte, erwartete.

Daran schloß sich eine gemeinsame Tätigkeit mit Johannes an, und als Johannes vom Jordantal in die Nähe von Sichem zog, blieben Jesus und seine Jünger, wie wir sahen, eine Weile im Jordantal. Doch als sich voraussehen ließ, daß sich die Pharisäer die Spannungen, die zwischen seinen Jüngern und denen des Johannes entstanden, zu Johannes' und seinem Schaden zunutze machen würden, verließ Jesus Judäa.[23] An die Wirksamkeit des Johannes in der Gegend von Sichem schloß sich ein kurzer, aber fruchtbringender Aufenthalt Jesu in demselben Gebiet an. Man hat den ursprünglichen „Sitz im Leben" der Worte, die er damals an seine Jünger richtete: „andre haben gearbeitet, und ihr seid in ihre Arbeit eingetreten" (Joh 4, 38), gemeinhin in das frühapostolische Zeitalter, in die Evangelisation von Samarien durch Philippus (Apg 8, 5 ff.), verlegt — unnötigerweise, wie uns scheinen will.[24] Wie Johannes' Wirksamkeit in Aenon steht Jesu Tätigkeit in jener Gegend am Beginn der unzureichend dokumentierten Geschichte christlicher und para-christlicher Bewegungen in Samarien.

3.

Die Hauptphase von Jesu Wirksamkeit begann jedoch in Galiläa nach der Inhaftierung und Einkerkerung Johannes' des Täufers.[25] Es ist bemerkenswert, daß er auf die Nachricht über Johannes hin sogleich nach Galiläa zog; hatte Johannes sich nämlich durch seine Tätigkeit in Peräa die Feindschaft des Antipas zugezogen, so wählte Jesus den anderen, wichtigeren Teil der Tetrarchie des Antipas, um Johannes' Werk fortzuführen. Über die Frage, warum er Galiläa statt Judäa wählte, kann man lediglich Mutmaßungen anstellen. Galiläa war die Gegend, in der er seit seiner Kindheit gelebt hatte, und er kam vielleicht zu dem Schluß,

[23] Joh 3, 22—4, 3 (siehe S. 164).
[24] Siehe S. 165 mit Anm. 33.
[25] Vgl. Mk 1, 14 f.

in Galiläa könne er sein Werk auf ein festeres Fundament stellen als in Judäa; auch mag er daran gedacht haben, daß in Jes 9, 1 das „Galiläa der Heiden" das göttliche Licht empfängt, und daran hat der erste Evangelist ja sicherlich gedacht (Mt 4, 12—16).

Das Reich Gottes bildete in den ersten Monaten der Wirksamkeit Jesu in Galiläa den Leitgedanken seiner Verkündigung. „Die Zeit ist erfüllt", verkündete er, „und das Reich Gottes ist genaht;[26] tut Buße und glaubt an das Evangelium" (Mk 1, 15). Für Hörer, die über einige Kenntnis der alttestamentlichen Schriften verfügten, konnten diese Worte nur einen Sinn haben: die Zeit war gekommen, wie es im Buch Daniel vorhergesagt war, da der Gott des Himmels auf den Trümmern der aufeinanderfolgenden heidnischen Weltreiche ein Reich errichten würde, das niemals von einem anderen zerstört oder verdrängt werden, sondern ewig dauern würde (vgl. Dan 2, 44; 7, 14. 18. 27). Mit Daniels eigenen Worten, die in Jesu Verkündigung vielleicht absichtlich anklingen sollen: „Die Zeit war da, und die Heiligen nahmen das Reich in Besitz" (Dan 7, 22).

Was war das für ein Reich, das Jesus verkündete? In seiner Lehre ist nicht ein einziges Mal von der Wiederherstellung des Reiches Davids die Rede, obschon dieser Gedanke bei vielen seiner Zeitgenossen, darunter seinen eigenen Jüngern, durchaus lebendig geblieben war. Das Wesen des Reiches Gottes, wie er es auffaßte und verkündete, läßt sich am besten aus der Eigenart seiner Wirksamkeit und dem Schwerpunkt seiner Lehre ableiten.

In Jesu Lehre vom Reich Gottes ist nichts entscheidender als seine Lehre von dem Gott, dem das Reich gehört. Aus allen unseren Zeugnissen wird deutlich, daß Jesus der einzige war, der auf Gott die Bezeichnung *'abba* anwandte — nicht die liturgische Form *'abinu* („Vater unser"), mit der Gott in bestimmten Synagogengebeten angeredet wurde, noch auch das persönlichere *'abi* („mein Vater"), sondern das häusliche Wort, mit dem ein Vater im vertrauten Familienkreis angeredet wurde.

---

[26] Gr. *ēggiken,* was nach Auffassung von C. H. Dodd im Licht von *ephthasen* in Mt 12, 28 // Lk 11, 20 (vgl. auch Mk 9,1, *elēlythyian)* bedeutet, daß das Reich Gottes „herbeigekommen ist" (*Parables of the Kingdom,* London 1935, S. 44 ff.; „The kingdom of God has come", *ExT* 48 [1936—7], S. 138 ff.). Die Frage der „verwirklichten Eschatologie" hängt indessen nicht lediglich von der Übersetzung einzelner Worte, sondern von der Gesamtinterpretation des Evangelienberichts ab. Der allgemeine Standpunkt des Markus und der anderen Evangelisten scheint zu sein, daß das Reich Gottes während der Wirksamkeit Jesu eingeleitet wurde, aber erst mit seinem Tod und seiner Auferstehung wirklich gekommen war.

Er redete Gott als *'abba*[27] an und sprach von ihm anscheinend in der dritten Person als *'abba,* womit er das ihm eigene Gefühl liebender Nähe zu Gott und sein unbedingtes Vertrauen zu ihm ausdrückte; doch er forderte darüber hinaus auch seine Jünger auf, in gleicher Weise Gott *'abba* zu nennen und ihn mit der gleichen vertrauensvollen Hoffnung anzublicken, wie sie Kinder zeigen, die von ihren Vätern erwarten, daß sie sie mit Nahrung und Kleidung versorgen. Diese Haltung wird insbesondere im Vaterunser eingeschärft (das eine kurze Zusammenfassung der Lehre Jesu darstellt),[28] wo er seine Jünger fast im gleichen Atemzug lehrt, für die Verwirklichung von Gottes ewigen Absichten mit der Welt (dem Kommen seines Reiches) zu beten und ihn um ihr tägliches Brot, um die Vergebung ihrer Sünden und Erlösung in der Stunde der Versuchung zu bitten. *'Abba* — ursprünglich eine aramäische Form, die im nachbiblischen Hebräischen aber auch als Kosewort für „Vater" weit verbreitet war — war in der Anwendung auf Gott ein für Jesus und seine Jünger so charakteristischer Ausdruck, daß er unverändert in den Wortschatz des Heidenchristentums überging; so sagt Paulus zum Beispiel, wenn Christen (in dem vorliegenden Kontext Heidenchristen) Gott *'abba* nennten, zeige das, daß sie den Geist Jesu empfangen hätten, den Geist, der sie wiederum zu Söhnen Gottes mache (Gal 4, 6; Rö 8, 15 f.). „Hier sehen wir, wer der historische Jesus war: der Mann, der die Macht hatte, Gott als *abba* anzureden, und die Sünder und Zöllner in sein Reich mit aufnahm, indem er sie ermutigte, dieses eine Wort ‚Abba, lieber Vater' auszusprechen."[29]

Was die Art seiner Wirksamkeit anbetrifft, insbesondere während der ersten Monate in Galiläa, so ist sie in seiner Botschaft an Johannes den Täufer zusammengefaßt. Als Johannes im Gefängnis zu Machaerus Berichte über Jesu Wirken empfing und erkannte, daß es nicht gänzlich dem Richteramt entsprach, das er selber für den Kommenden vorausgesagt hatte, sandte er zwei seiner Jünger zu ihm, die ihn fragen sollten: „Bist du es, der da kommen soll, oder sollen wir auf einen anderen warten?" Vor den Augen der Boten des Johannes heilte Jesus „viele von Krankheiten und Qualen und bösen Geistern, und vielen Blinden schenkte er das Augenlicht. Und er antwortete und sprach zu ihnen:

---

[27] Vgl. Mk 14, 36.

[28] Vgl. J. Jeremias, „The Lord's Prayer in Modern Research", *ExT* 71 (1959—60), S. 141 ff.

[29] J. Jeremias, *The Central Message of the New Testament,* London 1965, S. 30; für eine ausführlichere Untersuchung siehe ders., *Abba. Studien zur neutestamentlichen Theologie und Geschichte,* Göttingen 1966, S. 15—67; vgl. auch C. F. D. Moule, *The Phenomenon of the New Testament,* London 1967, S. 47 ff.

‚Gehet hin und berichtet dem Johannes, was ihr gesehen und gehört habt: Blinde werden sehend, Lahme gehen, Aussätzige werden rein, und Taube hören, Tote werden auferweckt, Armen wird die frohe Botschaft gebracht; und selig ist, wer an mir keinen Anstoß nimmt'" (Lk 7, 19—23; vgl. Mt 11, 2—6). Als sie Johannes Bericht erstatteten, erkannte dieser sicherlich, daß dies all die Dinge waren, die die hebräischen Propheten mit dem Neuen Zeitalter verknüpft hatten; besonders die nachdrückliche Hervorhebung der Predigt froher Kunde an die Armen kennzeichnete Jesus als den vom Geist gesalbten Sprecher von Jes 61, 1 f., der beauftragt ist, sich eben dieser Aufgabe zu widmen: „den Gefangenen Befreiung zu verkündigen und die Zerschlagenen zu befreien und zu entlassen, ein angenehmes Jahr des Herrn zu verkündigen".[30] Es wird hier auf eine messianische Wirksamkeit angespielt, denn der Sprecher ist der Gesalbte des Herrn, doch ist es eine messianische Wirksamkeit, die sich beträchtlich von dem unterscheidet, was so viele in Israel damals hofften. Die Worte von Jes 61, 1 f. hätten sich in der Tat auf jemanden beziehen können, der sich anschickte, die unterdrückten Untertanen der Römer und des Antipas von ihrem Joch zu befreien, doch von dieser Art Befreiung ist nicht im geringsten die Rede.

Die gleiche nachdrückliche Hervorhebung der Gegenwart des Reiches Gottes in Jesu gegenwärtiger Wirksamkeit erscheint in einer Kontroverse zwischen Jesus und einigen Schriftgelehrten über seine Macht, von Dämonen Besessenen Erleichterung zu verschaffen. „Wenn ich durch den Finger Gottes die Dämonen austreibe", sagte er, „so ist ja das Reich Gottes zu euch gekommen"[31] (Lk 11, 20).

Derlei Worte können nur bedeuten, daß in der Wirksamkeit Jesu das Reich Gottes bereits gegenwärtig war; bei seinen Kranken- und Besessenenheilungen und seiner Predigt an die Armen waren die „Kräfte" des Reiches am Werk, die einen heiligen Krieg kämpften, in das Reich des Bösen eindrangen und seine Gefangenen befreiten. Derselbe Punkt kehrt in vielen seiner Gleichnisse vom Reich wieder.[32] Seine Erklärung gegenüber einer Gruppe von Pharisäern stimmt damit überein. Sie fragten ihn, wann das Reich Gottes kommen werde, und er antwortete ihnen, es werde nicht so kommen, „daß man es beobachten könnte. Man wird auch

[30] Dies ist der Text der programmatischen Predigt Jesu in der Synagoge von Nazareth in Lk 4, 16 ff.; er begann seine Auslegung mit den Worten: „Heute ist dieses Schriftwort erfüllt vor euren Ohren."
[31] Gr. *ephthasen* (vgl. S. 175, Anm. 26).
[32] Vgl. J. Jeremias, *Die Gleichnisse Jesu*, Göttingen 1970.

nicht sagen: Siehe hier! oder: dort! Denn siehe, das Reich Gottes ist in eurer Mitte"[33] (Lk 17, 20 f.).

Das hieß jedoch nicht, daß die Hoffnung der Zeiten in seiner jetzigen Wirksamkeit voll verwirklicht war. Das Reich Gottes war zwar gegenwärtig und tätig, lag aber erst in den Anfängen. Eines Tages, sagte er seinen Jüngern, werde es „mit Macht" kommen, und zumindest einige von ihnen würden diesen Tag erleben (Mk 9, 1). Ebenso lehrte er seine Jünger auch, zu Gott zu beten „Dein Reich komme" (Lk 11, 2), und versicherte ihnen, wenn sie im Vergleich zu den starken Bataillonen der politischen Machthaber und der religiösen Führungsschicht auch eine „kleine Herde" seien, habe ihr himmlischer Vater das Reich doch für sie bestimmt (Lk 12, 32). Sie sollten jedoch nicht meinen, daß im Reich Gottes Beförderung gleichbedeutend mit Privilegien, Status und dem Recht, die Dienste anderer in Anspruch zu nehmen, sein werde; in seinem Reich gelange man nur durch demütigen und entsagungsvollen Dienst zu Ehren, ja der Dienst *sei* die Ehre. In dieser Beziehung gab er ihnen ein würdiges Beispiel, indem er nicht Dienste zu empfangen begehrte, sondern diente und den allerhöchsten Dienst leistete, indem er sein Leben „als Lösegeld für viele" hingab. Wie Origenes großartig formuliert, war Jesus die *autobasileia,*[34] das Reich in Person, denn eine vollkommenere Verkörperung der Grundsätze des Reiches Gottes als in ihm, der zu seinem Vater sagte: „Doch nicht, was ich will, sondern was du willst",[35] und in diesem Geiste das Kreuz auf sich nahm, war undenkbar.

Gegenwärtig waren das Reich Gottes und Jesus selber durch mancherlei Begrenzungen gekennzeichnet. Diese Begrenzungen würden eines Tages verschwinden. „Mit einer Taufe aber muß ich getauft werden", sagte Jesus, „und wie ist mir so bange, bis sie vollendet ist" (Lk 12, 50). Daß diese Taufe sein Tod war, wird aus der Art und Weise deutlich, wie er einmal seine Jünger Jakobus und Johannes fragte, ob sie den Kelch trinken könnten, den er trinke, oder sich mit der Taufe taufen lassen könnten, womit er getauft werde (Mk 10, 38 f.). Sein Tod würde die Voraussetzungen für die Freisetzung der Kräfte des Reiches Gottes

[33] Dies ist im Kontext die wahrscheinlichste Bedeutung von *entos hymōn*. *entos* heißt „innen, drinnen", doch weist die Tatsache, daß das Pronomen im Plural steht, eher auf die Bedeutung „in eurer Mitte" als auf „in jedem (einzelnen) von euch". Eine andere mögliche Übersetzung ist „in eurer Reichweite".

[34] Orig. *Comm. in Matt.* XIV, 7 (zu Mt 18, 23).

[35] Mk 14, 36.

und für die Befreiung und Segnung einer sehr viel größeren Anzahl von Menschen schaffen, als er durch seine gegenwärtige Wirksamkeit in Galiläa oder Judäa zu erreichen vermochte.

4.

Diese beiden Phasen des Reiches Gottes sind in Jesu Lehren eng mit dem verknüpft, was er über den Menschensohn zu sagen hat. Die Gestalt des Menschensohnes geht in seiner Lehre ebenso wie seine Verkündigung des Reiches Gottes auf das Danielbuch zurück. Der Menschensohn wird, wie wir sahen, überdies in den *Bilderreden des Henoch* beschrieben;[36] es ist jedoch unwahrscheinlich, daß Jesu Denken durch das letztgenannte Werk beeinflußt wurde, obschon dessen Sprache vielleicht in Matthäus' Wendungen über den Menschensohn, der „auf dem Throne seiner Herrlichkeit" sitzt (Mt 19,28; 25,31), anklingt. Der Menschensohn in Jesu Lehre dürfte seinen spezifischen Charakter indessen zum Teil seiner Identifizierung mit dem jesajanischen Gottesknecht verdanken, der (anders als der Menschensohn in den *Bilderreden*) sein Leben als Schuldopfer *('ascham)* für andere hergibt und derart seine Wirksamkeit krönt (Jes 53, 10).[37]

Verfolgt man die Entwicklung der Evangelienüberlieferung, so konstatiert man eine wachsende Tendenz, das Pronomen „ich" im Munde Jesu durch die Bezeichnung „der Menschensohn" zu ersetzen.[38] Während Jesus in Mk 8, 27 zum Beispiel seine Jünger fragt: „Für wen halten mich die Leute?" (ähnlich in Lk 9, 18), lautet seine Frage in Mt 16, 13: „Für wen halten die Leute den Sohn des Menschen?" Diese Tendenz setzte möglicherweise schon vor der schriftlichen Fixierung der frühesten Evangelienstränge ein; jedenfalls finden wir eine „Q"-Stelle (Mt 11, 18 f. / Lk 7, 34 f.), in der Jesus dem asketischen Johannes dem Täufer den „Menschensohn" (das heißt sich selber) gegenüberstellt, der „ißt und trinkt". Hier bedeutet „der Menschensohn" einfach „ich". Da das ge-

---

[36] Siehe S. 136 ff.

[37] Für diese Identifizierung siehe T. W. Manson, *The Teaching of Jesus,* Cambridge 1935, S. 229 ff.; J. Jeremias in: W. Zimmerli und J. Jeremias, *The Servant of God,* London 1957, S. 88 ff.; für eine Kritik der Identifizierung und anderer gewöhnlich damit verbundener Auffassungen siehe M. D. Hooker, *Jesus and the Servant,* London 1959.

[38] In einem der späteren synoptischen Evangelien kann „ich" gelegentlich an die Stelle von „der Menschensohn" treten; vgl. Mt 10, 32 f. („werde auch ich mich bekennen ... werde auch ich verleugnen ...") mit Mk 8, 38; Lk 12, 8 f.

wöhnliche aramäische Wort für „ein Mensch" *(bar'änasch)* wörtlich „Sohn des Menschen" meint, ist es denkbar, daß Jesus bei solch einer Gelegenheit irgendeine Umschreibung wie „dieser Mensch" für die erste Person Singular des Personalpronomens gebrauchte, doch hat das wenig mit seiner eschatologischen Verwendung der Bezeichnung „der Menschensohn" zu tun.

Man hat in der Tat argumentiert, daß der eschatologische Gebrauch der Bezeichnung durch Jesus durchaus fraglich sei, da er an keiner Stelle des Evangelienberichts das Reich Gottes und den Menschensohn im selben Zusammenhang erwähnt. Da man nicht ernstlich bezweifeln könne, daß er über das Reich Gottes sprach, müsse man folglich entschieden bezweifeln, daß er jemals von dem Menschensohn sprach.[39] Dieses Argument vermag kaum zu überzeugen. Sollte der Tatsache, daß das Reich Gottes und der Menschensohn nicht zusammen erwähnt werden, irgendwelche Bedeutung zukommen, so kann es ganz einfach sein, daß sie sich gegenseitig implizieren, so daß man beide nicht gleichzeitig zu erwähnen brauchte.[40]

Jesus sagt: „Wer immer sich zu mir bekennt vor den Menschen, zu dem wird sich auch der Sohn des Menschen bekennen vor den Engeln Gottes" (Lk 12, 8). Diese Aufgabe erfüllt der Menschensohn in der einen Stelle des Neuen Testaments, wo er außerhalb der Evangelien erscheint; in Apg 7, 55 f. sieht der die Ansprüche Jesu vor dem Synedrium verfechtende Stephanus „die Himmel geöffnet und den Sohn des Menschen zur Rechten Gottes stehen" — das heißt als seinen Fürsprecher vor dem himmlischen Gericht stehen.[41]

Doch wenn der Menschensohn der Fürsprecher der Gläubigen und Gerechten ist, so ist er der Richter der Ungläubigen und Ungerechten: „Wer sich meiner und meiner Worte schämt unter diesem abtrünnigen und sündhaften Geschlecht, dessen wird sich auch der Sohn des Menschen schämen, wenn er kommen wird in der Herrlichkeit seines Vaters mit den heiligen Engeln" (Mk 8, 38). Der Menschensohn werde ein „Zeichen" für dieses Geschlecht sein — das einzige Zeichen, das ihm gegeben würde (Lk 11, 30) —, aber sein Kommen werde sie alle überraschen (Lk 12, 40; 17, 24—30).

---

[39] Vgl. H. B. Sharman, *Son of Man and Kingdom of God*, New York 1943; P. Vielhauer, „Gottesreich und Menschensohn in der Verkündigung Jesu", *Festschrift für Günther Dehn*, Neukirchen 1957, S. 51–79. Danach geht die Zusammenstellung von Mk 8, 38 und 9, 1 auf den Evangelisten zurück.

[40] Vgl. C. K. Barrett, *Jesus and the Gospel Tradition*, London 1967, S. 31.

[41] Vgl. C. F. D. Moule, „From Defendant to Judge — and Deliverer", *SNTS Bulletin* 3 (1952), S. 40 ff., besonders S. 46 f.

Jesu Hinweise auf den Menschensohn waren bis dahin zwar dunkel gewesen, aber nicht wesentlich von dem abgewichen, was den Menschensohn betreffend geschrieben war. Aber das Kommen des Menschensohnes in Herrlichkeit und als Richter war nicht alles, was über ihn geschrieben war: es war auch „geschrieben, daß er viel leiden und verachtet werden soll“ (Mk 9, 12).[42] In der späteren Phase seiner Wirksamkeit bedeutete Jesus seinen Jüngern mit steigendem Nachdruck, daß „der Sohn des Menschen viel leiden“ müsse (Mk 8, 31; vgl. 9, 31; 10, 33),[43] und verkündete ihnen beim letzten Abendmahl: „der Sohn des Menschen geht dahin, wie von ihm geschrieben steht“ (Mk 14, 21). Diese nachdrückliche Betonung der Tatsache, daß das Leiden des Menschensohnes etwas ist, was in bezug auf ihn „geschrieben“ steht, schließt einen Hinweis auf die hebräische Bibel in sich, und wenn dieser sich in der Tat auf den leidenden Knecht von Jes 52, 13—53, 12 bezieht, so ist die Situation eindeutig. Die Antwort auf die Frage: „Und wie steht geschrieben von des Menschen Sohn, daß er viel leiden soll und verachtet werden?“ ist einfach, wenn der Menschensohn der Gottesknecht ist. Jesus war nicht der einzige Lehrer im Israel jener Zeit, der die Gleichsetzung des Menschensohnes mit dem Gottesknecht postulierte; die Qumran-Gemeinde scheint die beiden Gestalten im wesentlichen miteinander identifiziert zu haben, wenngleich ohne ausdrückliche Benutzung der beiden Titel.[44]

In dem Maße, wie sich Jesu Wirksamkeit ihrem Ende näherte, machte er mehr und mehr deutlich, daß er selber die Rolle des leidenden Menschensohnes verkörpern werde. Aber noch in der letzten Woche war dem vierten Evangelisten zufolge das, was er zu diesem Thema — zumindest in der Öffentlichkeit — sagte, so rätselhaft, daß sie ihn fragten: „Wer ist dieser Sohn des Menschen?“ (Joh 12, 34).

Als ihn der Hohepriester nach seiner Verhaftung im Verlauf der gerichtlichen Untersuchung jedoch fragte, ob er der Messias sei oder nicht, entgegnete er: „Ich bin's; und ihr werdet den Sohn des Menschen sitzen sehen zur Rechten der Macht und kommen mit den Wolken des Himmels“.[45] Dies ist Markus' Version (Mk 14, 62); nach Lukas antwortete

---

[42] Vgl. Lk 17, 25; vor dem „Tag" des Menschensohnes „muß er zuvor vieles leiden und verworfen werden von diesem Geschlecht".

[43] Über die vorhellenistische und vorösterliche Traditionsschicht, die in diesen Passionsankündigungen feststellbar ist, siehe J. Jeremias, *s.v. pais theou*, *TWNT* V, Stuttgart 1954; *The Central Message of the New Testament*, S. 42 f.

[44] Siehe S. 117 f.

[45] Vergleicht man Markus' „Ich bin's" mit Matthäus' „Du hast es gesagt" (Mt 26, 64) und Lukas' „Ihr sagt es, daß ich es bin" (Lk 22, 70), so erhebt sich

Jesus: „Doch *von jetzt an* wird der Sohn des Menschen sitzen zur Rechten der Macht Gottes" (Lk 22, 69).[46] Das bevorstehende Leiden des Menschensohnes würde die neue Ordnung einleiten, in der er durch Gott gerechtfertigt werden und als Erlöser und Richter zu seinem Volk kommen werde. In der Sprache des vierten Evangeliums war die Stunde gekommen, daß der Sohn des Menschen verherrlicht werde: „Wenn ihr den Sohn des Menschen erhöht haben werdet, dann werdet ihr erkennen, daß i c h es bin" (Joh 12, 34; 8, 28).

Mit dem Leiden des Menschensohnes würde überdies das Reich Gottes, das bisher ungeachtet all der gewaltigen Werke Jesu Beschränkungen unterworfen gewesen war, „mit Macht" kommen. In dem Leiden des Menschensohnes wurde zudem das Mysterium des Gottesreiches enthüllt.[47]

Diejenigen, die Jesus bei seinen schweren Prüfungen nicht verlassen hatten, auch wenn sie am Ende den Mut verloren und seinen Kelch dann nicht zu trinken oder an seiner Taufe teilzunehmen vermochten, waren gleichwohl die Erben des Reiches, das er ihnen vermachte (Lk 22, 28—30); ihre Aufgabe war es künftig, an seinem Werk teilzuhaben und die Botschaft des Gottesreiches nicht nur (wie in der früheren Zeit der Beschränkung) dem Volk Israel, sondern allen Völkern zu verkünden.

Jesus deutete offenkundig eine Zwischenzeit an zwischen dem Beginn des Reiches Gottes durch das Leiden und die Rechtfertigung des Menschensohnes und der Vollendung des Reiches beim Jüngsten Gericht, wenn der Menschensohn endgültig offenbart werden würde.[48] Dies wirft die weitere Frage auf, ob er die Absicht hatte, eine „Kirche", eine Gemeinde seiner Jünger oder ein „neues Israel" zu begründen. Wenn der Täufer die Bildung einer Taufgemeinde beabsichtigte, ist es nicht a priori unwahrscheinlich, daß Jesus eine ähnliche Absicht hegte. Daß dies der Fall war, geht sehr klar aus der Tatsache hervor, daß er aus der Schar seiner Jünger zwölf Männer auswählte, die er ausbilden wollte und die nicht nur an seiner Predigt- und Heiltätigkeit teilnehmen, sondern auch

---

die Frage nach dem ursprünglichen Wortlaut hinter diesen drei Formulierungen. Vielleicht wies Jesus sie darauf hin, daß sie den Ausdruck „Messias" gewählt hatten; was ihn betraf, so zog er es vor, von der Rechtfertigung des Menschensohnes zu sprechen. Siehe S. 203 f.

[46] Vgl. Mt 26, 64: „Von jetzt an (*ap'arti*, was Lukas' *apo tou nyn* entspricht) werdet ihr den Sohn des Menschen sitzen sehen zur Rechten der Macht . . .".

[47] Vgl. T. W. Manson, „Realized Eschatology and the Messianic Secret" in: *Studies in the Gospels: Essays in Memory of R. H. Lightfoot*, hrsg. von D. E. Nineham, Oxford 1955, S. 209 ff.

[48] Vgl. W. G. Kümmel, *Verheißung und Erfüllung*, Zürich 1957; Kritik seiner Argumentation in C.K. Barrett, *Jesus and the Gospel Tradition*, S. 74 ff.

die Führer des neuen Israels sein sollten. Dies wird aus dem gut bezeugten Logion deutlich, worin er ihnen sagt, wenn die neue Ordnung heraufkomme, würden sie „auf Thronen sitzen, um die zwölf Stämme Israels zu richten" (Lk 22, 30; vgl. Mt 19, 28). Jesus ließ sie nicht darüber im Zweifel, daß ihnen eine solche Ehre nur zuteil werden würde, wenn sie aller Menschen Knechte seien — ja darin bestünde, daß sie aller Menschen Knechte seien.[49] Aber die absichtliche Übereinstimmung ihrer Zahl, zwölf, mit der Gesamtheit der Stämme Israels, besagte, daß sie ein „Israel" zu führen haben würden. Daß ihnen dies durchaus klar war, erhellt aus der Sorgfalt, mit der sie sich nach dem Abfall des Judas Iskarioth bemühten, die Lücke zu füllen und wieder auf die Zahl zwölf zu kommen.[50]

---

[49] Vgl. Mk 10, 42—5; Lk 22, 24—7.
[50] Apg 1, 15—26.

VIERZEHNTES KAPITEL

Jesus und die Reiche der Welt

1.

Jesu Verkündigung des Reiches Gottes erfolgte nicht in einem geschichtlichen Vakuum. Auch wenn er nicht vom „fünften Reich“ in einer Weise sprach, die den Beifall der Zeloten gefunden hätte, mußte jede Verkündung eines neuen Königreiches in manchen Kreisen erwartungsvolle, wenn auch unverständige Begeisterung wecken, in anderen dagegen Argwohn und Feindseligkeit. Eine befriedigende Deutung von Jesu Leben und Wirksamkeit ist ohne Berücksichtigung der kritischen Lage, in der er lebte und tätig war, nicht möglich.

„Die apokalyptische Bewegung zur Zeit Jesu“, schrieb Albert Schweitzer im ersten Jahrzehnt unseres Jahrhunderts, „knüpft an kein historisches Ereignis an ... Die Zeit bietet auch keine Ereignisse, welche die Eschatologie in Gang zu setzen scheinen.“[1] Dies ist eine seltsame Behauptung; das geschichtliche Ereignis, das geeignet war, „die Eschatologie in Gang zu setzen“, ist nämlich unübersehbar: die römische Besetzung von Palästina ab 63 v. Chr. im allgemeinen und die Ersetzung der herodäischen Herrschaft in Judäa durch eine direkte römische Verwaltung im Jahre 6 n. Chr. im besonderen.[2]

Zumindest dies war doch wohl im ersten Jahrzehnt unseres Jahrhunderts ebenso deutlich wie heute, doch stehen uns inzwischen damals noch nicht verfügbare Zeugnisse über eine „allgemeine eschatologische Bewegung“ zu Gebote, von der Albert Schweitzer keine Spur zu entdecken vermochte. In der Qumran-Gemeinde war man aufgrund der Ereignisse von 63 v. Chr. und der unmittelbar darauffolgenden Jahre zu der Überzeugung gelangt, daß die im Danielbuch 12, 1 vorausgesagte beispiellose „Zeit der Bedrängnis“ herbeigekommen sei, und die *Kriegsregel* zeigt,

---

[1] *The Quest of the Historical Jesus*, London 1910, S. 368.

[2] Vgl. H. G. Wood, *Jesus in the Twentieth Century*, London 1960, S. 123, wo Verf. im Verlauf einer kritischen Würdigung des Buches *The Jesus of History* von T. R. Glover, London 1917, ausführt, es setze „Jesu Wirksamkeit nicht in ausreichendem Maße mit der Krise in der Geschichte Israels in Beziehung, die sich aus der Eingliederung ins Römerreich ergab“, und sei „nicht genügend von dem damaligen Krisengefühl durchdrungen“.

wie sich einige Gemeindeglieder auf die eschatologische Entscheidung vorbereiteten, die sie als unmittelbar bevorstehend ansahen.[3]

Wir wissen nicht, ob Jesus während seines vierzigtägigen Aufenthalts in der Wüste von Judäa oder zu irgendeinem anderen Zeitpunkt mit den Qumran-Leuten oder anderen essenischen Gemeinschaften in unmittelbare Beziehung trat. Wahrscheinlich wurde er in der „nonkonformistischen" Umwelt geboren und erzogen, zu der diese jüdischen Gemeinschaften ebenfalls gehörten. Um zu erkennen, wie sehr seine Denkweise von den Idealen der Qumran-Leute entfernt war, braucht man indessen nur seine Haltung zum Gesetz mit der strengen Gesetzesauslegung der Qumran-Gemeinde zu vergleichen, die die der Pharisäer an Rigorosität noch übertraf.[4] Man hat sogar die Ansicht vertreten, daß sich seine Polemik gegen eine extrem harte Anwendung der Thora ursprünglich zum Teil gegen die Qumran-Gemeinde richtete und von der frühen palästinischen Kirche dann gegen die Pharisäer gewendet wurde.[5]

Das mag in manchen Fällen geschehen sein, doch kann man die Darstellung der Evangelien, nach der die Pharisäer seine *theologischen* Hauptwidersacher waren, getrost als historisch ansehen.[6] Wenn er den Pharisäern vorwarf, sie „belasteten die Menschen mit schwer zu tragenden Lasten" (Mt 23, 4; Lk 11, 46), und seine Zuhörer aufforderte, statt dessen lieber sein eigenes „sanftes" Joch (Mt 11, 30) auf sich zu nehmen, so kann man sich vorstellen, was er von der *halaka* der Qumran-Sekte gesagt hätte, im Vergleich zu der die Pharisäer tatsächlich „Sucher nach glatten Lehren" waren.[7]

Von allen Parteien im Israel jener Zeit hing keine dem Ideal des kommenden Gottesreiches entsagungsvoller an als die der Zeloten. Nach ihrer Auffassung war es angesichts der gegenwärtigen Krise nicht damit getan, daß man sagte, man wolle auf Gott harren. Gegenüber den sadduzäischen Oberpriestern, die mit der Besatzungsmacht kollaborierten, den Pharisäern, die sich unter Protesten fügten, und den Essenern, die sich in ihrem Wüstenrefugium von allen öffentlichen Angelegenheiten fernhielten, bestanden die Zeloten darauf, die Lage erfordere

---

[3] Siehe S. 118.

[4] Siehe S. 115 f.

[5] W. D. Davies, *The Setting of the Sermon on the Mount*, Cambridge 1964, S. 208 ff.

[6] Die Sadduzäer standen ihm in der Tat sowohl theologisch wie politisch ferner. Theologische Gegensätze sind aber oft schärfer zwischen Parteien, denen ein beträchtliches Maß von Glaubensüberzeugungen und -praktiken gemeinsam ist.

[7] Siehe S. 80.

gewaltsames Vorgehen gegen den Feind; Gott werde ganz gewiß denen helfen, die sich für seine Sache einsetzten und für die Errichtung seines Reiches stritten, wie er einst Judas Makkabäus und seinen Brüdern geholfen habe.

In Jesu Augen war dies nicht der Weg des Reiches. Als er selber mehr als einmal Gelegenheit hatte, eine Streitmacht anzuführen, weigerte er sich und büßte infolge seiner Weigerung viele Anhänger ein. Die Frage der Tributzahlung an den Kaiser war für ihn von untergeordneter Bedeutung: da das Tributgeld den Namen des Caesar trug, war es offensichtlich sein eigen; man sollte es ihm zurückgeben.[8] „Was Gottes ist", die Belange seines Reiches, waren allem übergeordnet; wer sie an die erste Stelle setze, dem würde nichts mangeln. Nicht daß die Belange des Reiches Gottes auf das Jenseits gerichtet waren; sie hatten ebensowohl mit der Erde wie mit dem Himmel zu tun und waren im irdischen Leben dadurch zu fördern, daß man Gottes Gebote befolgte. Aber diese Belange wurden nicht im mindesten dadurch beeinträchtigt, daß man einem heidnischen Monarchen Münzen zurückerstattete, die ohnehin sein Abbild trugen. Vielleicht hatte die Frage über das Bild auf dem Denarius, den man Jesus gab, als er ein Exemplar des Tributgeldes sehen wollte, eine Bedeutung, die über ihren unmittelbaren Gegenstand hinausging. Manche Juden hatten ein so empfindliches Gewissen, daß sie sich weigerten, eine Münze mit dem Abbild eines Menschen zu berühren oder zu betrachten, weil dies gegen das zweite Gebot verstoße.[9] Wollte Jesus sagen, daß der Umgang mit solchen Münzen nur für Heiden in Frage komme und daß ein gesetzesbeflissener Jude am besten daran tue, sie ihnen sogleich auszuhändigen? Jedermann wußte, daß sie für sakrale Zwecke ungeeignet waren; beispielsweise konnte kein Jude seine Tempelsteuer mit dem Geld des Caesar entrichten. Das Geld des Caesar schien sich am besten für die Bezahlung des Tributs an den Caesar zu eignen.

Man kann noch weiter gehen und sagen, daß Jesus anerkannte, daß der Caesar seine derzeitige Herrschaft über das jüdische Volk ausübte und auch weiterhin ausüben würde, solange es die göttliche Vorsehung gestattete. In diesem Zusammenhang ist die fehlplacierte, aber echte Perikope von der Ehebrecherin vielleicht von Belang.[10] Ihre Schuld stand offenbar außer Frage; das Gesetz Israels war in einem solchen Fall ein-

---

[8] Dies ist vielleicht der Sinn von „gebet" *(apodote)* in Mk 12, 17.

[9] Siehe S. 95.

[10] In vielen Handschriften steht die Perikope vielleicht zu Recht im Anschluß an Lk 21, 38.

deutig. Es forderte ihre Hinrichtung durch Steinigung.[11] Ihre Ankläger, so wird uns berichtet, wollten Jesu Meinung dazu hören, „damit sie ihn anklagen könnten" (Joh 8, 6). Er mußte sich entweder zum mosaischen oder zum römischen Gesetz in Widerspruch setzen, welch letzteres den jüdischen Behörden bei der Umwandlung Judäas in eine römische Provinz selbstverständlich das Exekutionsrecht entzog.[12] Der Versuch, Jesus auf einem der beiden Hörner dieses Dilemmas aufzuspießen, schlug fehl. Der aufgrund des mosaischen Gesetzes gefällte Urteilsspruch sei unbedingt zu vollstrecken, entgegnete er — jedoch nur von denen, deren eigene Hände in dieser Beziehung rein seien.

Der Jesus der Evangelien forderte seine Anhänger auf, eine andere Haltung als die Zeloten einzunehmen, sich nicht der Gewalt zu widersetzen oder Vergeltung zu üben, sondern die andere Wange hinzuhalten und zwei Meilen mit ihren militärischen Vorgesetzten zu marschieren, wenn diese ihnen befählen, eine Meile weit zu gehen. Wenn sie diesen Friedensweg mißachteten, wenn sie den Weg der Erhebung gegen Rom vorzögen, dann, so warnte er seine Zuhörer, würde das Land Israel der Zerstörung anheimfallen und ihm das gleiche Schicksal bereitet werden, das die aufrührerischen Galiläer getroffen habe, die von Pilatus' Truppen im Tempelhof niedergemacht worden waren.[13] Die Wahrscheinlichkeit, daß dieses Bild binnen höchstens zwei Generationen ein früheres, historisch genaueres verdrängte, das Jesus als Parteigänger der Zeloten zeigte, ist genauso groß wie die, daß ein halbes Jahrhundert nach dem Osteraufstand in Dublin (1916) der Versuch Erfolg hätte, Michael Collins und andere Führer des irischen Unabhängigkeitskampfes als Pazifisten darzustellen, die ihren Anhängern einschärften, dem „sächsischen Erbfeind" freundlich und zuvorkommend zu begegnen.

---

[11] Die Steinigung ist ausdrücklich für das des Ehebruchs überführte verlobte Mädchen vorgeschrieben (5 Mo 22, 21. 24); in Analogie hierzu wurde dieselbe Hinrichtungsart für Ehebruch im Falle einer verheirateten Frau zugemessen, der gleichermaßen ein Kapitalverbrechen war (5 Mo 22, 22; 3 Mo 20, 10).

[12] Siehe J. Jeremias, „Zur Geschichtlichkeit des Verhörs Jesu vor dem Hohen Rat", *ZNTW* 43 (1950—1), S. 145 ff., besonders S. 148 ff.; vgl. auch T. W. Manson, „The Pericope de Adultera (Joh 7, 53—8, 11)" *ZNTW* 44 (1952—3), S. 255 f.

[13] Lk 13, 1—3. Siehe S. 41 f.

2.

Schon bald nach dem Beginn von Jesu Wirksamkeit in Galiläa bedeuteten ihm die dortigen Synagogenbehörden in wachsendem Maße, sie wünschten nicht, daß er die Synagogen als Tribüne für seine Verkündigung des Reiches benutze. Er ging daher dazu über, sich von den Berghängen oder von den Gestaden des Sees Genezareth aus an die Volksmengen zu wenden. Er stellte die allgemein anerkannten Normen der pharisäischen Orthodoxie in zu vielen Punkten in Frage, besonders durch die souveräne Großzügigkeit, mit der er das Sabbatgebot auslegte, und dadurch, daß er beinahe vorzugsweise mit anrüchigen Personen Umgang pflegte, denen die meisten Frommen lieber aus dem Wege gingen.

Anstatt das Sabbatgebot, wie es in der Schule des Hillel oder des Schammai ausgelegt wurde, zu befolgen, bestand Jesus darauf, der Sabbat sei den Menschen zur Erholung und zu ihrem Wohlergehen gegeben, und jede Handlung, die diesem Zweck diene, sei daher dem Sabbattag besonders angemessen. Auch die Rabbinen hätten zugestanden, in dringenden Fällen, wenn es um Leben oder Tod gehe, könne am Sabbattag ärztliche Hilfe geleistet werden; wenn der Patient aber ohne Gefahr bis zum nächsten Tage warten könne, dann solle die Konsultation aufgeschoben werden.[14] Jesus betonte demgegenüber, der Sabbat sei für die Ausführung solcher Werke der Barmherzigkeit besonders gut geeignet, gleichgültig, ob der Fall dringend sei oder nicht, da derlei Werke vollkommen der Absicht Gottes entsprächen, in der er den Menschen diesen Tag gegeben habe.[15] Auf der anderen Seite widerstreite alles, was geeignet sei, das Sabbatgebot beschwerlich zu machen, dieser göttlichen Absicht. „Der Sabbat ist um des Menschen willen geschaffen worden und nicht der Mensch um des Sabbats willen“ (Mk 2, 27).

Was seinen Umgang mit anrüchigen Personen betraf, zu denen man gewöhnlich die Steuereinnehmer zählte, so muß er beträchtlichen Anstoß erregt haben, als er einen Steuereinnehmer sogar in den Kreis der Zwölf aufnahm.[16] Auch wenn Levi seinen Beruf als Steuereinnehmer aufgab, um Jesus nachzufolgen, ließ sich in den Augen vieler Frommen die Tatsache, daß er früher Steuereinnehmer gewesen war, nicht aus der Welt schaffen und würde immer gegen ihn sprechen. Unter dem Tetrarchen

[14] Vgl. Mischna, *Joma* 8, 6: „Wenn man nicht weiß, ob nicht vielleicht Lebensgefahr vorliegt, so berechtigt jede solche Befürchtung zur Verletzung der Sabbatbestimmungen".
[15] Vgl. Lk 6, 9; 13, 10–16; 14, 1–6.
[16] Mk 2, 13 ff.

Herodes Antipas konnte man die Steuereinnehmer in Galiläa nicht der Zusammenarbeit mit den Römern beschuldigen, doch die Bedingungen, unter denen sie ihrer Tätigkeit nachgingen, waren so beschaffen, daß sie faktisch sämtlich Erpresser waren. Ein Steuereinnehmer durfte weder ein öffentliches Amt bekleiden noch vor einem jüdischen Gericht aussagen.[17] In den Rabbinenschulen erörterte man ernsthaft die Frage, ob Personen mit derart niedrigem Charakter wahre Reue zu empfinden vermöchten, und selbst jene, die sie bejahten, räumten ein, daß es sehr schwierig sei, da ein bußfertiger Steuereinnehmer im Normalfall nicht imstande sein würde, sämtliches ungerechterweise von ihm erpreßte Geld zurückzuzahlen.[18] Daß Jesus mit solchen Leuten und mit anderen „Juden, die heidnisch lebten", umging und Tischgemeinschaft pflegte, war seinen überaus frommen Zeitgenossen ein Stein des Anstoßes und Ärgernisses.

Was die Fischer, die Jesus von ihrer beruflichen Tätigkeit am galiläischen Meer abberief, von diesem neuen Gefährten hielten, dem sie am Schiffslandeplatz von Kapernaum so häufig Steuern auf ihre Fänge hatten entrichten müssen, kann man sich ungefähr vorstellen. Noch schwieriger dürfte es für Simon den Zeloten,[19] ein weiteres Mitglied des inneren Kreises, gewesen sein, sich mit seiner Gesellschaft abzufinden. Daß ein Zelot zu den Zwölfen gehörte, veranschaulicht die Vorurteilslosigkeit Jesu, und Simon der Zelot muß festgestellt haben, daß einige Lehren seines neuen Meisters stark von all dem abwichen, was man ihn zuvor gelehrt hatte. Theologisch unterschieden sich die Zeloten nicht sehr von den Pharisäern, und weder ein Pharisäer noch ein Zelot noch ein Essener brauchte sich von seinen theologischen Grundüberzeugungen loszusagen, um Jesus als von Gott gesandten Lehrer anzuerkennen. Dagegen hätte ein Sadduzäer Jesu Lehre nicht annehmen und zugleich theologisch ein Sadduzäer bleiben können; die Hoffnung auf ein zukünftiges Leben, die Jesus und den anderen drei Parteien gemeinsam war, wurde nämlich von den Sadduzäern verworfen.

Nach dem Wenigen zu urteilen, das wir über die Personen der Zwölf erfahren, scheinen sie eine Schar rauher Individualisten und den Gipsheiligen, als die man sie so oft dargestellt hat, gänzlich unähnlich gewesen zu sein. Jakobus und Johannes, die „Donnersöhne",[20] waren ein

---

[17] Vgl. Mischna, *Nedarim* 3, 4.
[18] Zachäus war eine Ausnahme (Lk 19, 8).
[19] In Mk 3, 18 / Mt 10, 4 wird er „Simon der Kananäer" genannt (siehe S. 98).
[20] Gr. *boanērges* stellt vermutlich eine galiläische Aussprache von aram. *bene regesch* dar (siehe G. H. Dalman, *Jesus-Jeshua*, London 1929, S. 12).

ungestümes Paar, und der erste der Apostel trug selber einen Beinamen, Barjona, der auffallend einem im rabbinischen Schrifttum zur Bezeichnung einer Gruppe von Aufrührern verwandten Ausdruck ähnelt.[21] „Ischarioth", den Beinamen des Judas, hat man bisweilen von *sicarius* hergeleitet, doch wenn Josephus' Angabe zutrifft, der den Aufstieg der *sicarii* in die Prokuratorzeit des Felix (52—59 n. Chr.) datiert, so ist diese Ableitung anachronistisch.[22] Es ist jedenfalls besser, die im *Codex Bezae*[23] bezeugte alte Etymologie anzunehmen und „Ischarioth" als *'isch Qerijjot*, „der Mann aus Kerioth", zu deuten. Sollte es sich um das Kerioth von Jos 15, 25 handeln, so war Judas vielleicht der einzige Judäer unter den Zwölfen, und nach seinem Verrat Jesu an die Tempelbehörden zu urteilen, ist die Wahrscheinlichkeit, daß er — modern ausgedrückt — ein „Rechtszelot" war, ebenso groß wie die, daß er ein „Linkszelot" war.[24]

Die Zwölf empfingen die Bezeichnung „Apostel" (wahrscheinlich die Entsprechung zu hebr. *schelichim*),[25] als Jesus sie jeweils zu zweit aussandte, um in den Städten und Dörfern von Galiläa das Reich Gottes zu verkündigen und in seinem Namen die Kranken zu heilen. Er rechnete offensichtlich damit, daß sie in vielen von den Orten, die sie aufsuchen sollten, Sympathisanten finden und daher ohne Wegzehrung auskommen würden: „Wo ihr aber in eine Stadt oder in ein Dorf kommt, erkundiget euch, wer

---

[21] Siehe S. 104, Anm. 21, für die Tätigkeit von *birjonim* während der Belagerung von Jerusalem. Die *birjonim* erscheinen aber erst in der späteren babylonischen Tradition, und man sieht *Bariona* (Mt 16, 17) am besten als gewöhnliches Patronymikum, „Sohn des Johannes", an (so Joh 1, 42; 21, 15—17).

[22] Überdies wäre der Anfangsvokal von *Iskariōtēs* dann prothetisch. Ein prothetischer Vokal entwickelt sich aber nur, wenn das betreffende Wort mit zwei aufeinanderfolgenden Konsonanten beginnt (vgl. die Form *Skariōth* im „westlichen" Text), nicht dagegen, wenn, wie bei *sicarius/sikarios/siqar/siqera*, zwischen den ersten beiden Konsonanten ein Vollvokal steht. In einigen koptischen Versionen wird „Judas — *nicht* der Ischarioth" (Joh 14, 22) merkwürdigerweise „Judas der Kananäer" genannt.

[23] Anstatt *Iskariōtēs* liest Cod. D in Joh 12, 2; 13, 2. 26; 14, 22 *apo Karjotou*. Die Lesart *Iskariōth* in Mk 3, 19; 14, 10; Lk 6, 16 stützt ebenfalls die Etymologie *isch Qerijjot*. Laut Joh 6, 71; 13, 26 trug Judas' Vater Simon ebenfalls den Beinamen Ischarioth.

[24] Diese Ausdrücke sind einem Artikel von J. A. Findlay, „Why did Jesus tell His Disciples to buy Swords?" in: *The British Weekly*, 16. März 1950, entlehnt. Unter einem „Rechtszeloten" verstand er „einen fanatischen Anhänger des Tempelkults", der „Jesus an die Regierung verriet, weil er der ehrlichen Überzeugung war, daß Jesus den Tempel zu zerstören beabsichtigte".

[25] Vgl. K. H. Rengstorf in *TWNT* 1, Stuttgart 1933, *s. v. apostolos*, S. 413 ff. Obschon man nicht von der Institution des *schaliach* im rabbinischen Judentum auf die des Apostels Jesu schließen kann, ist ihnen das Prinzip gemeinsam, daß sich ihre Autorität gänzlich von dem herleitet, der sie entsendet, und nur im Rahmen ihres Auftrages ausgeübt werden kann.

darin würdig sei, und bleibet dort, bis ihr weiterzieht" (Mt 10, 11). Die genaue Bedeutung des Eigenschaftswortes „würdig" in diesem Ausspruch bedarf näherer Betrachtung: man denkt dabei an die Angabe des Josephus, daß, wenn Essener auf Reisen gingen, sie keine Vorräte mitzunehmen brauchten, weil es in jeder Stadt ein Mitglied ihrer Sekte gab, das beauftragt war, durchreisende Angehörige der Bruderschaft zu bewirten.[26]

Doch wer würde für die zwölf Apostel den Dienst verrichten, den diese „außerordentlichen" Mitglieder der Essener-Sekte für ihre Brüder leisteten? Man kann zunächst an Leute denken, auf die die Predigt Johannes' des Täufers Eindruck gemacht hatte und die nach Haus zurückgekehrt waren, um auf das von Johannes angekündigte Erscheinen des Kommenden zu warten. Galiläa wird nicht ausdrücklich unter den Gegenden erwähnt, aus denen das Volk in großer Zahl herbeiströmte, um Johannes zuzuhören, doch zumindest einer kam aus Galiläa, um sich von ihm taufen zu lassen — Jesus selber —, und wenn einer kam, so kamen vielleicht noch mehr. Allgemeiner gesprochen ist zu vermuten, daß es in Galiläa Leute gab, die wie Simeon und Hanna und weiter südlich Joseph von Arimathäa[27] „auf das Reich Gottes warteten" und diejenigen bewirten würden, die seine Heraufkunft verkündeten. Es wäre auch keineswegs verwunderlich, wenn einige dieser „Würdigen" Beziehung zu den Essenern gehabt hätten.

Den Aposteln, die gemäß ihrem Auftrag ihre Tätigkeit auf ihre israelitischen Brüder beschränkten und die heidnischen Gemeinden in Galiläa und den samaritanischen Gebieten an seiner Südgrenze mieden, wurde ein Empfang bereitet, der sie mit Begeisterung erfüllte und sie befähigte, Jesus nach dem Abschluß ihrer Wirksamkeit einen enthusiastischen Bericht zu erstatten. In ihrem Eifer sagten und taten sie indessen vermutlich Dinge, die den Tetrarchen von Galiläa, als er davon erfuhr, in Unruhe versetzten und in ihm den Verdacht aufkommen ließen, er habe es hier anstelle des ursprünglichen Johannes, den er kürzlich hinrichten ließ, mit einem neuen Johannes dem Täufer zu tun.[28] Die herodäische Partei, die die Interessen des Antipas in Palästina verfocht, schloß daraufhin mit den Pharisäern ein widernatürliches Bündnis gegen Jesus. Jesus ging daher mit den Zwölfen über den See in das Gebiet des Philippus, wo die politische Atmosphäre ruhiger war.

Die Wirksamkeit der Zwölf hatte indessen soviel Aufsehen erregt, daß

---

[26] *bel. Iud.* II, 124 f.
[27] Lk 2, 25. 38; 23, 51.
[28] Mk 6, 14—16.

ihnen eine große Anzahl Galiläer über den See nachfolgte. Es waren dies ganz offensichtlich führerlose, verzweifelte Menschen, die sehnlichst wünschten, es möge jemand an ihre Spitze treten und unverzüglich das verheißene Reich heraufführen; wenn Jesus sie mitleidsvoll als „Schafe, die keinen Hirten haben" (Mk 6, 34)[29] bezeichnet, so hat er, wie T. W. Manson immer wieder hervorhebt, nicht eine Gemeinde ohne Pfarrer, sondern eine Armee ohne Heerführer im Sinn.[30] Er wußte: wenn sie den falschen Heerführer fänden, könnte dieser sie ins Verderben führen, und der Bericht des vierten Evangelisten, demzufolge sie nach ihrer Speisung in der Wüste Jesus zu ihrem König machen wollten, zeigt, welch einen Anführer sie gern gehabt hätten (Joh 6, 15).[31] Aber ein König, wie sie ihn sich wünschten, wollte Jesus nicht sein, und für den König, der allein er sein wollte, hatten sie keine Verwendung; viele seiner galiläischen Anhänger wandten sich deshalb, wie Johannes berichtet,[32] von da an von ihm ab.

Diese Krise leitete anscheinend das Ende von Jesu öffentlicher Wirksamkeit in Galiläa ein; er zog mit den Zwölfen weiter in das Gebiet des Tetrarchen Philippus, in die Nähe der Hauptstadt Cäsarea Philippi. Die Zwölf mochten sich wohl fragen, ob ihr Meister sie nicht völlig in die Irre geführt habe; warum hatte er diese einmalige Gelegenheit, sich an die Spitze eines Heeres von tatendurstigen Patrioten zu setzen und es gegen die Römer zu führen, vorüberziehen lassen? Einige ihrer Mitjünger hatten Jesus, durch dieses Erlebnis desillusioniert, den Rücken gekehrt; warum sollten *sie* bei ihm bleiben? Jesus stellte ihre Treue auf die Probe, und Petrus, der als Sprecher auftrat, bekräftigte, daß sie trotz vielem, was ihren Erwartungen nicht entsprochen habe, glaubten, daß er der Messias sei.[33] Doch offensichtlich hatte der Begriff für Petrus einen ande-

---

[29] Vgl. dieselbe Wendung in 1 Kö 22, 7, wo sie Ahabs Heer nach seinem Tod bezeichnet.

[30] T. W. Manson, *The Servant-Messiah*, Cambridge 1953, S. 70: „Was Jesus am Seeufer erblickte, war eine makkabäische Streitmacht ohne einen Judas Makkabäus, ein führerloser Haufen, der eine Gefahr für sich selber wie für alle anderen bildete."

[31] Vgl. H. W. Montefiore, „Revolt in the Desert?", *New Testament Studies* 8 (1961—2), S. 135 ff.

[32] Joh 6, 66.

[33] E. Haenchen, „Die Komposition von Mk VIII 27—IX 1 und Par", *NovT* 6 (1963), S. 81 ff., führt eine formkritische Analyse dieses Abschnitts durch, die ihn zu dem Schluß gelangen läßt, daß er eine „Komposition des Evangelisten" darstellt (der sich bei seiner Abfassung freilich auf die ihm bekannten Überlieferungen stützte), und daß diese eine theologische Botschaft vermitteln soll. Die Übereinstimmung der Überlieferungen des Markus und Johannes an diesem Punkt, den beide als Krise in Jesu Wirksamkeit darstellen, ist Beweis

ren Inhalt bekommen, wenn er ihn noch einem Menschen als Titel zubilligen konnte, der sich geweigert hatte, die Messiasrolle zu spielen, die das Volk erwartete. Tatsächlich kann man in Petrus' Bekenntnis den Beginn des Vorgangs konstatieren, in dessen Verlauf der Messiasbegriff unter Jesu Anhängern einen anderen, seinem Charakter und seiner Wirksamkeit entsprechenden Sinn bekam. Damals, als der „Messias" für die meisten der davidische Kriegsheld war, der sein Volk zum Sieg über seine heidnischen Unterdrücker führen würde, war es jedoch nur natürlich, daß Jesus Petrus und die anderen Apostel warnte, ihn nicht in der Öffentlichkeit als den Messias zu bezeichnen. Doch er sagte noch mehr: Markus zufolge begann er von nun an seinen Jüngern zu sagen, er werde nicht nur die Macht Roms nicht angreifen und stürzen, sondern man werde ihn selber verwerfen und töten. Als Petrus ihn bat, nicht solche Reden zu führen, blieb er dabei, daß dies der ihm von Gott vorgezeichnete Weg sei, und fügte hinzu, diejenigen, die immer noch entschlossen seien, ihm zu folgen, müßten klar erkennen, was ihrem Führer bevorstehe, und in der Lage sein, sich Rechenschaft darüber zu geben, was das für sie selbst bedeute: sie müßten bereit sein, eines Tages ein Kreuz zur Richtstätte zu tragen, wie er bereit sei, das seine zu tragen.

3.

Wenig später gingen Jesus und die Zwölf von Galiläa nach Judäa und gelangten (vermutlich) im Herbst des Jahres 29 n. Chr. nach Jerusalem.[34] Während der darauffolgenden sechs Monate blieben sie in Judäa oder Peräa, besuchten die Hauptstadt zu den Festen — zum Beispiel zum Tempelweihefest im Dezember desselben Jahres — und verbrachten die dazwischenliegenden Wochen im Jordantal oder in der Nähe der judäischen Wüste.[35] Bei seinen Aufenthalten in Jerusalem genoß Jesus die Gastfreundschaft der berühmten Familie in Bethanien an den Ostabhängen des Ölbergs (etwa drei Kilometer von Jerusalem); tagsüber hielt er sich im Tempelbereich auf, wo er gleich vielen anderen Rabbinen die-

dafür, daß der Kern der Erzählung seiner „evangelischen Darstellung" vorausgeht.

[34] Vgl. Mk 10, 1; Joh 7, 2 ff.

[35] Vgl. M. Goguel, *Das Leben Jesu*, Zürich 1934, S. 262. T. W. Manson, „The Cleansing of the Temple", *BJRL* 33 (1950—1), S. 271 ff., hält dafür, daß die Reinigung des Tempels um die Zeit des Laubhüttenfestes und nicht ein halbes Jahr später während der Karwoche stattfand.

jenigen unterwies, die sich um ihn scharten. Jesus war in Jerusalem kein völlig Unbekannter, und von seinem früheren kurzen Aufenthalt in der Stadt her gab es dort eine Anzahl Leute, die sich als seine Jünger betrachteten. Aber während dieser letzten Monate konzentrierte er seine Lehrtätigkeit auf Jerusalem — mindestens immer dann, wenn wegen der dort anwesenden Pilgermassen die Gefahr einer heimlichen Verhaftung durch die Tempelpolizei gering erschien. Den Tempelbehörden und den Führern des Hohen Rats war seine Lehrtätigkeit alles andere als willkommen, befürchteten sie doch, daß jedwede Erwähnung eines neuen Reiches das Volk gegen die Römer aufwiegeln und diese zur Durchführung von Vergeltungsmaßnahmen veranlassen würde. Er war indessen bei den Massen derart beliebt, daß sie es nicht wagten, offen gegen ihn vorzugehen.

Wie Galiläa die frohe Botschaft vom Reich vernommen hatte, sollte Jerusalem jetzt von den Dingen hören, die seinen Frieden betrafen. Es gab dort zu viele allgemein beliebte und einflußreiche Schwarmgeister, deren Lehren, ungeachtet ihres hoffnungsfrohen Optimismus, ganz und gar nicht dazu angetan waren, der Stadt Frieden zu bringen. Es ist möglich, daß der kurz vor Jesu Ankunft in Galiläa erfolgte Einsturz des Turmes am Teich von Siloah, von dem in Lk 13, 4 kurz die Rede ist, mit einem Aufstandsversuch gegen die Römer verknüpft war; einige der Aufrührer, die den Turm besetzt hielten, kamen ums Leben, als die Römer ihn unterminierten und zum Einsturz brachten. Dies ist zugestandenermaßen eine spekulative Erweiterung des Hinweises Jesu auf „jene Achtzehn, die der Turm am (Teich von) Siloah bei seinem Einsturz tötete"; sie kann sich indessen auf seine Warnung stützen, daß seinen Zuhörern eine ähnliche Katastrophe drohe, wenn sie nicht anderen Sinnes würden. Falls sie hartnäckig darauf bestünden, den Römern Widerstand zu leisten, dann würden sowohl ihre Stadt wie sie selber der Zerstörung anheimfallen. Warum beschritten sie statt dessen nicht den Weg des Menschensohnes, den Weg der Unterordnung und des Dienstes, und errichteten dergestalt das neue Reich — nicht *als Folge* ihres Gehorsams gegen Gottes Willen, sondern *im* Gehorsam gegen seinen Willen?

Das letzte Fest, zu dem Jesus nach Jerusalem kam, war das Passah von Anfang April 30 n. Chr. Zusammen mit seinen Jüngern schloß er sich den Pilgermassen an, die nach der Hauptstadt zogen, und als sie sich Bethanien näherten, lösten sie eine ungeheure Erregung aus, denn die Einwohner sprachen ständig von einem Wunder, das er kürzlich in ihrer Stadt gewirkt, indem er seinen Freund Lazarus aus dem Grabe, in das man ihn drei Tage zuvor gelegt, ins Leben zurückgerufen hatte. Als Jesus auf einem Esel,[36] den er in Bethanien bestiegen hatte, in Jerusalem einzog, sahen die Pilger darin die Verwirklichung einer alttestamentlichen Weissagung, in der die Stadt Jerusalem aufgefordert wird, freudig ihren König zu begrüßen, der zu ihr kommt, „demütig auf einem Esel reitend" (Sach 9, 9). Gleichgültig, welches der ursprüngliche „Sitz im Leben" dieser Weissagung war, Jesus zeigte sich durch seine Handlungsweise dem Volk von Jerusalem als sein Messias, wenn es nur den Weg des Friedens dem des Krieges vorziehen wollte; diesen hätte er ihm gewiesen, wenn er nicht einen friedlichen Esel, sondern ein Schlachtroß bestiegen hätte. Aber weder die Pilger noch das Volk von Jerusalem waren dazu aufgelegt, einen so feinen Unterschied zu würdigen. Wenn der Prophet von Nazareth endlich ihr Führer sein wollte, dann sollte er es sein, und der alte Festruf *Hosianna* („Ach, Herr, hilf doch!")[37] bekam einen neuen Sinn. Sicherlich stand Jerusalems Befreiung jetzt unmittelbar bevor — und für sie gab es nur einen Weg, auf dem diese Befreiung sich erreichen ließ.

Den Hoffnungen der begeisterten Pilgermenge entsprachen die Befürchtungen der Oberpriester und Herrschenden. Welche Absichten Jesus auch immer verfolgen mochte, sie hatten den Eindruck, daß seine Anhänger ihn jetzt zu einer Aktion drängten, die die Römer zu raschen und harten Gegenmaßnahmen veranlassen würde. Man mußte ihn so schnell wie möglich festnehmen lassen und in Sicherheit bringen; seine Verhaftung hatte jedoch gänzlich unauffällig zu erfolgen, damit sie nicht zu einem Volksaufstand führte, und das würde (wie sie meinten) erst nach der Beendigung des Festes möglich sein.

Jesus wußte wohl, was sie für Überlegungen anstellten, sorgte aber dafür, daß sein Aktionsprogramm für die wenigen Tage vor der Festfeier, die ihm noch blieben, keine Unterbrechung erfuhr. Seine „Reinigung des Tempels", die darin eine große Rolle spielte, mußte ihn unvermeidlich in Konflikt mit dem Synedrium bringen und bestärkte sie tatsächlich in ihrer Überzeugung, daß er zu gefährlich sei, als daß man ihn frei herumlaufen lassen dürfe.

Diese Aktion war alles andere als ein Angriff auf die Heiligkeit des Tempels, sondern vielmehr ein Protest gegen seine Entheiligung. Man

---

[36] W. Bauers Behauptung, daß *pōlos* („Füllen"), wenn es, wie in Mk 11, 2 ff., ohne Eigenschaftsbeilegung gebraucht wird, „Pferd" bedeutet („The Colt of Palm Sunday", *JBL* 72 [1953], S. 220 ff.), wird von O. Michael, „Eine philologische Frage zur Einzugsgeschichte", *NTS* 6 (1959—60), entkräftet; vgl. H. W. Kuhn, „Das Reittier Jesu in der Einzugsgeschichte des Markusevangeliums", *ZNTW* 50 (1959), S. 82 ff., für Belege, daß der Bericht des Markus sowohl 1 Mo 49, 11 wie Sach 9, 9 heranzieht.

[37] Vgl. Ps 118, 25, *hoschi 'ah-nna.*

faßt sie am besten als „Prophetenaktion" von der Art auf, wie sie im Alten Testament so oft berichtet wird.[38] Sie betraf den äußeren Vorhof des Tempels, der zuweilen Heidenvorhof genannt wurde, da Heiden, denen die inneren Höfe (bei Todesstrafe) verschlossen waren, ihn betreten durften. Wenn Jesus die Benutzung des äußeren Vorhofs als Markt oder Basar oder Abkürzungsweg für Träger und Boten verbot, so wollte er ihn seiner eigentlichen Bestimmung als Bereich, wo die Heiden sich dem lebendigen Gott nähern konnten, zurückgeben.[39] Daß dies seine Absicht war, wird dadurch bestätigt, daß er, als er der Volksmenge den Sinn seiner Handlungsweise erläuterte, die prophetischen Worte von Jes 56, 7 zitierte: „Mein Haus soll ein Bethaus heißen für alle Völker." Wenn er hinzufügte: „Ihr aber habt es zu einer Räuberhöhle gemacht", so wiederholte er nur Jeremias ernste Worte in der Weissagung, die die unmittelbar bevorstehende Zerstörung des Salomo-Tempels ankündigten (Jer 7, 11).[40] Seine Worte besagen nicht, daß die Tempelbehörden die Handelsgeschäfte im Hof begünstigten, weil sie ihnen die Taschen füllten; diese Geschäfte — vor allem der Verkauf von Opfertieren und das Geldwechseln — kamen den Tempelbesuchern vielmehr zum großen Teil sicherlich sehr gelegen.[41] Die Benutzung der heiligen Stätte für derlei

[38] Solch eine symbolische Handlung hätte man ohne Schwierigkeit politisch interpretieren können und tat dies auch gegenüber dem Synedrium (und vielleicht auch gegenüber Pilatus), doch scheinen sich die Herrschenden über ihren Charakter und Zweck nicht völlig im unklaren gewesen zu sein, als sie nicht die Tempelpolizei herbeiriefen (vgl. Joh 7, 32. 45), sondern ihn stattdessen fragten: „In was für einer Vollmacht tust du dies? oder wer hat dir diese Vollmacht gegeben, das zu tun?" (Mk 11, 27 ff.). Ein Prophet hätte solch eine Aktion mit göttlicher Billigung wohl durchführen können. Jesus entgegnete auf ihre Herausforderung mit einer Frage nach der Autorität Johannes' des Täufers, der im Volk als Prophet galt. Es findet sich kein Hinweis, daß die Reinigung des Tempels ein tumultuarischer Vorgang war, der mit Sicherheit die Angehörigen der römischen Garnison in der Antonia auf den Plan gerufen hätte.

[39] Mk 11, 39 (vgl. Mischna, *Berakot* 9, 5). Vgl. E. Lohmeyer, *Kultus und Evangelium*, Göttingen 1942, S. 47 ff., für den Vorschlag, daß Jesus Vorbereitungen für das eschatologische Herbeiströmen „aller Völker" zum Berg mit dem Hause des Herrn treffen wollte (Jes 2, 2; Mi 4, 1).

[40] Dies ist nicht der einzige Punkt, in dem sich Jesus und Jeremia ähneln: man vergleiche Jesu Politik des Gehorsams gegen Rom mit Jeremias Rat an seinen König und sein Volk, sich Nebukadnezar zu beugen. Es überrascht nicht, daß die Jünger in Mt 16, 14 zu Jesus sagen: „Etliche halten dich für ... Jeremia".

[41] Es besteht kein Anlaß, die Marktstände im äußeren Vorhof mit den wiederholt im rabbinischen Schrifttum erwähnten „Buden der Hannassöhne" zu verknüpfen; letztere wurden auf dem Ölberg errichtet und 67 n. Chr. (von Zeloten) zerstört (jT *Peah* 1, 6; *Sifre* zu 5 Mo 14, 22). Vgl. indessen V. Eppstein, „The historicity of the Gospel account of the cleansing of the Temple", *ZNTW* 55 (1964), S. 42 ff.

Zwecke stellte aber insofern eine räuberische Handlung dar, als den Heiden keine Gelegenheit gegeben wurde, sich Gott zu nähern, und Gott der Anbetung beraubt wurde, die er vielleicht von ihnen empfangen hätte. Und es mag sein, daß einige der Gottesfürchtigen, die damals in Jerusalem weilten, die Bedeutung von Jesu Handlungsweise voll und ganz erkannten. Obwohl der vierte Evangelist nämlich, vermutlich aus programmatischen Gründen, die Reinigung des Tempels zwei Jahre früher als dieses Passah ansetzt, berichtet er, während Jesu letzter Woche in Jerusalem seien einige Griechen, „die hinaufgezogen waren, um am Fest anzubeten", an den Jünger Philippus herangetreten und hätten um eine Unterredung mit Jesus nachgesucht.[42] Der Evangelist verfolgt mit seinem Bericht über diese Begebenheit eine eigene Absicht, doch mag die Bitte dieser Griechen sehr wohl durch Jesu Geste zum Besten von heidnischen Gottesfürchtigen, wie sie selber es waren, hervorgerufen worden sein.

Auch wenn die „Reinigung des Tempels" die Oberpriester nicht persönlich betraf, nötigte Jesu Handlungsweise sie doch, sich schnellstens einen Überblick über die Lage zu verschaffen. Die Gefahr eines Volksaufstandes und römischer Vergeltungsmaßnahmen, die sie befürchtet hatten, als Jesus ein oder zwei Tage zuvor nach Jerusalem eingezogen und von den Festpilgern mit stürmischer Begeisterung begrüßt worden war, drohte jetzt in sehr viel stärkerem Maße. Eine Revolte kleineren Ausmaßes,[43] bei der es mehrere Tote gegeben hatte, war von den Römern erst jüngst ohne große Mühen niedergeschlagen worden, und die Anführer warteten jetzt im Gefängnis auf ihre Hinrichtung; ließ man Jesus unbehindert weitermachen, so konnte sehr viel Schlimmeres geschehen. Man mag sich in der Tat fragen, wie viele willige Helfer Jesus hatte, als er die Kaufleute und Geldwechsler aus dem Tempelvorhof vertrieb, und ob sie wohl alle seine Absicht verstanden. Die Führer des Synedriums sahen sich nach wie vor außerstande, Jesus noch vor dem Fest in ihre Gewalt zu bekommen, wenngleich sie sich wohl gefragt haben mögen, ob die Ereignisse bis dahin nicht ihrer Kontrolle entglitten sein würden.

In dieser Situation wollte Judas Ischarioth, der vielleicht seinerseits ebenfalls der Meinung war, Jesus habe sich durch die Begeisterung des Volkes zu einer Handlungsweise hinreißenlassen, die sowohl seine Gefährten wie ihn selber den Kopf kosten könnte, sichergehen und bot sich an, Jesu Verhaftung *vor* dem Fest unter Umständen zu ermöglichen, die

---

[42] Joh 12, 20 ff.

[43] Der „Aufruhr", in dem Barabbas „einen Mord begangen hatte" (Mk 15, 7); die beiden *lēstai*, die zusammen mit Jesus gekreuzigt wurden, hatten sich vielleicht ebenfalls daran beteiligt.

die Gefahr eines öffentlichen Auflaufs ausschließen würden. Die Behörden gingen sofort auf sein Anerbieten ein.

Jesus wußte sehr wohl, daß einer seiner Jünger ihn verraten würde, und ergriff, als er seine restlichen Vorkehrungen traf, besondere Vorsichtsmaßregeln. Er war entschlossen, das Passahmahl mit seinen Jüngern in Jerusalem zu feiern — das letzte Passah vor der Einleitung des Reiches Gottes —, und nichts durfte die Ausführung dieses Plans behindern. In einem Haus, das einem ihm wohlgesinnten Bürger gehörte, war ein geheimes Treffen verabredet worden; kurz vor der dafür vereinbarten Zeit sandte er zwei verläßliche Jünger dorthin, damit sie das Mahl bereiteten. Sie erfuhren nicht einmal, in welcher Straße sich das Haus befand, sondern sollten einem Mann mit einem Wasserkrug folgen, der ihnen entgegenkommen würde. Als sie ihren Auftrag erfüllt hatten, trafen Jesus und die anderen Jünger ein.[44]

Diese Passahfeier fand aller Wahrscheinlichkeit nach mindestens vierundzwanzig Stunden vor der offiziellen Feier statt; in diesem Fall mußten sie das Mahl ohne das Passahlamm essen — die Lämmer mußten nämlich zu der vom amtlichen Kalender vorgeschriebenen Zeit im Tempel geopfert werden, und danach war das Passahmahl in jenem Jahr an einem Freitagabend nach Sonnenuntergang zu verzehren. Der Genuß des Passahs ohne Lamm war nicht außergewöhnlich, ja eher die Regel als die Ausnahme, fehlte das Lamm doch notgedrungen auf jeder Passahtafel außerhalb der Stadt Jerusalem.[45]

Mag sein, daß Jesus und seine Jünger das Passah nach einem anderen Kalender als dem amtlichen feierten; mag sein, daß Jesus, da er wußte, daß er am Freitagabend, zur Zeit der offiziellen Festfeier, nicht mehr leben würde, es absichtlich mit seinen Jüngern früher essen wollte.[46] Während des Mahles und danach gab er ihnen von dem Brot und Wein auf dem Tisch, um den sie lagen, indem er beides als Symbol seines

---

[44] Mk 14, 12 ff.

[45] Es wird deutlich darauf hingewiesen, daß das letzte Abendmahl den Charakter eines Passahmahls hatte (vgl. J. Jeremias, *The Eucharistic Words of Jesus*, London ²1966), wenngleich das Lamm nicht ausdrücklich erwähnt wird. Vgl. E. Stauffer, *Jesus. Gestalt und Geschichte*, Bern 1957, S. 87, für den Vorschlag, daß man Jesus kein Passahlamm zubilligte, weil er in den Augen der Tempelbehörden ein Ketzer war.

[46] Vgl. A. Jaubert, *La Date de la Cène*, Paris 1957, für die These, daß Jesus und seine Jünger dem Kalender des Jubiläenbuches und der Qumran-Gemeinde (vgl. S. 117 f.) folgten und das Passah an dem *Dienstag*-Abend der Karwoche feierten. Siehe auch A. Jaubert, „Jésus et le calendrier de Qumran", NTS 7 (1960—1), S. 1 ff.; E. Ruckstuhl, *Die Chronologie des letzten Mahles und des Leidens Jesu*, Zürich 1963.

Lebens bezeichnete, das er für die Schaffung des neuen Bundes zwischen Gott und den Menschen zu opfern im Begriff stand. Seine Feinde trachteten ihm nach dem Leben, doch er würde ihnen nicht erlauben, die Initiative zu ergreifen und ihr Ziel zu erreichen, statt dessen würde er Gott sein Leben als Sühneopfer für sein Volk darbringen, als „Lösegeld für viele" (Mk 10, 45). Wenn er in diesem Geiste starb, dann würde seine Wirksamkeit kein jähes Ende finden, sondern sein Tod würde sie krönen und die Mission des Menschensohnes zu einem triumphalen Abschluß bringen.

Während des Mahls schlich sich Judas fort; allein Jesus hatte von seinem Auftrag Kenntnis. Er blieb noch eine Zeitlang bei den anderen und warnte sie vor der nahe bevorstehenden Krise. Er hatte sie zuvor die „kleine Herde" genannt, der der Vater das Reich zu geben beschlossen habe; jetzt sprach er von der nahe bevorstehenden Zerstreuung dieser Herde und zitierte Sach 13, 7, wo Jahwe spricht: „Ich werde den Hirten schlagen, und die Schafe werden sich zerstreuen" (Mk 14, 27). Das lukanische Gegenstück zu diesem Markusspruch ist die Unterhaltung zwischen Jesus und seinen Jüngern über die beiden Schwerter (Lk 22, 35—38). Er erinnerte sie daran, daß er sie früher ohne Vorräte — „ohne Beutel und Tasche und Schuhe" — ausgesandt habe, und sie hätten dennoch an nichts Mangel gehabt. Jetzt aber würden sie eine solidere Ausrüstung brauchen; man werde nämlich ihn selber als Gesetzesbrecher verurteilen, und seine Anhänger würden als Geächtete gelten; auf die Güte mitfühlender Volksgenossen könnten sie sich nicht länger verlassen. Sie würden jetzt Beutel und Tasche brauchen — und falls einer von ihnen kein Schwert besitze, tue er gut, seinen Mantel zu veräußern und sich eins zu kaufen. Nach Josephus brauchten die Essener, wenn sie auf Reisen gingen, zwar keine Wegzehrung mitzunehmen, hatten aber wegen des Räuberunwesens Waffen bei sich. Jesus denkt jetzt indessen nicht daran, daß seine Anhänger sich gegen Räuber zu wehren haben würden; allerdings würden die Behörden sie mit solchen in einen Topf werfen, und sie täten gut daran, sich in ihre Rolle zu finden.[47] Sie nahmen ihn allzu wörtlich und gestanden ihm, daß sie bereits zwei Schwerter hätten — was, nebenbei bemerkt, zeigt, wie wenig sie einer Zelotenschar glichen, die sehr viel besser bewaffnet gewesen wäre. Als Jesus merkte, daß sie den Sinn seiner

[47] Vgl. den Ausspruch des Johanan ben Sakkai in jT *Sanhedrin* 1, 4: *schuttap listis kelistis*, „der Genosse eines Räubers wird für einen Räuber (angesehen)". Vgl. S. G. F. Brandon, *Jesus and the Zealots*, Manchester 1966, S. 340 ff. für eine andere Interpretation.

Worte nicht begriffen hatten, sagte er: „Es ist genug!“[48] und ließ das Thema fallen. Anders als zu der Zeit, da sie an der Beliebtheit ihres Meisters partizipiert hatten, „sind sie jetzt von Feinden umgeben, die derart rücksichtslos sind, daß der Besitz von zwei Schwertern ihnen nicht viel nützen wird“.[49]

Der Hirte würde indessen zurückkehren und seine zerstreute Herde wieder zusammenführen: „wenn ich auferweckt worden bin“, sagt Jesus zu ihnen, „werde ich euch nach Galiläa vorangehen“ (Mk 14, 28). Das Verb „vorangehen“ (gr. *proagō)* wird u. a. auf einen Hirten angewandt, der seiner Herde vorangeht, oder auf einen Hauptmann, der seine Leute anführt. Die Verheißung, daß die kleine Herde das Reich erlangen würde, sollte nicht zuschanden werden. Nach der Deutung der Vision Daniels durch den Engel sollte das „Volk der Heiligen des Höchsten“ das Reich durch Leiden und Verfolgung empfangen; in der neutestamentlichen Erfüllung nimmt der Menschensohn den größeren Teil dieses Leidens auf sich und erringt derart die Herrlichkeit des Reiches für seine Anhänger ebenso wie für sich selbst — obschon auch für sie weiterhin gilt, daß „wir durch viele Trübsale in das Reich Gottes eingehen müssen (Apg 14, 22).

---

48 Gr. *hikanon estin.* Vgl. 5 Mo 3, 26: „Genug! *(hikanousthō soi);* rede mir nicht mehr davon.“

49 T. W. Manson, *Ethics and the Gospel,* London 1960, S. 90.

FÜNFZEHNTES KAPITEL

Prozeß und Hinrichtung Jesu

Nach dem letzten Abendmahl verließen Jesus und seine Jünger das Haus, in dem sie es gemeinsam verzehrt hatten, und begaben sich an einen an den Abhängen des Ölbergs gelegenen Ort, wo sie vorher schon bei ähnlichen Gelegenheiten die Nacht zugebracht hatten. Die Behörden waren unterdessen nicht untätig gewesen. Als Judas aus dem Obergemach herbeieilte und ihnen berichtete, jetzt bestehe die Möglichkeit, Jesus ohne unliebsames Aufsehen zu verhaften, schickten sie einen mit Schwertern und Keulen bewaffneten Trupp Tempelpolizei los, der ihm folgen und die Verhaftung durchführen sollte. Aus dem johanneischen Bericht, wonach die Beauftragten des Synedriums von einer *speira* begleitet waren (Joh 18, 3. 12), hat man gefolgert, daß auch römische Soldaten dabei waren, Angehörige der in der Burg Antonia diensttuenden Kohorte, denn das griechische Worte *speira* entspricht dem lateinischen *cohors:* in Judäa (wo unter den Prokuratoren keine Legionstruppen stationiert waren) wäre dies eine Auxiliarkohorte mit einer Sollstärke von 760 Mann Infanterie und 240 Mann Kavallerie gewesen. Einige Übersetzer zögern offenbar, die eigentliche Bedeutung von *speira* wiederzugeben oder zum wenigsten unzweideutig wiederzugeben; so übersetzt Luther *speira* durch „Schar" und erweckt, indem er Judas „die Schar der Kriegsknechte und der Diener der Hohenpriester und Pharisäer" „zu sich nehmen" läßt (V. 3), im Durchschnittsleser die Vorstellung, daß der Hohe Rat diese „Schar" bereitstellte. Die Situation wird ein wenig klarer in V. 12, wo Luther wahrscheinlich einen Unterschied zwischen „der Schar" und dem „Oberhauptmann" auf der einen Seite und den „Dienern der Juden" auf der anderen machen will; tatsächlich waren „die Schar und der Oberhauptmann" die Kohorte und ihr „Chiliarch" oder (mit dem römischen Ausdruck) ihr Militärtribun.[1] Johannes will sicherlich nicht sagen, daß sich die gesamte Kohorte auf den Weg machte, um einen Mann mit einer Handvoll Anhänger zu verhaften, selbst wenn man damit rechnete, daß alle bis an die Zähne bewaffnet sein würden, sondern meint gewiß eine Abteilung Soldaten der Kohorte, die groß genug war, daß ihr Einheits-

[1] Vgl. Apg 21, 31 ff., wo Claudius Lysias, der Militärtribun, der im Jahre 57 n. Chr. die Garnison in der Antonia befehligte, als der *chiliarchos* bezeichnet wird.

führer sie begleitete. Dieser Bericht widerspricht der späteren Tendenz, die Verantwortung der Römer für Jesu Verhaftung und Hinrichtung auf ein Minimum zu reduzieren, so sehr, daß, wer seine Geschichtlichkeit bestreiten will, sehr starke Argumente beibringen müßte.[2] Doch wenn er historisch ist, so folgt daraus, daß die Oberpriester schon mit den römischen Behörden über Jesus konferiert und beratschlagt hatten, wie man ihm am wirksamsten entgegentreten könnte.

Die Verhaftung ging überraschend glatt vonstatten. Die Anwesenheit römischer Soldaten mag sich daraus erklären, daß man mit bewaffnetem Widerstand gerechnet hatte, doch kam es dann lediglich zu einem leichten Handgemenge, dem Jesus selber sofort ein Ende bereitete, worauf die Jünger das Weite suchten und ihren Herrn seinen Feinden preisgaben. Er zeigte sich überrascht, daß letztere Waffen trugen — „Wie gegen einen Räuber seid ihr ausgezogen!" rief er aus[3] — und ergab sich ihnen. Entschlossen, keinerlei Risiko einzugehen, legten sie ihm Handfesseln an und brachten ihn in das Haus des Hannas, des ehemaligen Hohenpriesters, der nach wie vor der einflußreichste Führer der Gruppe der Oberpriester im Hohen Rat war.[4] Dort fand eine inoffizielle Untersuchung statt, ehe man Jesus zu Kajaphas, dem Vorsitzenden des Synedriums, schickte. Falls man bei Pilatus Anklage gegen ihn erheben wollte, bekam diese einen offiziellen Anstrich, wenn der amtierende Hohepriester sie im Namen des Obersten Gerichtshofes vorbrachte.[5]

Die Vorbereitung des Prozesses stieß indessen auf unerwartete Schwierigkeiten. Eile war geboten, denn am nächsten Abend sollte das Passahfest gefeiert werden und die ganze Angelegenheit bis dahin abgeschlossen sein. Überdies pflegten hochgestellte Leute wie Pilatus am frühen Morgen mit ihrer Arbeit zu beginnen und sie gegen Mittag zu beenden. Man beraumte daher eine Nachtsitzung des Gerichts — oder zumindest der notwendigen Anzahl von Richtern — an.[6]

Im Hause des Hannas hatte man Jesus über seine Lehre befragt, in der Hoffnung, er möge eine Aussage machen, aufgrund derer man ihn der Aufwiegelei bezichtigen könnte. Er berief sich aber darauf, er habe in

---

[2] Vgl. P. Winter, *On the Trial of Jesus*, Berlin 1961, S. 45.
[3] Mk 14, 48.
[4] Joh 18, 13.
[5] Joh 18, 24.
[6] Vgl. A. H. Sherwin-White, *Roman Society and Roman Law in the New Testament*, Oxford 1963, S. 45; Verf. faßt den beiläufigen Hinweis auf das Feuer, an dem Petrus sich wärmte (Mk 15, 54. 67; Lk 22, 55), als unbeabsichtigte Übereinstimmung auf, die die Evidenz für ein nächtliches Verhör stütze.

der vergangenen Woche (wie auch bei früheren Aufenthalten in der Hauptstadt) öffentlich im Tempel gelehrt und nichts zu verbergen.[7] Bei der Befragung vor Kajaphas versuchte man, ihn der Bedrohung der Sicherheit oder Heiligkeit des Tempels zu überführen, und begründete dies damit, er habe sich anheischig gemacht, ihn zu zerstören und nach drei Tagen „einen andern aufzubauen, der nicht mit Händen gemacht" sei.[8] Es erwies sich indessen als unmöglich, Zeugen zu einheitlichen Aussagen über das, was er tatsächlich gesagt hatte, zu veranlassen. Fest stand, daß er die Zerstörung des Tempels vorhergesagt hatte, und eine solche Äußerung war an sich für ihn genau so gefährlich wie vor mehr als sechshundert Jahren für Jeremia dessen ähnliche Worte über Salomos Tempel.[9] Dem Evangelisten Johannes zufolge hatte er auch davon gesprochen, er werde in drei Tagen einen neuen Tempel bauen.[10] Man vermochte ihm indessen nicht nachzuweisen, daß er „gegen" den Tempel gesprochen hatte; hätte man es gekonnt, so hätte er sich nach jüdischem Recht der Gotteslästerung schuldig gemacht und auch gegen römisches Recht verstoßen, das die Sicherheit und Heiligkeit des Tempels schützte.[11]

Es existierte noch eine andere Möglichkeit, seine Verurteilung durchzusetzen. Er selber hatte sich über den Messianat stets ausgeschwiegen, welche Ansprüche seine begeisterten Anhänger auch immer für ihn vorbringen mochten. Wenn man ihn aber dazu bringen konnte, ganz offen den Anspruch zu erheben, er sei der Messias, dann ließ sich das Pilatus gegenüber ohne weiteres als Anspruch, der König der Juden zu sein, darstellen, und man konnte sicher sein, daß dieser dann schon das Nötige veranlassen würde. Kajaphas fragte daher Jesus rundheraus, ob er der Messias sei. Jesu bejahende Antwort mag in Ausdrücke gekleidet gewesen sein, die die Verantwortung für die Wahl dieses Wortes dem Hohenpriester auferlegten — sie war indessen hinreichend bejahend, um dem Hohenpriester und seinen Amtskollegen den Vorwand zu liefern, den sie suchten, um ihn vor Pilatus in Anklagezustand zu versetzen. Jesus sagte jedoch noch mehr und gab seinen Richtern Material an die Hand, aufgrund dessen sie ihn auch wegen Gotteslästerung verurteilen konnten, die nach jüdischem Recht (anders als der Anspruch, der Messias zu sein) ein Kapitalverbrechen darstellte. „Von jetzt an", sagte Jesus, „werdet ihr

[7] Joh 18, 19.
[8] Mk 14, 58.
[9] Siehe S. 196 mit Anm. 39.
[10] Joh 2, 19.
[11] Vgl. Apg 6, 11 ff., wo Stephanus' „Lästerreden wider ... Gott" darin bestehen, daß er Reden „wider die heilige Stätte" führt und insbesondere ihre Zerstörung vorhersagt. Siehe Teil II, Kap. 2/1.

den Sohn des Menschen sitzen sehen zur Rechten der Macht und kommen auf den Wolken des Himmels."[12]

Der Anspruch, der Messias zu sein, beinhaltete zugleich den Anspruch, derjenige zu sein, den Gott in der Weissagung von Psalm 110, 1 anredete: „Setze dich zu meiner Rechten, bis daß ich hinlege deine Feinde als Schemel für deine Füße." Unter den jüdischen Auslegern herrschte zu jener Zeit anscheinend Einigkeit darüber, daß der dergestalt Angeredete der Messias sei. Wer den Anspruch erhob, der Messias zu sein, konnte daher folgerichtig davon sprechen, er sitze zur Rechten Gottes; dies ausdrücklich zu sagen, hätte indessen als unerhörte Kühnheit gegolten, und die gleiche Haltung hätte man gegenüber jemandem eingenommen, der, indem er beanspruchte, der Messias zu sein, die Folgerung angenommen hätte, daß, weil der Messias in Psalm 2, 7 von Gott als sein Sohn angeredet wird, er selber daher Gottes Sohn sei. Jesus zog indessen offensichtlich beide Folgerungen.[13] Nicht allein dies: indem er davon sprach, der Menschensohn komme aus den Wolken des Himmels, wandte er auf sich selber die Worte von Daniel 7, 13 f. an. Es liegen Zeugnisse dafür vor, daß bestimmte Stränge der jüdischen Interpretation des Hinweises Daniels auf den „einen, der einem Menschensohn glich", diese Gestalt nahezu als gottgleich ansahen. Diese Interpretation erscheint zum Beispiel in der älteren griechischen Fassung des Danielbuches, wo der „eine, der einem Menschensohn glich", die Szene „als ein Hochbetagter" betritt.[14] Vielleicht findet sie in der Offenbarung des Johannes 1, 12 ff. ein Echo, wo Johannes eine Vision von „einem, der einem Menschensohn ähnlich war" hat (er identifiziert ihn mit dem auferstandenen Christus) und diesen in Ausdrücken beschreibt, die teilweise der Schilderung des Hochbetagten im Danielbuch entlehnt sind; sie mag außerdem anklingen in der entrüsteten Reaktion der Kollegen des R. Aqiba, als er vorschlug, die „Throne", die in Dan 7,9 unmittelbar vor dem Gericht aufgestellt wurden, könnten für den Hochbetagten (wie der Zusammenhang zeigt) bzw. für „David", das heißt den davidischen Messias, bestimmt sein. „Aqiba", protestierten sie, „wie lange gedenkst du noch Gottes Herrlichkeit zu ent-

---

[12] Mk 14, 62 / Mt 26, 64 / Lk 22, 69. Siehe S. 181 f.

[13] In der Frage des Hohenpriesters: „Bist du der Messias, der Sohn des Hochgelobten?" (Mk 14, 61) ist die Bezeichnung „der Sohn des Hochgelobten" ein offizielles Synonym von „Messias". Für Jesus selber war das Bewußtsein, in einem besonderen Sinne der Sohn des Vaters zu sein, keine lediglich offizielle Beziehung, sondern etwas zutiefst Persönliches, die grundlegende Gewißheit seines Innenlebens (siehe die Erörterung von *Abba* auf S. 175 f.).

[14] Gr. *hōs palaios hēmerōn*, wo Theodotion wörtlich *heōs tou palaiou ton hēmerōn* übersetzt.

weihen?" — hatte man doch das Gefühl, die Auslegung, die den „einen, der einem Menschensohn glich", mit dem Messias identifizierte, grenze an Gotteslästerung, um so mehr, als die Christen sie ja annahmen.[15]

Jesus wurde also der Gotteslästerung für schuldig befunden und hätte durch Steinigung hingerichtet werden können (obschon strenggenommen vor der Vollstreckung die Genehmigung des römischen Statthalters hätte eingeholt werden müssen). Seine Annahme des Messiastitels (gleichgültig, ob sie ausdrücklich oder implizite erfolgte) wies indessen auf eine Möglichkeit, wie man den Makel seiner Tötung auf die Römer abschieben konnte. Während der Messias nach jüdischer Auffassung in der Hauptsache eine religiöse Gestalt (wenngleich nicht ohne politische Bedeutung) war, würde er für die Römer ein Politiker sein, war doch der Messias definitionsgemäß der rechtmäßige König von Israel, und nicht bloß ein Politiker, sondern ein politischer Rebell, da die Herrschaft über das jüdische Volk derzeit vom Kaiser Tiberius ausgeübt wurde. Wenn der Hohepriester nachdrücklich hervorhob, daß die Art und Weise, in der Jesus seine Frage beantwortet habe, den Tatbestand der Gotteslästerung erfülle, so wollte er damit wahrscheinlich diejenigen Mitglieder des Hohen Rats zufriedenstellen, die die Anzeige Jesu bei Pilatus, aus dem bloßen Grunde, weil er der Messias zu sein beanspruchte, nicht gebilligt hätten.

Beim Anbruch des Passahrüsttages wurde Jesus sogleich dem Pilatus vorgeführt, und die Oberpriester erschienen, um ihn in aller Form in Anklagezustand zu versetzen. Als Pilatus sie aufforderte, ihre Anklage vorzubringen, antworteten sie, er habe versucht, überall in der Provinz Unfrieden zu säen, den Judäern verboten, dem Kaiser Tribut zu zahlen und den Anspruch erhoben, der gesalbte König der Juden zu sein.[16]

Da dies Vergehen gegen das römische Recht waren, ist die vielerörterte Frage, ob der Hohe Rat befugt war, ohne Zustimmung des Prokurators das Todesurteil zu vollstrecken, nicht sehr bedeutungsvoll. Die Oberpriester wandten sich nicht mit der Bitte an Pilatus, er möge einen Urteilsspruch des Synedriums bestätigen. Diese Frage tauchte etwas später auf, als es den Anschein hatte, als halte Pilatus die ursprüngliche Anklage für ziemlich substanzlos, und er davon sprach, er wolle Jesus eine leichte Strafe auferlegen, die ihn lehren würde, in Zukunft vorsichtiger zu sein

---

15 bT *Chagiga* 14 a; *Sanhedrin* 38 b.

16 Die vollständigste Angabe der Anklage vor Pilatus findet sich bei Lukas 23, 2. Die Anklage wäre normalerweise als Antwort auf solch eine Frage wie die von Pilatus in Joh 18, 29 gestellte: „Was für eine Anklage bringt ihr gegen diesen Menschen vor?" formuliert worden.

und zu sprechen. Der Titel „König der Juden“ besagte, daß der Angeklagte Führer einer Widerstandsbewegung war; als Pilatus ihn befragte, wurde ihm indessen schon nach wenigen Minuten klar, daß dieser Mann kein Widerstandsführer war. „Ich will ihn freigeben“, sagte er, „nachdem ich ihn habe züchtigen lassen“ (Lk 23, 16). Die Ankläger Jesu protestierten dagegen mit der Begründung, man habe ihn auf jeden Fall eines Verbrechens gegen das jüdische Gesetz überführt, und als Pilatus erwiderte: „Nehmet ihr ihn und richtet ihn nach eurem Gesetz!“, hielten sie ihm entgegen, er habe sein Leben verwirkt, doch seien sie nicht befugt, die Todesstrafe an ihm zu vollziehen: „Uns ist es nicht erlaubt, jemand zu töten“ (Joh 18, 31).[17]

Dieser Bericht des vierten Evangelisten ist heftig angefochten worden. Man kann die Frage aber nicht in der Weise behandeln, daß man aus verschiedenen Quellen ausführliche Hinweise betreffend der Hinrichtung von Gesetzesübertretern in Judäa zwischen 6 und 66 n. Chr. beibringt und sie gegeneinander abwägt, ohne den Kontext zu berücksichtigen, innerhalb dessen die ganze Frage erörtert werden muß. Dieser Kontext ist das Prozeßrecht in den römischen Provinzen. Die Kapitalgerichtsbarkeit war ausschließlich den Provinzstatthaltern vorbehalten; nur ganz selten wurde ihre Ausübung Provinzialen zugebilligt, und zwar allein bevorrechtigten Gemeinwesen, wie zum Beispiel freien Städten. Jerusalem war keine freie Stadt, und es ist sehr unwahrscheinlich, daß die Römer einer so unruhigen Provinz wie Judäa ein solches Zugeständnis gemacht hätten. Die meisten Vorfälle, die als Beweis dafür angeführt werden, daß die Kapitalgerichtsbarkeit dem Hohen Rat nicht entzogen war, weisen Züge auf, die sie als Ausnahmen kennzeichnen.[18] Wahrscheinlich hatten die Römer selbst in Judäa in bezug auf Verletzungen der Heiligkeit des Tempels ein Zugeständnis gemacht, wurden doch sogar

---

[17] Joh 18, 31 wird durch eine in jT *Sanhedrin* 1, 1; 7, 2 bewahrte *baraita* bestätigt, derzufolge „vierzig Jahre vor der Zerstörung des Tempels Israel die Kapitalgerichtsbarkeit entzogen wurde“. Als *baraita* (vor 200 n. Chr.) ist diese Tradition zu früh, als daß man sie als Folgerung aus dem Kommentar des R. Isaak ben Evdemi (um 250 n. Chr.) zu der Überlieferung, daß „der Hohe Rat vierzig Jahre vor der Zerstörung des Tempels die Quaderhalle verließ und in einen Basar übersiedelte“, ansehen könnte. „Daraus wird klar“, bemerkte R. Isaak, „daß er keine Geldstrafen mehr verhängte. Geldstrafen sagst du? Sag lieber, daß er keine Todesurteile mehr fällte!“ (bT *Sanhedrin* 12 a, 41 a). Siehe J. Jeremias, „Zur Geschichtlichkeit des Verhörs Jesu vor dem Hohen Rat“, *ZNTW* 43 (1950—1), S. 145 ff.

[18] Zu diesen Begebenheiten zählen die Steinigung des Stephanus (Apg 7, 54 ff.) und die des Herrenbruders Jakobus (Ios. *ant. Iud.* XX, 200). Die Steinigung des Jakobus fand in dem Interregnum zwischen zwei Prokuratoren statt und stellte auf jeden Fall eine Kompetenzüberschreitung dar, die die

römische Bürger dafür nach jüdischem Gesetz mit dem Tode bestraft,[19] doch findet sich keinerlei Hinweis, daß diese Art von Sakrileg irgendwann im Prozeß Jesu vor Pilatus eine Rolle spielte.

Wenn Pilatus nicht geneigt war, die Anklage wegen Aufruhrs so ernst zu nehmen, wie es die Hohenpriester erwarteten, so war er noch weniger bereit, das Todesurteil wegen eines theologischen Vergehens gegen das jüdische Gesetz zu bestätigen. Jesus wurde indessen schließlich doch als Aufrührer verurteilt. Die Andeutung des Hohenpriesters, der Kaiser werde einen Richter kaum als seinen Freund betrachten, der einen Angeklagten freigesprochen habe, der den Anspruch erhob, König der Juden zu sein, genügte, um Pilatus umzustimmen: „Wenn du diesen freilässest, bist du des Kaisers Freund nicht; jeder, der sich zum König macht, widersetzt sich dem Kaiser" (Joh 19, 12).[20] Also nahm er auf dem Richterstuhl oder der Tribüne Platz, von der aus der Urteilsspruch gefällt werden mußte, und verurteilte Jesus zum Tode — durch Kreuzigung, wie es bei aufrührerischen Provinzialen, besonders in jenem Teil der Welt, üblich war. Die Anklage, aufgrund deren das Urteil gefällt wurde, geht aus dem über Jesu Haupt am Kreuz angebrachten *titulus* hervor: „Der König der Juden."

---

römischen Behörden zweifellos geahndet hätten, wenn Agrippa II. ihnen nicht durch die sofortige Absetzung des verantwortlichen Hohenpriesters zuvorgekommen wäre (siehe S. 70). Die Ansicht, die Steinigung des Stephanus sei in der Zeit zwischen Pilatus' Abberufung und der Ernennung seines Nachfolgers erfolgt (vgl. B. Reicke, *Neutestamentliche Zeitgeschichte*, Berlin 1965, S. 142) vermag nicht zu überzeugen (s. Teil II, Kap. 2/2). Die Verbrennung einer Priestertochter wegen Unzucht (vgl. 3 Mo 21, 9), die R. Äl'azar ben Zadok als kleiner Junge, auf den Schultern des Vaters reitend, mit angesehen hat (Mischna, *Sanhedrin* 7, 2; Tosefta, *Sanhedrin* 9, 11 a), gehört mit hoher Wahrscheinlichkeit in die Regierungszeit Herodes Agrippas I. (37—44 n. Chr.). Was die im Essener-Orden vollstreckten Hinrichtungen betrifft (vgl. Ios. *bel. Iud.* II, 145), so waren sie genauso rechtswidrig, wie es die Anschläge der *sicarii* oder wie es private Hinrichtungen innerhalb einer Geheimgesellschaft in einem zivilisierten Staat der Jetztzeit wären. Auf jeden Fall war die polizeiliche Überwachung der Provinz nicht so lückenlos, daß eine gelegentliche Überschreitung ihrer Jurisdiktionsbefugnisse durch jüdische Kreise ausgeschlossen gewesen wäre; vgl. Origenes' Angaben (*Brief an Africanus* 14) über Kapitalprozesse, die insgeheim (*lelēthotōs*) vor dem Präsidenten des (späteren) Synedriums, „weder ganz offen noch auch ohne Wissen des Kaisers", stattfanden.

[19] Vgl. Ios. *bel. Iud.* VI, 124—6 und die griechische Inschrift (*OGIS* 598, *SEG* VIII, Anm. 169), die Heiden warnt, daß jeder von ihnen, der in den inneren Vorhöfen angetroffen werde, des Todes sei. Ebenfalls mit dem Tode bestraft wurden Juden, die in das Allerheiligste eindrangen, das allein vom Hohenpriester betreten werden durfte (Phil. *Gai.* 307).

[20] Falls Sejans Sturz damals schon erfolgt war (er stürzte im Oktober 31 n. Chr.), so war Pilatus' Stellung möglicherweise um so gefährdeter, als er

Zwei Vorfälle im Verlauf des Prozesses sind besonders erwähnenswert: die Entsendung Jesu zu Antipas (die allein von Lukas berichtet wird) und die Barabbas-Episode (die von allen Evangelisten berichtet wird und daher einen der Markus- und der johanneischen Überlieferung gemeinsamen Zug darstellt).

Als Jesu Ankläger behaupteten, er habe auf dem ganzen Weg von Galiläa bis nach Jerusalem das Volk aufsässig gemacht, fragte Pilatus, ob er Galiläer sei, und sandte ihn, als er hörte, dies sei der Fall, zu Antipas, der während jener Passahzeit ebenfalls in Jerusalem residierte. Wahrscheinlich war Pilatus nicht verpflichtet, Antipas den Fall zu übergeben, tat es aber aus Höflichkeit, als er erfuhr, Jesus habe einige der Vergehen, deren man ihn beschuldigte, in seiner Heimat Galiläa, die zu Antipas' Tetrarchie gehörte, verübt.[21] Es ist möglich, daß Antipas, was seine Tetrarchie betraf, einige der seinem Vater durch Augustus übertragenen Auslieferungsrechte geerbt hatte, doch mußten solche Rechte, ehe sie gewährt wurden, geltend gemacht werden. Pilatus' Geste war, wie gesagt, eine Höflichkeitsbezeugung. Antipas wußte sie zu würdigen, war aber zu klug, sie auszunutzen. Er erkannte die übergeordnete Autorität des kaiserlichen Repräsentanten an und schickte Jesus zu Pilatus zurück, nachdem er vergeblich versucht hatte, ihn dazu bringen, daß er etwas tue oder sage, was die ihm zu Ohren gekommenen Gerüchte, er sei ein Wundertäter, bestätigt hätte.

Antipas nahm Pilatus' Entgegenkommen offensichtlich zum Anlaß, den Groll zu begraben, den er gegen den Prokurator seit einiger Zeit gehegt hatte, wahrscheinlich seit Pilatus' Truppen ein halbes oder ein Jahr zuvor während eines Pilgerfestes im äußeren Tempelvorhof gegen einige seiner galiläischen Untertanen vorgegangen waren, wobei Pilatus ihr „Blut mit ihren Opfern vermischt hatte".[22] Pilatus mag seinerseits dem Antipas nachgetragen haben, daß dieser vor noch längerer Zeit zusammen mit dreien seiner Brüder den Kaiser überredet hatte, Pilatus zur Beseitigung der goldenen Schilde aufzufordern, die er unter völliger Mißachtung der

---

dessen Einfluß vielleicht seine Ernennung verdankte (siehe S. 39). (Vgl. B. Reicke, *Neutestamentliche Zeitgeschichte*, S. 130, 136; P. L. Maier, „Sejanus, Pilate and the date of the Crucifixion", *Church History* 37 [1968], S. 3 ff.) Man braucht Pilatus' Furcht vor Tiberius' Argwohn aber nicht mit Sejans Sturz in Zusammenhang zu bringen; Jesus wurde vermutlich 30 n. Chr. gekreuzigt: alle späteren Daten haben sehr viel weniger Wahrscheinlichkeit für sich. Über die Bedeutung des „wichtigen politischen Terminus" *Caesaris amicus* vgl. A. N. Sherwin-White, *Roman Society and Roman Law in the New Testament*, S. 47.

[21] Vgl. A. N. Sherwin-White, *a. a. O.*, S. 28 ff.

[22] Lk 13, 1.

religiösen Gefühle der Einwohner in Jerusalem hatte anbringen lassen.[23] Durch diesen Austausch von Höflichkeitsbezeugungen wurde der alte Streit zwischen den beiden beigelegt.

Lukas, der diesen Vorfall in seinem Evangelium berichtet und ihn in der Apostelgeschichte erwähnt,[24] weiß mehr über die herodäische Familie als die anderen neutestamentlichen Autoren. Er kannte ein oder zwei Leute, die mit ihr in ziemlich enger Verbindung standen, wie zum Beispiel Johanna, deren Mann Chusa Verwalter *(epitropos)* in Antipas' Haushaltung in Galiläa war,[25] und vor allem den Pflegebruder oder Freund aus der Kindheit des Tetrarchen, Menahem, der später Christ wurde und ein leitendes Amt in der Kirche von Antiochien in Syrien, Lukas' Vaterstadt, bekleidete.[26] Man darf seinen Bericht über die Übergabe des Falles Jesu durch Pilatus an Antipas daher auf keinen Fall als romanhaft abtun.

Ein noch immer ungelöstes Problem stellt die Barabbas-Episode dar. Außerhalb der Evangelien gibt es keinen sicheren Beleg für den Brauch, an jedem Passah dem Volk einen Gefangenen freizugeben. Die Passionserzählung des Markus und die des Johannes bezeugen unabhängig voneinander seine Existenz: „An jedem Fest", heißt es bei Markus, „ließ er (Pilatus) ihnen einen Gefangenen frei, den sie sich (gerade) ausbaten" (Mk 15, 6). Während bei Markus das Volk aus eigener Initiative auf der Einhaltung des Brauchs besteht, wird er im Johannesevangelium zuerst von Pilatus erwähnt (Joh 18, 39). Wir wissen nichts über den Ursprung und Zweck dieses *privilegium paschale;* daß es nichts weiter war als eine apologetische Erfindung in der Evangelientradition, ist höchst unwahrscheinlich.[27] Markus und Johannes berichten übereinstimmend, daß der

---

[23] Phil. *Gai.* 300.

[24] Lk 23, 6—12. 15 a; Apg 4, 27.

[25] Lk 8, 3.

[26] Apg 13, 1 (vgl. S. 97).

[27] Barabbas ist ein Patronymikum; die Tatsache, daß nach mehreren Textzeugen für Mt 27, 16 f. sein Personenname Jesus war, ist ein für die Situation wichtiger Faktor. Man hat versucht, die Barabbas-Episode zu der Bestimmung in Mischna, *Pesachim* 8, 6 in Beziehung zu setzen, daß das Passahlamm „für einen, dem man versprochen hat, ihn aus dem Gefängnis herauszulassen", wie auch für andere, die möglicherweise an seinem Verzehr verhindert sind, mitgeschlachtet werden darf, aber „nicht um ihrer selbst willen, damit sie es nicht zur Untauglichkeit bringen". Vgl. J. Blinzler, *Der Prozeß Jesu*, Regensburg 1969, S. 317 ff., und für eine Kritik dieser These P. Winter, *On the Trial of Jesus*, S. 91. Siehe ferner J. Merkel, „Die Begnadigung am Passahfeste", *ZNTW* 6 (1905), S. 293 ff. Die Barabbas-Episode ist das einzige bedeutsame Problem, das A. N. Sherwin-White in seinem sonst sehr aufschlußreichen Kapitel „The Trial of Christ in the Synoptic Gospels", *Roman Society and Roman Law in the New Testament*, S. 24—27, nicht behandelt.

Mann, dessen Freilassung die Volksmenge forderte, Barabbas war. „Barabbas", sagt Johannes, „war ein Räuber" (Joh 18, 40) — das heißt ein Bandit (gr. *lēstēs)* in dem Sinn, in dem Josephus den Ausdruck so oft benutzt, um einen zelotischen Aufrührer zu bezeichnen.[28] Dies stimmt mit Markus' ausführlicherer Angabe überein, daß Barabbas „zusammen mit den Aufrührern, die bei dem Aufstand einen Mord verübt hatten, im Gefängnis war" (Mk 15, 7). Über diesen „Aufstand" gibt es keine weiteren Belege, doch muß er erst kurz vorher stattgefunden haben, da die Anführer noch nicht hingerichtet worden waren. Die beiden Räuber — *lēstai,* wie Markus sie nennt (Mk 15, 27) —, die zusammen mit Jesus gekreuzigt wurden, waren vermutlich in denselben Vorfall verwickelt.

Ungeachtet des Dunkels, das über der Barabbas-Episode liegt, zeugt doch die Art, wie der Evangelist den Barabbas Jesus gegenüberstellt, von großer Dramatik. Sie stellten zwei unvereinbare Reaktionen auf die römische Besetzung dar — den Weg des Angriffs und den der Gewaltlosigkeit. Es überrascht nicht, daß sich das Volk angesichts einer solchen Alternative für Barabbas entschied; verwunderlich ist indessen, daß Pilatus in eine Situation geriet, die ihn nötigte, einen erklärten Feind Roms freizulassen. Es war Jesus, der den Kreuzigungstod starb, und der Wortlaut der an seinem Kreuz befestigten Anklage: „Der König der Juden" sollte eine Bedeutung erlangen, die weit über all das hinausging, was Pilatus sich vorzustellen vermochte.[29]

---

[28] Eine Lesart im Barsalibi-Text und Randlesart der syrischen Peschitta setzt eine Variante *archilēstēs* voraus — derselbe Ausdruck, den Josephus auf Ezechias, den Vater des Judas, anwendet (*bel. Iud.* I, 204; *ant. Iud.* XIV, 159). In Mt 27, 16 erhält Barabbas das Epitheton *episēmos* („berüchtigt"), mit dem Josephus zum Beispiel den Johannes von Giskhala und andere seinesgleichen bezeichnet (*bel. Iud.* II, 585).

[29] Über den Gegenstand dieses Kapitels siehe jetzt S. G. F. Brandon, *The Trial of Jesus of Nazareth*, London 1968.

SACH- UND PERSONENREGISTER
(in Auswahl. Ausführliches Register folgt im 2. Band)

VERZEICHNIS DER ABKÜRZUNGEN

adv.haer.	*Über die fälschlich so genannte Gnosis* (Irenäus)
adv.pelag.	*Gegen die Pelagianer* (Hieronymus)
AJT	*American Journal of Theology*
ann.	*Annalen* (Tacitus)
ant.Iud.	*Jüdische Altertümer* (Josephus)
apol.	*Apologie* (Justinus); *Verteidigung des Christentums* (Tertullian)
Att.	*An Atticus* (Cicero)
BASOR	*Bulletin of the American Schools of Oriental Research*
bel.Iud.	*Jüdischer Krieg* (Josephus)
BGU	*Berliner Griechische Urkunden*
BJRL	*Bulletin of the John Rylands Library*
BM	British Museum, London
bT	Babylonischer Talmud
BZNTW	*Beiheft zur Zeitschrift für die Neutestamentliche Wissenschaft*
CAH	*Cambridge Ancient History*
CBQ	*Catholic Biblical Quarterly*
c.Cels.	*Gegen Celsus* (Origenes)
CD	*Damaskusschrift* (Zadokitisches Fragment)
CIG	*Corpus Inscriptionum Graecarum*
CIL	*Corpus Inscriptionum Latinarum*
Clem.hom.	*(Pseudo-)Klementinische Homilien*
Clem.recogn.	*(Pseudo-)Klementinische Rekognitionen*
ClPh	*Classical Philology*
conf.ling.	*Über die Verwirrung der Sprachen* (Philo)
contempl.	*Über das betrachtende Leben* (Philo)
CPI	*Corpus Papyrorum Iudaicarum* (ed. V. A. Tcherikover und A. Fuks)
CSEL	*Corpus Scriptorum Ecclesiasticorum Latinorum*
DACL	*Dictionnaire d'Archéologie Chrétienne et de Liturgie*
Dio Cass.	*Römische Geschichte* (Cassius Dio)
DJD	*Discoveries in the Judaean Desert* (Clarendon Press, Oxford)
epist.	*Brief(e)*
ExT	*Expository Times*
Flacc.	*Gegen Flaccus* (Philo)
fug.	*Über die Flucht und das Finden* (Philo)
Gai.	*Die Gesandtschaft an Caligula* (Philo)

GJV	E. Schürer, *Geschichte des Jüdischen Volkes im Zeitalter Jesu Christi*
haer.	*Widerlegung aller Häresien,* auch: *Philosophumena* (Hippolyt)
hist.	*Geschichtsbücher* (Sallust, Tacitus)
hist.eccl.	*Kirchengeschichte* (Euseb)
HNT	*Handbuch zum Neuen Testament* (hg. von H. Lietzmann)
HTR	*Harvard Theological Review*
HUCA	*Hebrew Union College Annual*
IEJ	*Israel Exploration Journal*
JBL	*Journal of Biblical Literature*
JEH	*Journal of Ecclesiastical History*
JJS	*Journal of Jewish Studies*
JQR	*Jewish Quarterly Review*
JRS	*Journal of Roman Studies*
JTS	*Journal of Theological Studies*
Iuv.	*Satiren* (Juvenal)
leg.agr.	*Über das Ackergesetz* (Cicero)
leg.all.	*Allegorische Erklärung des heiligen Gesetzbuches* (Philo)
leg.	*Gesandtschaft an Gaius* (Philo)
Magn.	*Magnesierbrief* (Ignatius)
migr.	*Über Abrahams Wanderung* (Philo)
Mos.	*Über das Leben Mosis* (Philo)
mut.	*Über die Namensänderung* (Philo)
nat.	*Naturgeschichte* (Plinius d. Ä.)
NovT	*Novum Testamentum* (Leiden)
NTS	*New Testament Studies*
OGIS	*Orientis Graeci Inscriptiones Selectae* (ed. W. Dittenberger)
Or.Sib.	Sibyllinische Weissagungen
panar.	*Panarion* (Epiphanius)
Pap.Herc.	In den *Volumina Herculanensia* veröffentlichte Papyri
PEQ	*Palestine Exploration Quarterly*
Phld.	*Philadelphierbrief* (Ignatius)
praep.ev.	*Praeparatio evangelica* (Eusebius)
prov.	*Über die Vorsehung* (Philo)
PsSal	*Psalmen Salomos*
pT	Palästinischer Talmud
Q	Qumran (1 Q = erste Höhle von Qumran; 1 QH = *Dankpsalmen* aus der ersten Höhle; 1 QM = *Kriegsrolle* aus der ersten Höhle; 1 QS = *Gemeinderegel* aus der ersten Höhle; 1 QSa = *Gemeinschaftsregel*

	aus der ersten Höhle; 1 QSb = *Segenssprüche* aus der ersten Höhle; 4 QpNah = Nahum-Midrasch aus der vierten Höhle von Qumran)
quaest.Ex.	*Kurzkommentar zu Exodus* (Philo)
quaest.Gen.	*Kurzkommentar zu Genesis* (Philo)
RB	*Revue Biblique*
RGG^{3}	*Die Religion in Geschichte und Gegenwart,* 3. Aufl. (Tübingen 1957—65)
RHPR	*Revue d'Histoire et de Philosophie Religieuses*
Röm.	*Römerbrief* (Ignatius)
RThR	*Reformed Theological Review* (Australien)
SEG	*Supplementum Epigraphicum Graecum*
Sm.	*Smyrnäerbrief* (Ignatius)
SNTS	Studiorum Novi Testamenti Societas
somn.	*Über die Träume* (Philo)
Strab.	*Erdbeschreibung* (Strabo)
Strack-Billerbeck	H. L. Strack und P. Billerbeck, *Kommentar zum Neuen Testament aus Talmud und Midrasch* (München 1922—28)
strom.	*Stromata (Vermischtes)* (Klemens von Alexandrien)
TU	*Texte und Untersuchungen zur Geschichte der altchristlichen Literatur*
TWNT	*Theologisches Wörterbuch zum Neuen Testament,* hg. von G. Kittel und G. Friedrich (Stuttgart 1932 ff.)
VT	*Vetus Testamentum* (Leiden)
ZDPV	*Zeitschrift des Deutschen Palästina-Vereins*
ZNTW	*Zeitschrift für die Neutestamentliche Wissenschaft*
ZRG	*Zeitschrift für Religions- und Geistesgeschichte*

VERZEICHNIS DER BIBELSTELLEN

APOKRYPHEN UND PSEUDEPIGRAPHEN

Vom gleichen Verfasser erschien im R. Brockhaus Verlag Wuppertal:

ZWEI TESTAMENTE — EINE OFFENBARUNG
Die Entfaltung alttestamentlicher Themen
im Neuen Testament
144 Seiten, Paperback

Bestimmte Bilder und Themen ziehen sich wie ein roter Faden durch die ganze Bibel. Es ist faszinierend, mit dem Verfasser diese Themen durch die Heilige Schrift hindurch zu verfolgen. Dabei wird einmal die untrennbare Einheit von Altem und Neuem Testament deutlich; zum anderen wird die fortschreitende Offenbarung Gottes erkennbar, die in der Person Jesu Christi gipfelt, von der „alle Propheten zeugen".

Die Themen: Die Königsherrschaft Gottes — Das Heil Gottes — Der Sieg Gottes — Das Volk Gottes — Der Sohn Davids — Der Messias-Knecht — Der Hirtenkönig.

„Ein wichtiges Buch, das uns in biblischen Gesamtzusammenhängen denken lehrt."

R. BROCKHAUS VERLAG WUPPERTAL